LOGÍSTICA REVERSA

O GEN | Grupo Editorial Nacional – maior plataforma editorial brasileira no segmento científico, técnico e profissional – publica conteúdos nas áreas de ciências sociais aplicadas, exatas, humanas, jurídicas e da saúde, além de prover serviços direcionados à educação continuada e à preparação para concursos.

As editoras que integram o GEN, das mais respeitadas no mercado editorial, construíram catálogos inigualáveis, com obras decisivas para a formação acadêmica e o aperfeiçoamento de várias gerações de profissionais e estudantes, tendo se tornado sinônimo de qualidade e seriedade.

A missão do GEN e dos núcleos de conteúdo que o compõem é prover a melhor informação científica e distribuí-la de maneira flexível e conveniente, a preços justos, gerando benefícios e servindo a autores, docentes, livreiros, funcionários, colaboradores e acionistas.

Nosso comportamento ético incondicional e nossa responsabilidade social e ambiental são reforçados pela natureza educacional de nossa atividade e dão sustentabilidade ao crescimento contínuo e à rentabilidade do grupo.

Rogerio Valle
Ricardo Gabbay de Souza
Organizadores

LOGÍSTICA REVERSA

Processo a Processo

André Teixeira Pontes
Carlos Eduardo D. de C. Infante
Elton Siqueira Moura
Fabrício Molica de Mendonça
Joana Braconi
Julio César Benalcázar Chum
Lourenço Costa
Marcelle Rodrigues de Souza
Marília Magarão Costa
Ricardo Gabbay de Souza
Rogerio Valle
Sandrine Cuvillier

Os autores e a editora empenharam-se para citar adequadamente e dar o devido crédito a todos os detentores dos direitos autorais de qualquer material utilizado neste livro, dispondo-se a possíveis acertos caso, inadvertidamente, a identificação de algum deles tenha sido omitida.

Não é responsabilidade da editora nem dos autores a ocorrência de eventuais perdas ou danos a pessoas ou bens que tenham origem no uso desta publicação.

Apesar dos melhores esforços dos autores, do editor e dos revisores, é inevitável que surjam erros no texto. Assim, são bem-vindas as comunicações de usuários sobre correções ou sugestões referentes ao conteúdo ou ao nível pedagógico que auxiliem o aprimoramento de edições futuras. Os comentários dos leitores podem ser encaminhados à **Editora Atlas Ltda.** pelo e-mail editorialcsa@grupogen.com.br.

Direitos exclusivos para a língua portuguesa
Copyright © 2013 by
Editora Atlas Ltda.
Uma editora integrante do GEN | Grupo Editorial Nacional

Reservados todos os direitos. É proibida a duplicação ou reprodução deste volume, no todo ou em parte, sob quaisquer formas ou por quaisquer meios (eletrônico, mecânico, gravação, fotocópia, distribuição na internet ou outros), sem permissão expressa da editora.

Rua Conselheiro Nébias, 1384
Campos Elísios, São Paulo, SP – CEP 01203-904
Tels.: 21-3543-0770/11-5080-0770
editorialcsa@grupogen.com.br
www.grupogen.com.br

Designer de capa: Nilton Massoni

Editoração Eletrônica: Formato Serviços de Editoração Ltda.

DADOS INTERNACIONAIS DE CATALOGAÇÃO NA PUBLICAÇÃO (CIP)
(CÂMARA BRASILEIRA DO LIVRO, SP, BRASIL)

Valle, Rogerio
    Logística reversa: processo a processo / Rogerio Valle; Ricardo Gabbay de Souza, organizadores. –
São Paulo: Atlas, 2017.

    Vários autores.
    Bibliografia
    ISBN 978-85-224-8227-6

    1. Desenvolvimento sustentável 2. Logística (Organização) 3. Meio ambiente 4. Planejamento estratégico I. Valle, Rogerio. II. Souza, Ricardo Gabbay de.

13-08881
CDD-658.5

Índice para catálogo sistemático:

1. Logística reversa e sustentabilidade : Administração de empresas 658.5

Sumário

Nota sobre os autores, xi

Introdução (Rogerio Valle, Ricardo Gabbay de Souza), 1

PARTE I – CONTEXTO DA LOGÍSTICA REVERSA NAS ORGANIZAÇÕES E NA SOCIEDADE, 3

1   **Logística Reversa, Meio Ambiente e Sociedade** (Fabrício Molica de Mendonça, André Teixeira Pontes e Ricardo Gabbay de Souza), 5

A interação entre a sociedade, o sistema produtivo e o sistema natural, 5

O desenvolvimento sustentável e a logística reversa, 7

Logística reversa e o ciclo de vida dos produtos, 8

Logística reversa na gestão e governança do ciclo de vida, 10

Conclusões, 11

Referências, 11

Questões para discussão, 17

2   **O que é Logística Reversa** (Lourenço Costa, Fabrício Molica de Mendonça e Ricardo Gabbay de Souza), 18

Logística empresarial direta e reversa – definição clássica, 18

Logística verde, 21

Logística reversa de pós-venda e pós-consumo, 22

Logística reversa e a cadeia de suprimentos, 25

Gerenciamento integrado de resíduos, 26

Logística reversa: uma definição transdisciplinar, 27
Fluxo de materiais e processos da logística reversa, 27
Referências, 33
Questões para discussão, 33

3 Logística Reversa segundo a Visão de Processos (Lourenço Costa e Fabrício Molica de Mendonça), 34

A abordagem de processos nas organizações como instrumento de apoio à logística reversa, 34

A visão de processos, 35

Cadeia de valor: a macrovisão da organização, 37

Técnicas para a modelagem de processos, 38

Modelagem e análise de processos, 41

Aspectos da gestão de processos na logística reversa, 44

Exercício, 45

Referências, 48

4 Logística Reversa como Desafio Estratégico (Marília Magarão Costa), 49

LR e estratégia corporativa, 49

Contribuições da LR para a formulação da estratégia corporativa, 50

Impulsionadores da motivação para inserir a LR no conjunto de estratégias corporativas, 52

Referências, 54

PARTE II – PLANEJAMENTO DA LOGÍSTICA REVERSA, 55

5 A Cadeia de Valor da Logística Reversa (Joana Braconi, Marília Magarão Costa e Sandrine Cuvillier), 57

A cadeia de valor da logística reversa: um modelo de referência, 57

A leitura da cadeia de valor, 59

Da macrovisão para a visão da operacional: as camadas de mapeamento, 59

Os macroprocessos da cadeia de valor da logística reversa, 61

Considerações sobre a cadeia de valor da logística reversa, 63

Referências, 64

6 Formulação da Estratégia de Logística Reversa (Joana Braconi e Marília Magarão Costa), 65

O que é estratégia, 66

Tipos de planos, 66

Ferramentas para formulação da estratégia, 68

Análise SWOT, 68

O modelo das cinco forças competitivas de Porter, 70

O *Balanced Scorecard*, 72

O processo de formulação da estratégia para a logística reversa, 74

Referências, 82

7 **Planejamento Operacional da Logística Reversa** (Marcelle Rodrigues de Souza), 84

O planejamento operacional, 84

Relevância e particularidades do Planejamento Operacional da Logística Reversa, 86

O Planejamento Operacional na Cadeia de Valor da Logística Reversa, 87

Plano de preparação e acondicionamento, 88

Plano de coleta e transporte, 90

Plano de beneficiamento, 93

Plano de destinação final, 96

Aspectos importantes, 98

Referências, 98

PARTE III – PROCESSOS DE NEGÓCIO DA LOGÍSTICA REVERSA, 99

8 **Preparação e Acondicionamento** (Marcelle Rodrigues de Souza, Ricardo Gabbay de Souza e André Teixeira Pontes), 101

Identificação das fontes de geração, 102

Considerações finais sobre as fontes de geração, 105

Amostragem, 105

Classificação, 108

Segregação, 109

Acondicionamento, 111

Armazenamento temporário, 112

Referências, 114

9 **Coleta e Transporte** (Marcelle Rodrigues de Souza, Ricardo Gabbay de Souza e André Teixeira Pontes), 115

Quantificação do resíduo no gerador, 116

Definição dos receptores, 116

Definição dos transportadores, 117

Coleta, 118

Transporte, 121

Referências, 130

10 Beneficiamento (Marcelle Rodrigues de Souza e Ricardo Gabbay de Souza), 132

Etapas do beneficiamento, 133

Recebimento, 133

Armazenamento temporário, 134

Pré-tratamento, 135

Tratamento, 140

Encaminhamento, 147

Definição do modelo de beneficiamento, 148

Critérios para a escolha do beneficiamento, 150

Questões para discussão, 153

Referências, 153

11 Destinação Final (Marcelle Rodrigues de Souza e Ricardo Gabbay de Souza), 154

Destinação final de resíduos e rejeitos, 155

Destinação final de resíduos, 155

Destinação final de rejeitos, 158

Referências, 159

PARTE IV – PROCESSOS DE GESTÃO E DE APOIO DA LOGÍSTICA REVERSA, 161

12 Gestão de Parcerias e Partes Interessadas (Elton Siqueira Moura), 163

Introdução, 163

Como estabelecer parcerias?, 166

Exercício, 172

Referências, 174

13 Gestão de Informações na Logística Reversa (Lourenço Costa), 175

Identificação de informações necessárias à logística reversa, 176

Coleta de dados na logística reversa, 179

Consolidação e análise das informações na logística reversa, 182

Comunicação das informações na logística reversa, 183

Agregação de valor da gestão das informações, 184

Referências, 188

14 Gestão de Riscos na Logística Reversa (Elton Siqueira Moura), 189

Introdução, 189

O que é gestão de riscos?, 191

Riscos sociais, ambientais e econômicos da logística reversa, 192

Como fazer a gestão de riscos na logística reversa?, 194

Definir Escalas de Impactos, 195

Identificar *stakeholders*, 195

Categorizar riscos, 196

Identificar riscos, 199

Realizar análise qualitativa dos riscos, 201

Realizar análise quantitativa dos riscos, 204

Planejar as respostas aos riscos, 204

Como monitorar e controlar os riscos?, 208

Referências, 210

15 Desenvolvimento de Produtos (Julio César Benalcázar Chum e André Teixeira Pontes), 211

Modelo para desenvolvimento de produtos sustentáveis, 212

Referências, 217

16 Gestão Contábil-Financeira e Orçamentária (Fabrício Molica de Mendonça e Carlos Eduardo D. de C. Infante), 218

A visão econômica da logística reversa, 218

Registro de fatos contábeis relacionados com a logística reversa, 220

Transformação de dados contábeis e financeiros em informações voltadas para a tomada de decisões em logística reversa, 221

O planejamento financeiro da logística reversa dentro da ótica orçamentária, 224

Análise da viabilidade econômica de investimento em logística reversa, 227

Análise da viabilidade operacional, 228

Questões para discussão, 229

Referências, 230

17 Gestão da Infraestrutura da Logística Reversa (Fabrício Molica de Mendonça e Carlos Eduardo D. de C. Infante), 244

O macroprocesso "Gestão da infraestrutura da logística reversa", 244

Descrição dos processos referentes ao macroprocesso de gestão da infraestrutura da logística reversa, 245

Os papéis funcionais atuando no macroprocesso de logística de infraestrutura da logística reversa, 249

A complexidade do macroprocesso – gestão da infraestrutura da logística reversa, 250

Referências, 253

18 Avaliação de Desempenho (Marília Magarão e Sandrine Cuvillier), 254

Peculiaridades da logística reversa e propostas para avaliação de seu desempenho, 257

Uso da metodologia GRI como referência para a avaliação de desempenho da logística reversa, 262

Proposta metodológica da GRI, 262

Aplicação de metodologia da GRI para a cadeia de logística reversa, 265

Referências, 268

Considerações Finais (Rogerio Valle), 269

Nota sobre os Autores

ANDRÉ TEIXEIRA PONTES

Possui graduação em Farmácia Industrial pela Universidade Federal Fluminense (UFF) e MBA em Gestão pela Qualidade Total (LATEC/UFF). Mestre em Tecnologia pelo Programa de Pós-Graduação em Tecnologia do CEFET/RJ. Doutorando do Programa de Engenharia de Produção da COPPE/UFRJ, desenvolvendo pesquisas na área de Logística Reversa e Avaliação da Sustentabilidade do Ciclo de Vida. Coordenador da Câmara Técnica de Gerenciamento de Resíduos do Conselho Regional de Farmácia do Estado do Rio de Janeiro.

CARLOS EDUARDO DURANGE DE CARVALHO INFANTE

Mestre em Engenharia de Produção pela COPPE/UFRJ, Especialista em Finanças pelo COPPEAD/UFRJ e Graduado em Matemática pela Universidade do Estado do Rio de Janeiro – UERJ. Atualmente é aluno de Doutorado do Programa de Pós-Graduação em Engenharia de Produção da COPPE/UFRJ e Professor de Economia e Finanças. Atua nos seguintes temas: Economia, Finanças, Sustentabilidade, Métodos Quantitativos e Análise Multicritério de Apoio à Decisão.

ELTON SIQUEIRA MOURA

Profissional da área de desenvolvimento de sistemas durante 22 anos, especialista em redes de computadores e análise de sistemas, com MBA em Gerenciamento de Projetos. Desde 2006 é docente do Instituto Federal do Espírito Santo. É doutorando em Engenharia de Produção na COPPE/UFRJ, onde desenvolve pesquisas na área de sustentabilidade.

FABRÍCIO MOLICA DE MENDONÇA

Doutor em Engenharia de Produção pela COPPE/UFRJ; Mestre pela Universidade Federal de Viçosa; Graduado em Administração pela Universidade Federal de Viçosa (UFV-MG). Professor Universitário na Universidade Federal de São João Del-Rei (UFSJ). Pesquisador do SAGE. Possui experiência em Custos de Produção, Mapeamento de Processos, Análise de Investimentos e Logística Reversa.

JOANA BRACONI

Engenheira de Produção, formada pela Universidade Federal do Rio de Janeiro (UFRJ). Mestre em Engenharia de Produção pela COPPE/UFRJ. Atuou em diversos projetos do SAGE em mapeamento, análise e redesenho de processos, em organizações como Petrobras e IBGE. Atualmente trabalha na gestão de projetos e processos no IBRE/FGV.

JULIO CÉSAR BENALCÁZAR CHUM

Consultor em Engenharia de Gestão na Visagio, Mestre em Engenharia de Produção pela COPPE/UFRJ, Engenheiro de Produção pela Poli/UFRJ. Experiência em projetos de Construção de Cadeia de Valor, Implementação de Sistemas Integrados de Gestão (ERP), Estruturação de Escritório de Processos, Modelagem, Análise e Melhoria de Processos de Negócios (BPM), Reestruturação Organizacional. Instrutor de cursos e treinamentos de Gestão por Processos para turmas de pós-graduação e *in-company*. Coautor dos livros: *Análise e melhoria de processos de negócios* e *Análise e modelagem de processos de negócio: foco na notação BPMN*.

LOURENÇO COSTA

Possui Graduação em Engenharia Mecânica pela Universidade Federal do Espírito Santo, Especialização e Mestrado em Engenharia de Produção pela Universidade Tecnológica Federal do Paraná, na área de modelagem de processos. Atualmente é doutorando do Programa de Engenharia de Produção da Universidade Federal do Rio de Janeiro, membro do Laboratório de Sistemas de Gestão Avançada (SAGE) e professor do Instituto Federal do Espírito Santo. Atua há mais de 15 anos em projetos e implantações de sistemas de Gerenciamento Eletrônico de Documentos. Gerenciou implantações de GED, EDMS e Workflow para grandes empresas das áreas de mineração, petróleo, distribuição elétrica, telefonia, água e esgoto, aço, alimentos, papel/celulose e financeira. Gerenciou trabalhos de modelagem de processos nos setores técnico e administrativo de diversas empresas. Possui diversos artigos publicados na área de modelagem de processos e é autor de vários livros.

MARCELLE RODRIGUES DE SOUZA

Mestrado pelo Programa de Engenharia de Produção da COPPE, Engenharia Química pela Universidade Federal Fluminense; Pós-Graduada em SMS pelo PROMINP e Técnica em Saneamento pelo Instituto Federal de Educação, Ciência e Tecnologia do Rio de Janeiro. Adquiriu experiência em elaboração de projetos de pesquisa em meio ambiente pelo SAGE/COPPE na área de óleo e gás. Desenvolveu-se profissionalmente em organizações de grande porte, tais como OSX, FIOCRUZ, MERCK S/A e FIRJAN/RJ, nas áreas de Sistemas de Gestão Ambiental, Gerenciamento de Resíduos Sólidos, Análise e Controle de Águas e Efluentes e Validação de Processos.

MARÍLIA MAGARÃO COSTA

Doutora em Engenharia de Produção pela UFRJ. Mestre em Administração Pública pela Fundação Getulio Vargas e graduada em Administração de Empresas pela UFRJ. Professora da Fundação Getulio Vargas – RJ, nos cursos de educação continuada, e consultora de empresas, nos setores público e privado, em modernização organizacional e gestão por processos de trabalho. Trabalhos realizados em instituições públicas, nas três esferas governamentais e agências reguladoras, e em diversos setores da iniciativa privada, tais como de indústria gráfica e farmacêutica, telecomunicações, energia elétrica, previdência e seguros, navegação, saúde e financeiro.

RICARDO GABBAY DE SOUZA

Engenheiro Civil (UNAMA, 2004), Mestre em Engenharia Urbana (UFSCar, 2007), e Doutor em Engenharia de Produção com Ênfase em Pesquisa Operacional (COPPE-UFRJ, 2014), com Pós-Doutorado no Programa de Sistemas de Gestão Sustentáveis (UFF, 2014-2015) e Programa de Engenharia de Produção (COPPE-UFRJ, 2015-2016). Atualmente é Professor do Instituto de Ciência e Tecnologia (ICT) da UNESP, Departamento de Engenharia Ambiental, lecionando disciplinas como: Materiais e Reciclagem, Tratamento de Resíduos Sólidos, e Gerenciamento de Resíduos de Serviços de Saúde. Possui projetos nacionais e internacionais na área de logística reversa, particularmente de Resíduos Eletroeletrônicos. Possui projetos e publicações em parceria com pesquisadores de universidades como: BOKU-Vienna, London School of Economics, Universidade Técnica de Hamburgo, dentre outras.

ROGERIO VALLE

É professor do Programa de Engenharia de Produção da COPPE/UFRJ, onde coordena o SAGE – Láboratório de Sistemas Avançados em Gestão da Produção. Doutor pela Universidade Paris V (Sciences Humaines Sorbonne), DEA em Métodos Científicos de Gestão (Universidade Paris-Dauphine), Mestre em Engenharia de Produção (COPPE/UFRJ) e Engenheiro Mecânico e de automóveis (IME). Atualmente dirige projetos e pesquisas ligados à Gestão do Ciclo de Vida (fluidos de perfuração, plásticos, fertilizantes) e à Avaliação da Sustentabilidade (relato no padrão GRI, impactos dos Jogos Olímpicos Rio/2016) dentro de uma visão multicritérios.

SANDRINE CUVILLIER

Pesquisadora do SAGE/COPPE. Consultora de empresas. Mestre e doutoranda em Gestão Sustentável da Produção pelo Programa de Engenharia de Produção da COPPE/UFRJ. Formada em Engenharia de Produção pelo Instituto Nacional Politécnico de Grenoble (INPG, França). Treinadora do curso certificado pela Global Reporting Initiative (GRI) sobre "Relatórios GRI de Sustentabilidade". Experiência em projetos de: Modelagem, sobre "Relatórios GRI de Sustentabilidade". Experiência em projetos de: Modelagem, Análise e Redesenho de Processos de Negócios; Gestão por Competências por Processos e em treinamento de equipes; definição de indicadores ambientais, sociais e econômicos para avaliação de desempenho. Atuou e continua atuando em projetos para organizações como: Casa da Moeda, Petrobras, CNEM, IBGE, CEPEL, Secretaria do Estado do Ambiente e Comitê Organizador dos Jogos Olímpicos Rio/2016TM. É coautora de um capítulo do livro *Análise e modelagem de processos de negócio: foco na notação BPMN (Business Process Modeling Notation)*, 2010.

Introdução

Rogerio Valle
Ricardo Gabbay de Souza

A promulgação da PNRS – Política Nacional de Resíduos Sólidos (Lei nº 12.305/2010, regulamentada pelo Decreto nº 7.404) foi sem dúvida um marco para a logística reversa no Brasil. Esta não se restringe ao que ali vem determinado, mas sua discussão pública, seu desenvolvimento técnico e sua implementação nas organizações foram sem dúvida fortemente acelerados. Um país que cresce e se consolida no cenário mundial como uma economia emergente precisa de uma logística reversa à altura da relevância que a sustentabilidade e a economia verde adquiriram nos âmbitos político, econômico, social e legal, tal como ilustrado pela Conferência Rio+20.

A PNRS responde à crescente conscientização e preocupação da sociedade com as questões ambientais. O gerenciamento de resíduos sólidos (outrora chamado de "lixo") é um esforço maior na saga da sustentabilidade, pois seus impactos ambientais e sociais – a sujeira nas ruas, os lixões a céu aberto, as tristes condições de trabalho dos catadores informais... – estão escancarados no cotidiano da população. Cada um desses impactos é perturbadoramente familiar aos cidadãos, queiram ou não; mas, por isso mesmo, as soluções adotadas para confrontá-los não demoraram a ser bem acolhidas pelos brasileiros: a coleta seletiva e a reciclagem, as cooperativas de catadores, os aterros sanitários, a geração de energia a partir do "lixo" são, todos eles, temas hoje frequentes nos noticiários, nas escolas e nas campanhas políticas.

A logística reversa potencializa todas estas soluções para gerenciamento de resíduos sólidos. Ela acaba com o antiquado conceito de "fim da linha" (*end-of-pipe*), segundo o qual a vida dos produtos tem começo (projeto e produção), meio (uso) e fim (lixões e aterros). A linha virou um círculo: hoje em dia, seu fim coincide com o início e o retoma. Os materiais dos produtos usados, antes sempre chamados de lixo, são agora tidos como matéria-prima para uma nova geração de produtos. Já pode ser considerado anacrônico o político que, em sua campanha, resume o gerenciamento de resíduos à mera construção de um aterro sanitário. Tal visão não mais corresponde às expectativas da sociedade brasileira moderna.

No entanto, a importância da logística reversa não repousa somente na relação entre cidadãos e governo. Muito antes da referida Política Nacional, setores do comércio e da indústria já haviam considerado o valor da logística reversa para seus negócios. Mesmo no Brasil, algumas empresas já tinham um complexo sistema de logística reversa implantado e em pleno funcionamento. Por quê? Porque, para essas empresas, era muito mais valioso recuperar seus produtos, ou os componentes neles instalados, do que buscar matéria-prima virgem. Por consequência, desenvolveram um sistema próprio para cadastramento, comunicação, recolhimento, desmontagem e reciclagem dos produtos, após o fim da vida útil para o consumidor. Contudo, logística reversa não é somente uma questão de logística. Entendamos: a atividade puramente logística, por si só, já envolve grande complexidade gerencial. Mas a logística reversa envolve intensamente outras funções: produção, marketing, recursos humanos, desenvolvimento de produtos, análise financeira, contratos e parcerias etc. Essencialmente, ela acaba por se tornar uma miniatura da empresa dentro da própria empresa, em constante comunicação com esta. Gerenciar a logística reversa nas organizações equivale, portanto, a gerenciar uma nova empresa, uma subsidiária. Por esse motivo, o conteúdo deste livro percorrerá cada um dos processos que já são usuais no gerenciamento de qualquer empresa, mas indicando como eles devem ser ajustados para atender às particularidades da logística reversa.

Dividimos o livro em partes. A Parte I aborda questões mais gerais quanto ao contexto em que a logística reversa está inserida e qual a sua essência e definição. Na Parte II, descrevemos a visão da cadeia de valor da logística reversa, proposta por nós como um instrumento de planejamento; aprofundamo-nos nos processos de planejamento estratégico e operacional do sistema de logística reversa. Na Parte III, discutimos os processos de negócio, e na Parte IV, os processos de gestão e de apoio. Os processos de negócio constituirão o sistema operacional que é o coração da logística reversa e lhe dão sua razão de existir. Os demais processos são indispensáveis para que os primeiros ocorram com sucesso.

Este livro foi pensado como um apoio aos gestores que buscam caminhos para implantar ou gerenciar a logística reversa em suas empresas, ou ao menos em parte delas. Ser-lhes-á útil tanto no caso de conduzirem uma indústria que deseje aplicar a logística reversa como parte de seu processo produtivo, quanto no caso de organizarem uma empresa que busque oferecer serviços no ramo da logística reversa. Para ambas as situações, este livro quer oferecer um horizonte para a compreensão das partes e do todo.

Parte I
CONTEXTO DA LOGÍSTICA REVERSA NAS ORGANIZAÇÕES E NA SOCIEDADE

1

Logística Reversa, Meio Ambiente e Sociedade

Fabrício Molica de Mendonça
André Teixeira Pontes
Ricardo Gabbay de Souza

A INTERAÇÃO ENTRE A SOCIEDADE, O SISTEMA PRODUTIVO E O SISTEMA NATURAL

A visão predominante do crescimento econômico em um país, região ou cidade sempre esteve associada ao fortalecimento das relações econômicas entre empresas, governos e unidades familiares. Tal crescimento acontece sempre que os preços e os volumes dos bens produzidos cumprem certas condições: serem suficientes para cobrir os custos dos fatores de produção e os tributos pagos ao governo; propiciarem uma renda que permita às unidades familiares poupar, após terem garantido seu consumo; gerarem um volume de vendas suficiente para que as empresas possam auferir lucros. Esses lucros associados a novos investimentos proporcionam muitos efeitos favoráveis: crescimento das unidades produtivas; aumento da absorção de força de trabalho (maior contratação); aumento da renda das famílias (devido ao aumento do volume de empregados); aumento de arrecadação de tributos para que o governo possa melhorar as condições de infraestrutura da sociedade; maior volume de poupança e de recursos para reinvestimento (MONTELLA, 2006).

Dentro dessa visão, a sociedade e o sistema produtivo funcionam de forma interativa. Há uma retroalimentação positiva, pois o sistema produtivo, por um lado, gera bens e serviços, atendendo às demandas da sociedade e, por outro, impulsiona a sociedade no sentido de gerar os capitais que pagam por esses bens (Figura 1).

Figura 1 – Fluxos de recursos e produtos entre os diversos sistemas

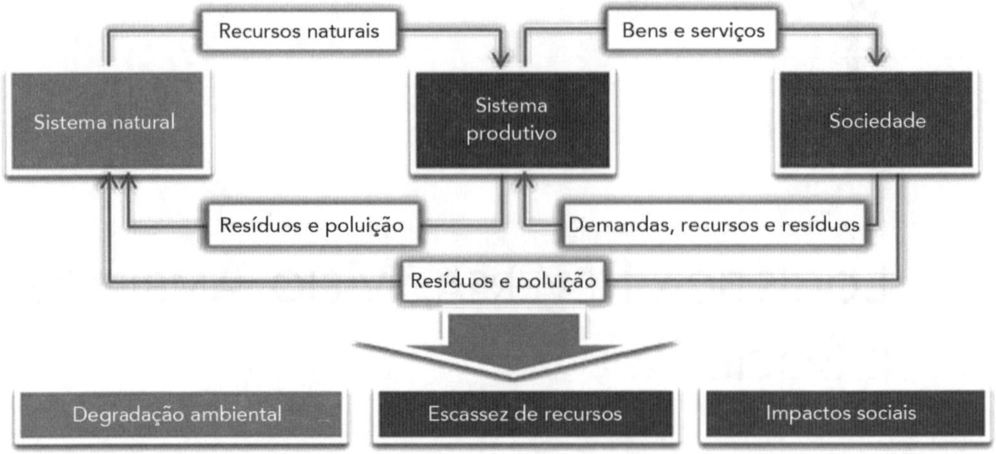

Para o seu funcionamento, o sistema produtivo necessita de recursos provenientes do sistema natural, muitas vezes não renováveis. Nesse contexto, o crescimento econômico acontece quando os recursos naturais são colocados dentro do sistema produtivo e transformados em bens e serviços para atender à demanda (crescente) da sociedade.

No entanto, se há uma relação de compensação positiva entre a sociedade e o sistema produtivo, na relação entre o sistema produtivo e o sistema natural as coisas se dão de outro modo. Cadeias de produção e consumo insustentáveis surgiram como consequência da forma como se deram a industrialização e o crescimento populacional no século passado. Por um lado, isso levou ao aumento exagerado da demanda por recursos naturais, justificando previsões pessimistas de escassez generalizada desses recursos. Por outro lado, surgiram depósitos gigantescos de resíduos sólidos, muitas vezes dispostos sem o menor cuidado. Na etapa de produção e transporte de produtos, por exemplo, as ameaças estão na emissão de gases para a atmosfera, na poluição dos rios, nos resíduos industriais, entre outras. Assim, no final dessas cadeias, as mazelas da poluição nas suas mais variadas formas vêm afetar o sistema natural, já espoliado pela extração de recursos. Isso degradou o sistema natural e gerou uma crise ambiental. Tal crise ambiental não deixa de ter repercussões diretas no próprio sistema produtivo, visto que ele depende de recursos e bens naturais. O consumo desregulado de bens naturais amplia a crise de recursos, com consequências muito negativas para o sistema produtivo, para a sociedade e para a economia como um todo. Isso ameaça a qualidade de vida, a prosperidade econômica e, de forma mais geral, o futuro do homem no planeta Terra.

Percebe-se, então, que a produção de bens e serviços do sistema produtivo, voltada para atender às demandas da sociedade, acaba sendo limitada pelo sistema natural, conforme foi observado por Passet (1979). Como mostra a Figura 2, o sistema produtivo e a sociedade estão contidos no sistema natural.

Figura 2 – Relações entre o sistema natural, a sociedade e o sistema produtivo

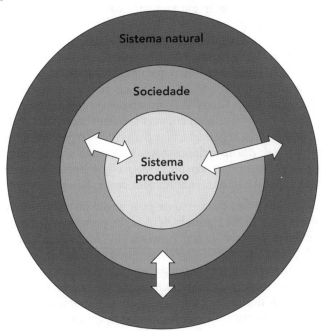

Fonte: Adaptada de Passet, 1979.

A posição envolvente do sistema natural mostra que, se forem considerados apenas os aspectos econômicos no conceito de desenvolvimento, as consequências sociais, ambientais, ecológicas e geográficas podem levar ao colapso dos próprios sistemas econômicos. Assim, o conceito de desenvolvimento sustentável surge como uma nova forma de reflexão para que a sociedade busque caminhos mais sustentáveis, socialmente responsáveis e economicamente viáveis nos processos de tomada de decisão.

O DESENVOLVIMENTO SUSTENTÁVEL E A LOGÍSTICA REVERSA

O desenvolvimento sustentável, em sua expressão mais difundida, é "um novo tipo de desenvolvimento capaz de manter o progresso humano não apenas em alguns lugares e por alguns anos, mas em todo o planeta e até um futuro longínquo [...]. É aquele que atende às necessidades do presente sem comprometer a capacidade de as gerações futuras atenderem às suas próprias necessidades" (WCED, 1987).

Essa definição altera radicalmente a tomada de decisões pelos agentes do desenvolvimento (governantes, empresários, trabalhadores etc.). Durante décadas, esses agentes referiram-se a modelos que exigiam decisões baseadas unicamente em critérios econômicos. Agora, os mesmos agentes precisam voltar-se para modelos multicritérios que agreguem também as dimensões sociais e ambientais (*triple bottom line*) e, mais ainda, que levem em consideração a influência recíproca dessas dimensões.

No caso específico das decisões relacionadas ao uso de recursos não renováveis ou à eliminação de resíduos que afetam negativamente o meio ambiente, o desenvolvimento sustentável traduz-se frequentemente pelo emprego de métodos como a reciclagem, o reúso, a recuperação e o gerenciamento de resíduos – estes mesmos constituindo-se como sistemas produtivos, conforme a Figura 1. Para viabilizar esses métodos, as empresas lançam mão de canais de distribuição reversos que se reincorporam ao ciclo de negócios, ou ao ciclo produtivo, bens já nas fases de pós-venda ou de pós-consumo. Trata-se então de planejar, operar e controlar estes fluxos logísticos e informacionais reversos, de modo que haja agregação de valor não só econômico, mas também ecológico, social, legal, logístico ou de imagem. Desse modo, a gestão desse fluxo inverso pode se tornar uma fonte de vantagem competitiva, pois permite desenvolver melhor relacionamento com os demais agentes da cadeia produtiva, com os clientes e com o governo. Em alguns casos, esse canal reverso pode trazer até mesmo um ganho econômico adicional para a organização.

Essa preocupação com o fluxo reverso de produtos e de materiais vem sendo objeto de estudo desde os anos de 1970. Naquela década, os trabalhos de Guiltinan e Nwokoye (1974) já empregavam os termos "canais reversos" e "fluxos reversos". Durante os anos 80, Lambert e Stock (1981) usaram a expressão "indo pelo caminho errado". A partir da década de 90, surgiram várias novas concepções, com destaque para o termo "logística reversa" apresentado por Rogers e Tibben-Lembke (1998) como uma inversão da logística. Esse termo foi por eles definido como "o processo, eficiente e de baixo custo, de planejamento e implantação do controle dos fluxos de materiais, de produtos acabados e de informações relacionadas, do ponto de consumo ao ponto de origem, para recuperar o valor ou fazer o descarte de forma apropriada".

LOGÍSTICA REVERSA E O CICLO DE VIDA DOS PRODUTOS

Os produtos fornecidos pelo sistema produtivo para atender às demandas da sociedade possuem uma história que se inicia com a obtenção dos recursos necessários do sistema natural e termina com a destinação pós-consumo. Esta pode ser uma destinação final (aterro sanitário, incineração etc.) ou um retorno para o ciclo produtivo (reciclagem, reúso etc.).

O ciclo de vida de um produto pode ser entendido como o conjunto das fases que compõem esta história do produto, que estão resumidas na Figura 3. Vale ressaltar que esse conceito é diferente do ciclo de vida de um produto no mercado (sob a ótica do marketing), o qual se refere às fases de lançamento do produto, de crescimento, de maturidade e saturação/declínio (BALLOU, 2006).

Para oferecer produtos mais sustentáveis, os atores envolvidos com todas essas fases do ciclo de vida precisam buscar maneiras de melhorar o desempenho ambiental, social e econômico de suas atividades. Esse caminho deve ser percorrido por todos, uma vez que cada fase é importante para a sustentabilidade do produto.

Figura 3 – Ciclo de vida de um produto

Fonte: UNEP, 2009.

Este olhar mais amplo sobre o ciclo de vida é importante para evitar a adoção de soluções que sejam eficientes em uma determinada fase, mas que possam ser prejudiciais em outra. Por exemplo, a escolha de um novo componente para um determinado produto deve levar em conta não apenas os ganhos na qualidade e no retorno financeiro, mas também questões relacionadas às características da sua obtenção (como a não utilização de trabalho escravo, trabalho infantil, o respeito às populações indígenas, a minimização do impacto ambiental, por exemplo) e às características pós-consumo (como a forma de descarte, a possibilidade de separação e reciclagem etc.). A gestão de todas as fases do ciclo de vida de um produto é fundamental para a sustentabilidade das empresas. Essa gestão pode contar com o auxílio de diversas ferramentas, como a adoção de indicadores de desempenho propostos pelas diretrizes da *Global Reporting Initiative* (GRI), a Avaliação do Ciclo de Vida (ACV) e a própria logística reversa, entre muitas outras.

A logística reversa, em especial, contempla importantes etapas do ciclo de vida, como reparo e reúso, reciclagem de materiais e componentes, recuperação e destinação final. É, portanto, uma ferramenta que pode proporcionar importantes ganhos ambientais, sociais e econômicos, possuindo um papel muito relevante na gestão do ciclo de vida. A reciclagem, por exemplo, contribui para diminuir a demanda por recursos do sistema natural, representa inclusão social e fonte de renda para os catadores e possibilita, ainda, uma diminuição dos custos para o sistema produtivo.

LOGÍSTICA REVERSA NA GESTÃO E GOVERNANÇA DO CICLO DE VIDA

No cenário atual de aumento da conscientização ecológica e das pressões legais, a logística reversa é estratégica para as empresas. Ela pode representar importantes ganhos de competitividade, uma vez que os problemas ambientais relacionados aos resíduos são complexos, por muitas vezes serem provenientes de fontes dispersas e numerosas. É preciso, porém, distinguir duas diferentes situações envolvendo a necessidade de logística reversa.

Para exemplificar a primeira situação, vamos supor uma empresa ou uma cadeia de suprimento integrada e articulada, que gera resíduos e emite gases acima do normal em suas plantas. Nesse caso, a responsabilidade fica mais fácil de ser atribuída, visto que se trata de um problema estruturado, cuja solução pode ser feita por meio da gestão interna da empresa ou gestão da cadeia de suprimentos. O caso da logística reversa dos servidores da IBM (Box 1) ilustra bem esse cenário.

Num segundo exemplo, vamos supor uma situação diferente: uma cadeia de suprimentos com produtos finais muito pulverizados, como é o caso do uso de sacolas plásticas. Se há grande dispersão ao longo do espaço e grande volume de usuários, fica difícil atribuir responsabilidade a um ou a alguns participantes dessa cadeia. Nesses casos, o problema não é bem estruturado e a logística reversa torna-se bastante desafiadora. A forma de abordagem deste tipo de problemas é a governança da sustentabilidade, que busca envolver o conjunto dos atores envolvidos na cadeia (Quadro 1).

Quadro 1 – Diferença entre gestão e governança

Gestão	Governança
• Envolvimento de atores sob o controle direto ou indireto da gerência da empresa • Fronteira dentro da empresa • Ênfase nos processos internos	• Envolvimento da diversidade de atores relacionados com o processo • Fronteira além da empresa • Ênfase nos relacionamentos

Dentro do contexto da gestão e da governança, a PNRS traz o conceito de responsabilidade compartilhada por todos os atores envolvidos ao longo do ciclo de vida dos produtos, definida como:

> "conjunto de atribuições individualizadas e encadeadas dos fabricantes, importadores, distribuidores e comerciantes, dos consumidores e dos titulares dos serviços públicos de limpeza urbana e de manejo dos resíduos sólidos, para minimizar o

volume de resíduos sólidos e rejeitos gerados, bem como para reduzir os impactos causados à saúde humana e à qualidade ambiental decorrentes do ciclo de vida dos produtos, nos termos desta Lei" (Lei nº 12.305/2010).

Quando a logística reversa (LR) de um determinado produto envolve um grande número de atores nas diversas fases de seu ciclo de vida, cada um com expectativas próprias, ela não pode ser pensada sem considerar o engajamento e a interação entre todos eles.

A busca por estratégias compartilhadas para resolução de problemas de LR, envolvendo gestão e governança, é um bom caminho para o correto gerenciamento do ciclo de vida dos produtos. Associado às etapas da LR (reciclagem, reparo, reúso e recuperação), esse gerenciamento proporciona ganhos ambientais, diminuindo o volume de resíduos lançados no meio ambiente e reduzindo a demanda por recursos naturais; ganhos econômicos, com a diminuição do impacto das unidades produtivas e da economia como um todo, por meio do aumento da eficiência do uso do recurso; e ganhos sociais, com a inclusão de outros atores logísticos ao longo do ciclo de vida do produto, com destaque para os catadores, aumentando emprego e renda. Isso contribui para que a sociedade caminhe em busca de uma economia de baixo carbono, eficiente em uso de recursos e socialmente inclusiva, denominada pela UNEP de economia verde (UNEP, 2011).

CONCLUSÕES

A sociedade enfrenta atualmente um grande desafio: conseguir transitar, de maneira socialmente responsável, para uma organização condizente com o sistema natural que a suporta. Isso representa um desafio significativo para a forma tradicional de pensar sobre as atividades sociais e sobre o sistema produtivo. Nesse caminho, depara-se com a necessidade de gerenciar adequadamente todo o ciclo de vida dos produtos, buscando melhorar o desempenho tanto ambiental, como social e econômico.

A logística reversa tem uma importância estratégica neste cenário. Ela envolve fases cruciais no ciclo de vida de um produto, cujo correto gerenciamento pode acarretar, além dos óbvios ganhos ambientais, grandes ganhos sociais e econômicos, como a inclusão de catadores, com geração de emprego e renda. Assim, a logística reversa pode contribuir significativamente para a migração para uma economia de baixo carbono, eficiente em uso de recursos e socialmente inclusiva.

REFERÊNCIAS

BALLOU, Ronald H. *Gerenciamento da cadeia de suprimentos/logística empresarial*. Porto Alegre: Bookman, 2006.

GUILTINAN, J.; NWOKOYE, N. Reverse channels for recycling: an analysis for alternatives and public policy implications. In: CURHAN, R. G. (Ed.). *New marketing for social and economic progress*: combined proceedings. American Marketing Association, 1974.

LAMBERT, D. M.; STOCK, J. R. *Strategical physical distribution management*. Homewood, IL: Irwin, 1981.

MENDONÇA, F. M. *Formação, desenvolvimento e estruturação de arranjos produtivos locais da indústria tradicional do Estado de Minas Gerais*. São Paulo: Blucher, 2010.

MONTELLA, M. *Economia passo a passo*. Rio de Janeiro: Qualitymark, 2006.

PASSET, René. *L'économique et le vivant*. Paris: Payot, 1979.

ROGERS, D. S.; TIBBEN-LEMBKE, Ronald S. *Going backwards*: reverse logistics practices and trends. Reno, Nevada: Reverse Logistics Executive Council, 1998.

UNEP. *Towards a green economy*: pathways to sustainable development and poverty eradication, 2011.

WCED (World Comission on Environment and Development). Our Common Future (Report). United Nations, Abril 1987.

Box 1: Estratégia de logística reversa de produtos eletrônicos: o caso da IBM

Eduardo Miguez (UFRJ); Fabrício Molica (UFSJ); Rogerio Valle (UFRJ); Giancarlo Teixeira (IBM Brasil)

Adaptado de: MIGUEZ, E. C.; MENDONÇA, F. M.; VALLE, R.; TEIXEIRA, G. *Estratégica de logística reversa de produtos eletrônicos*: caso da IBM. Acervo On-line de Mídia Regional (UNITAU), v. 1, p. 1-11, 2009.

Há alguns anos, a IBM do Brasil não fabrica mais computadores de pequeno porte. Estes são terceirizados para fornecedores que processam as máquinas, seguindo as especificações da IBM. A prioridade dessa empresa passou a ser a venda de serviços aos clientes, incluindo prestação de serviços de TI, manutenção, *softwares* e *hardwares*.

Apesar de ter terceirizado a produção, a IBM é responsável pelos produtos eletrônicos que são vendidos com a sua marca. Por isso, o maior interesse da IBM com a logística reversa se dá através do reaproveitamento de *hardware*. Os dois principais tipos de *hardware* que são focos da atividade de logística reversão são: os servidores (tipo *Mainframes*, mas neste trabalho, serão considerados como servidores apenas), considerados carro-chefe da logística reversa da IBM, representando mais de 92% da receita decorrente da atividade de logística reversa; e os computadores pessoais, que representam apenas 8% dessa receita.

A Figura 1 apresenta o modelo de logística reversa adotado pela IBM. Esse modelo consiste em uma série decrescente de prioridades de técnicas de logística reversa a ser adotada em função do potencial de recuperação do valor e do benefício ambiental, relacionado com o custo de recuperação ou de descarte de produto e/ou material.

Analisando esta série, percebe-se que o objetivo principal da empresa é o reaproveitamento das máquinas para revenda. Caso os aparelhos cheguem à empresa em um estado que economicamente não valha a pena recuperá-los, ou então em estado avançado de obsolescência, estes são encaminhados para o desmonte, onde os componentes são testados. Os que estiverem em boas condições são armazenados para a utilização como peças de reposição, primeiro na remanufatura das máquinas ou, em seguida, como peças de manutenção ao cliente. Neste mesmo processo de desmonte dos aparelhos em componentes, as peças podem ser vendidas para os fabricantes de computadores e servidores da IBM, assim como para montadores de computadores. As peças e componentes que não puderem ser aproveitadas seguem para a última etapa no processo de agregação de valor da IBM, o desmonte dos equipamentos, por completo, visando à reciclagem e ao correto tratamento e à destinação dos materiais e resíduos perigosos.

Figura 1 – Série decrescente de prioridades de tratamento de logística reversa da IBM

Fonte: IBM Corporation (2006).

No caso dos servidores, quando a área de *leasing* da empresa (o Banco IBM) negocia um contrato de *leasing* de um servidor, a área de logística reversa é consultada para ver se há ou não interesse da empresa na compra desse equipamento ao final do contrato. Caso o setor de logística reversa da IBM tenha interesse na compra da máquina, ela deverá informar quanto estará disposto a pagar ao final do *leasing*. Por exemplo, se um servidor custar R$ 10 milhões e a área de logística reversa da IBM oferecer 10% do valor do equipamento, então a empresa contratante pagará R$ 9 milhões até o final do contrato de *leasing*; após o término do contrato, ela poderá escolher entre pagar R$ 1 milhão e ficar com o aparelho em definitivo, ou devolver o servidor. O valor oferecido pelo departamento de logística reversa da IBM deve ser bem pesado: não pode ser tão baixo que estimule a compra do servidor por parte da empresa contratante, mas também não pode ser tão alto que inviabilize o lucro na hora da revenda.

Durante seu ciclo de vida, os servidores, à medida que retornam à empresa, sofrem remanufatura e são revendidos para empresas de menor porte, que não precisam de servidores de última geração. Dependendo de seu estado físico, o servidor pode sofrer canibalização, ao invés de remanufatura. Nesse caso, parte de suas peças é separada para ser reaproveitada. Entretanto, até mesmo os componentes que são encaminhados para a reciclagem geram lucros para a empresa, uma vez que partes lucrativas como placas e circuitos são enviadas para empresas especializadas na extração de metais preciosos. Isso mostra que os servidores apresentam quase 100% de reaproveitamento.

Pode-se perceber que, por meio dessas estratégias de recuperação de valor de componentes e de produtos, a IBM Brasil consegue, simultaneamente, cumprir as legislações ambientais voltadas para o setor, assegurar sua imagem no mercado e obter ganhos financeiros.

Box 2: A logística reversa e a Política Nacional de Resíduos Sólidos

A Política Nacional de Resíduos Sólidos (Lei Federal nº 12.305/2010), sancionada no dia 2 de agosto de 2010, é um marco brasileiro para abordar a questão dos resíduos sólidos no país, e, neste contexto, atribui à logística reversa um papel-chave.

Dentre os princípios desta Política, alguns estão diretamente associados à logística reversa: prevenção e precaução; poluidor-pagador e protetor-recebedor; a visão sistêmica que considere as variáveis tecnológicas, econômicas, culturais, sociais, ambientais e de saúde pública; o desenvolvimento sustentável; a ecoeficiência; a cooperação entre os diversos setores da sociedade; a responsabilidade compartilhada pelo ciclo de vida dos produtos; e o reconhecimento do resíduo sólido reutilizável ou reciclável como bem econômico de valor social, gerador de trabalho e renda.

A maioria dos objetivos estratégicos determinados nesta Política também está diretamente associada à logística reversa. Para citar alguns: estímulo à adoção de padrões sustentáveis de produção e consumo de bens e serviços; adoção, desenvolvimento e aprimoramento de tecnologias limpas; redução do volume e da periculosidade dos resíduos perigosos; incentivo à indústria de reciclagem; gestão integrada de resíduos sólidos; capacitação técnica continuada na área de resíduos sólidos; estímulo à implementação da avaliação do ciclo de vida do produto; incentivo ao desenvolvimento de sistemas de gestão ambiental e empresarial.

A Política reforça a responsabilidade dos geradores de resíduos, sejam pessoas físicas ou jurídicas, em implementar e operacionalizar um plano de gerenciamento de resíduos sólidos. Esse plano deve contemplar a instalação e o funcionamento de atividades que gerem ou operem com resíduos perigosos, podendo haver contratação de terceiros para os serviços de gerenciamento dos resíduos, o que não isenta o gerador da sua responsabilidade pelos eventuais danos provocados pelos seus resíduos.

Segundo a Lei, os consumidores finais são obrigados a disponibilizar adequadamente seus resíduos para a coleta seletiva, ou, quando aplicável, à logística reversa de determinados produtos. A logística reversa deve ser implementada sob responsabilidade conjunta dos fabricantes, importadores, distribuidores e comerciantes, e é aplicável, especialmente, aos seguintes resíduos: eletroeletrônicos; lâmpadas fluorescentes; pneus; óleos lubrificantes e suas embalagens; pilhas e baterias; agrotóxicos e suas embalagens; e outras embalagens que se caracterizem como resíduos perigosos, ou cuja logística reversa seja viável. No âmbito da responsabilidade destes últimos atores pela logística reversa de seus produtos e resíduos, as medidas que devem tomar podem incluir: implantação de procedimentos de compra de produtos ou embalagens usados; disponibilização de postos de entrega de resíduos recicláveis ou reutilizáveis; e atuação em parceria com cooperativas de catadores. Também devem concentrar-se no desenvolvimento de produtos e embalagens que gerem menos resíduos, e favoreçam a posterior reciclagem ou reutilização.

> Quanto aos titulares dos serviços públicos de limpeza urbana e manejo de resíduos, devem implantar a coleta seletiva e compostagem, dar destinação final adequada aos rejeitos e estabelecer acordos setoriais para a operacionalização da logística reversa, dando prioridade à organização de associações e cooperativas de catadores e sua inclusão nos sistemas.

QUESTÕES PARA DISCUSSÃO

1. Como a logística reversa pode contribuir para a gestão do ciclo de vida de um produto?

2. Busque exemplos de situações em que a melhor abordagem seja a gestão, e outras em que se deve recorrer à governança da sustentabilidade.

2

O QUE É LOGÍSTICA REVERSA

Lourenço Costa
Fabrício Molica de Mendonça
Ricardo Gabbay de Souza

Neste capítulo, faremos uma recapitulação das definições oferecidas pela literatura clássica para logística reversa e conceitos associados. A seguir, propomos uma definição contemporânea para a logística reversa, que será usada no restante do livro.

LOGÍSTICA EMPRESARIAL DIRETA E REVERSA – DEFINIÇÃO CLÁSSICA

A logística empresarial direta, considerada como o ponto nevrálgico da cadeia produtiva, atua em estreita consonância com o modelo de gerenciamento da cadeia de suprimentos. Concentra seu foco de estudo principalmente no exame dos fluxos da cadeia produtiva direta.

De acordo com o Conselho de Gestão da Logística (*Council of Logistics Management, in* ROGERS; TIBBEN-LEMBKE, 1999), a logística empresarial direta é:

> "o processo de planejar, implementar e controlar o fluxo eficiente e custo-efetivo de materiais virgens, inventários intraprocessos, bens finalizados e informações relacionadas, do ponto de origem para o ponto de consumo com o propósito de conformar-se aos requisitos dos clientes".

Para atingir o seu objetivo, a logística empresarial direta tem-se valido de técnicas e filosofias empresariais, que visam o aumento da velocidade de resposta e de serviço aos clientes, por meio da velocidade do fluxo logístico e da redução dos custos totais de operação, tais como qualidade total, *Just in time* e tecnologia da informação em logística.

A logística empresarial reversa, ou simplesmente logística reversa, é a área da logística empresarial que opera no sentido inverso, garantindo o retorno de produtos, materiais e peças a um novo processo de produção ou a um novo uso.

De acordo com a Política Nacional de Resíduos Sólidos (PNRS, Lei nº 12.305/2010), a logística reversa é entendida como:

> "Instrumento de desenvolvimento econômico e social caracterizado por um conjunto de ações, procedimentos e meios destinados a viabilizar a coleta e a restituição dos resíduos sólidos ao setor empresarial, para reaproveitamento, em seu ciclo ou em outros ciclos produtivos, ou outra destinação final ambientalmente adequada."

É importante destacar que essa lei considera como resíduos sólidos os materiais, as substâncias, os objetos ou os bens descartados e resultantes de atividades humanas na sociedade, cuja destinação final

> "se procede, se propõe proceder ou se está obrigado a proceder, nos estados sólido ou semissólido, bem como gases contidos em recipientes e líquidos cujas particularidades tornem inviável o seu lançamento na rede pública de esgotos ou em corpos d'água, ou exijam para isso soluções técnica ou economicamente inviáveis em face da melhor tecnologia disponível".

Leite (2003), em sua definição, destaca como objetivo da logística reversa não apenas o desenvolvimento econômico e social, mas a agregação de valor de diversas naturezas, como ecológico, legal, logístico, de imagem corporativa, entre outros.

A logística reversa envolve o processo de planejamento, implantação e controle de um fluxo de materiais, de produtos em processo, de produtos acabados e de informações relacionadas, desde o ponto de consumo até o ponto de origem, por meio de canais de distribuição reversos. Tem como propósito recuperar valor ou garantir o descarte de forma apropriada. E, para viabilizar todo esse processo, tornando-o atrativo e compensador, o fluxo necessita ser eficiente e de baixo custo. Deve haver alguma compensação pela entrega do produto cuja recuperação não é economicamente viável ou que se tornou obsoleta.

Portanto, a logística reversa, por meio de sistemas operacionais diferentes em cada categoria de fluxos reversos, objetiva tornar possível e viável o retorno dos bens ou de seus materiais constituintes ao ciclo produtivo ou de negócios, após terem sido descartados como produtos de pós-venda ou de pós-consumo.

A Figura 1 é uma representação das definições clássicas de logística direta e reversa. Nela podemos aplicar o conceito de entropia, como sendo a medida da desordem ou o grau de "espalhamento" de um sistema. Na extração, os elementos materiais encontram-se concentrados e, à medida que são transformados em produtos, que são comercializados e consumidos, vão se dissipando e se espalhando geograficamente. Na logística direta os processos atuam como sistemas abertos, porque interagem com o meio organizacional (logística interna) e com o ambiente externo (logística externa ou *Supply Chain Management*). Dessa forma, o sistema passa de uma menor para uma maior entropia. No sentido inverso, a logística reversa também é um sistema aberto; no entanto, é necessário diminuir a entropia, ou seja, reordenar e concentrar aquilo que foi dissipado ou "espalhado" pelo processo anterior – entropia negativa. O esforço consiste em buscar aquilo que está disperso e fazer voltar ao longo da cadeia. Neste último caso, o processo pode tornar-se mais complexo e por vezes não se apresentar economicamente viável.

Figura 1 – Entropia nas logísticas direta e reversa

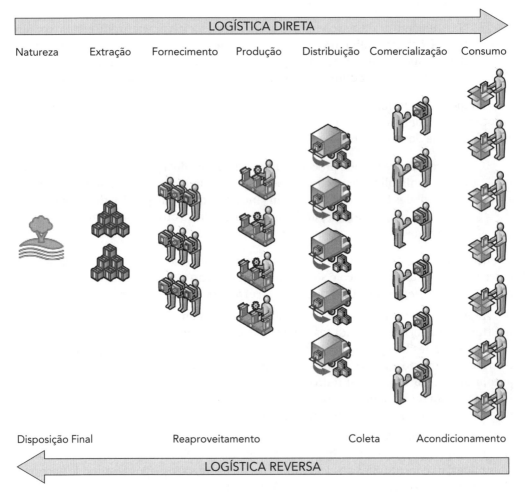

Fonte: Elaboração própria.

Ambas as logísticas, direta e reversa, em sua definição clássica, são fases da logística empresarial. Dessa forma, tendem a receber um enfoque estritamente operacional e econômico, em detrimento dos pontos de vista ambiental e social – embora alguns aspectos ambientais sejam abordados como fatores econômicos e/ou operacionais da logística reversa.

LOGÍSTICA VERDE

Enquanto a logística reversa se preocupa com o fluxo reverso de materiais e produtos tanto no pós-venda como no pós-consumo, a logística verde, conforme McKinnon et al. (2010), ocupa-se da avaliação e minimização dos problemas ambientais associados às atividades de logística empresarial. Isso envolve basicamente cinco frentes de trabalho:

- **redução das externalidades dos transportes de cargas**: impactos no volume do tráfego e poluição atmosférica e sonora gerada;
- **logística urbana**: além da avaliação dos impactos acima, envolve a avaliação dos benefícios econômicos, alocação de espaço viário e investimento em transportes;
- **logística reversa**: retorno dos resíduos à cadeia produtiva e redução do volume de resíduos destinados à disposição final (aterros ou incineração);
- **estratégias ambientais organizacionais no sentido da logística**: incorporação do meio ambiente como elemento-chave do modelo de negócios da organização, iniciativas e programas ambientais;
- **gestão verde da cadeia de suprimentos**: alinhamento e integração da gestão ambiental na gestão da cadeia de suprimentos.

Dessa forma, Donato (2008) conceitua a logística verde como "a parte da logística que se preocupa com os aspectos e impactos ambientais causados pela atividade logística, que pode trazer ganhos ambientais, pois tem como finalidade o desenvolvimento sustentável". Tanto a logística reversa quanto a logística verde se preocupam com a reciclagem, com a remanufatura e com as embalagens reutilizáveis, conforme mostra a Figura 2.

Figura 2 – Comparação entre logística verde e logística reversa

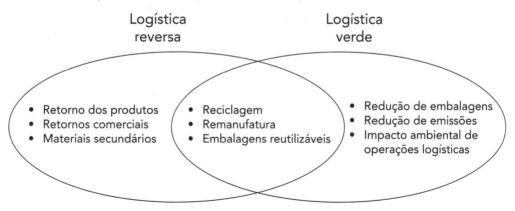

Fonte: Rogers e Tibben-Lembke (2001, p. 131).

Percebe-se que a logística reversa não é, portanto, apenas um processo a ser implementado pela organização, mas uma filosofia que deve ser considerada sob diversos pontos de vista. A partir daí, precisa ser traduzida para a estratégia e então para os processos operacionais da organização.

Os conceitos da logística verde não se aplicam somente à logística reversa, mas também são utilizados na logística direta. Por exemplo, um estudo para reutilização de pilhas e baterias trata ao mesmo tempo da logística reversa e da logística verde. Por outro lado, a redução no consumo de energia em um determinado processo é um estudo de logística verde, porém não trata de logística reversa.

LOGÍSTICA REVERSA DE PÓS-VENDA E PÓS-CONSUMO

O fluxo de produtos e materiais, em um primeiro momento, segue o que se chama de canais de distribuição diretos, que compreende o trajeto que se inicia com a entrada das matérias-primas virgens até o consumidor final. Esse fluxo direto pode se processar de diversas possibilidades, podendo passar por fabricantes, atacadistas, varejistas, até o consumo final. Esse fluxo direto é a principal preocupação da logística empresarial e do marketing.

Os canais de distribuição reversos são aqueles que partem do mercado consumidor ou de algum ponto ao longo do canal de distribuição em direção à origem com a finalidade de retorno; reúso, por meio da revenda imediata ou reutilização do produto em um mercado secundário; recuperação do produto tanto por canibalização (reaproveitamento de alguns componentes dos produtos retornáveis) quanto por reciclagem; *upgrade* do produto por meio de reforma, reparação, remanufatura e reempacotamento; reciclagem de produtos e materiais para fazer parte de outros produtos; e incineração e/ou descarte em aterros seguros, controlados, que não provocam poluição e nem impactos maiores sobre o meio ambiente etc.

Esses canais reversos definem o papel da logística reversa na sustentabilidade, que consiste em reduzir o uso de recursos não renováveis e a geração de resíduos nocivos ao ambiente. Nessa perspectiva, Leite (2003) divide a atuação da logística reversa em duas grandes áreas: a dos bens de pós-venda e a dos bens de pós-consumo, além de um grupo de resíduos industriais (Figura 3).

Figura 3 – Áreas da logística reversa

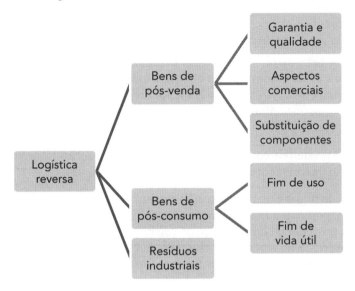

Fonte: Adaptada de Leite (2003).

Os bens de pós-venda podem ter a sua origem motivada por aspectos relativos à garantia e qualidade, comerciais ou de substituição de componentes.

- No que concerne aos aspectos de **garantia e qualidade**, a concorrência acirrada impõe aos fabricantes e varejistas que assumam a responsabilidade sobre os produtos danificados durante a distribuição. No entanto, para que se tenha um fluxo reverso eficiente, é necessário ter-se uma estrutura para recebimento, classificação e expedição, a fim de garantir o retorno desses bens. Um fator que reforça essa tendência aqui no Brasil é a existência do Código de Defesa do Consumidor, que garante o direito de devolução ou troca de um produto danificado. Além disso, os avanços tecnológicos têm permitido aos fabricantes aumentar os prazos de garantia dos produtos. Dessa forma, tais produtos estarão mais sujeitos à necessidade de reparos e possíveis trocas ao longo de sua vida útil, o que exige mais desse processo de retorno. Produtos danificados ou com defeito passam por um processo de reparação que pode ou não ser bem-sucedido. Em caso positivo, o produto retorna ao ciclo de negócios, normalmente destinado ao mercado secundário de bens. Em caso negativo, este vai para o desmanche, onde seus componentes poderão ser reaproveitados. Há ainda os bens de pós-venda provenientes do processo de *recall* do fabricante; esse aspecto, embora contemple os aspectos de garantia e qualidade, está mais associado à melhoria da imagem da organização e à fidelização do cliente.
- Quanto aos aspectos **comerciais**, um produto pode tornar-se obsoleto, retornar por erro de expedição, excesso de estoque, mercadoria em consignação, mudança de estação, ou ter seu prazo de validade vencido. Neste último caso, o produto poderá ter alguns de seus materiais constituintes reciclados e o que não puder ser

reaproveitado será enviado diretamente para a destinação final. Nos casos anteriores, os produtos serão comercializados através de outro canal de distribuição, como, por exemplo, nos *outlets* (lojas de vendas a varejo, onde os fabricantes vendem seus produtos diretamente aos clientes, fora dos grandes centros).

- Dentre os bens de pós-venda, existem ainda aqueles que se originam a partir da **substituição de componentes** de bens duráveis ou semiduráveis, danificados ao longo da sua vida útil e que passaram por um processo de manutenção. Esses componentes são normalmente enviados ao processo de reciclagem, remanufatura ou encaminhados para a disposição final.

A área dos bens de pós-consumo envolve os produtos e materiais que se encontram no estágio de fim de uso ou que atingiram o fim de sua vida útil.

- No caso do retorno de **fim de uso**, o produto tornou-se inservível ao proprietário anterior, porém ainda encontra-se em condições de uso. Para tanto, o bem passa por um processo de limpeza e pode sofrer pequenos reparos, sendo encaminhado ao processo de revenda no mercado de bens de segunda mão. Nesse circuito, o produto pode ser reutilizado diversas vezes, por consumidores diferentes, até atingir o fim de sua vida útil.

- No caso do retorno de **fim de vida útil**, não há possibilidade de que o produto seja reutilizado, devido ao seu mau estado, implicações legais, restrições ambientais ou obsolescência. É então encaminhado ao processo de desmanche, onde é decomposto em seus componentes elementares, que são analisados quanto à viabilidade de recuperação. Aqueles componentes considerados passíveis de serem recuperados passam pelos processos de recondicionamento ou remanufatura, de tal forma que possam ser utilizados na produção de produtos novos ou encaminhados ao mercado secundário de componentes. Se o componente não apresentar viabilidade para recuperação, é encaminhado ao processo de reciclagem, onde se procurará recuperar os materiais constituintes, que servirão ao mercado secundário de matérias-primas. Na hipótese de a reciclagem não ser viável ou possível, o produto será encaminhado diretamente para a destinação final. A diferença entre o fim da vida útil e o fim de uso pode ser menor do que parece de antemão. Produtos e sistemas não apenas envelhecem com o decorrer do tempo, mas também porque seu ambiente impõe-lhes requisitos mais elaborados. Isso acontece especialmente com os computadores e equipamentos eletrônicos. Falamos do retorno de fim de vida se eles são de uma idade que a sua funcionalidade (se disponível) está muito abaixo dos padrões atuais. No entanto, um equipamento eletrônico poderia ser direcionado a um mercado menos exigente ou que se encontra em um estágio tecnológico inferior, podendo ainda ser reutilizado e caracterizando o retorno de fim de uso.

Além das duas grandes áreas de atuação aqui descritas, existe uma categoria que engloba os resíduos gerados durante a fabricação dos produtos (sobras, aparas, peças defeituosas etc.), que compõem o grupo dos **resíduos industriais**. Alguns desses resíduos recebem tratamento e são reaproveitados dentro da própria indústria, outros são vendidos para serem utilizados no processo de fabricação de outras empresas e aquilo em que não há possibilidade de ser reaproveitado é destinado aos aterros sanitários. A quantidade de resíduos gerados por cada indústria é um importante fator a ser considerado, pois se esta for muito pequena pode tornar o processo de reciclagem inviável. Nesse caso, cresce a importância das associações de empresas de determinado setor e dos arranjos produtivos locais, para dar destinação conjunta aos resíduos que são comuns a todas elas.

LOGÍSTICA REVERSA E A CADEIA DE SUPRIMENTOS

A modelagem convencional da cadeia de suprimentos geralmente considera um conjunto de processos impulsionados pela demanda do cliente, que transferem as mercadorias dos fornecedores, através de fabricantes e distribuidores para os clientes finais (Figura 4). Entretanto, este não é o lugar onde o valor do produto físico termina. Nem os bens físicos em si, nem tampouco seu valor, são totalmente consumidos após alcançarem o cliente. A fim de capturar esse valor, é necessário um alargamento da perspectiva de cadeia de suprimentos, de modo a incluir novos processos que fazem parte da logística reversa e vários ciclos de tratamento inter-relacionados, ligados por interfaces específicas do mercado (ROGERS; TIBBEN-LEMBKE, 1999).

Figura 4 – Cadeia de suprimentos integrada

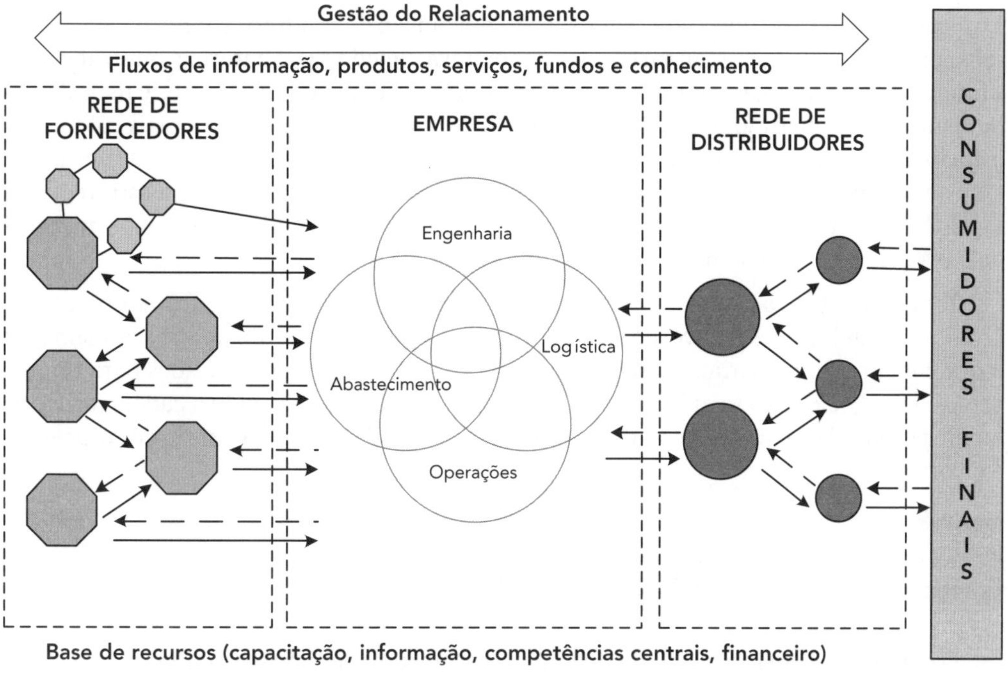

Fonte: Handfield e Nichols Jr. (2002, p. 9).

Muitos produtos se deslocam para além do horizonte da cadeia de suprimentos convencional, desencadeando assim transações comerciais adicionais: produtos usados são vendidos em mercados secundários, produtos desatualizados são atualizados para atender às mais recentes normas; componentes avariados são reparados para servir como peças de reposição; estoques não vendidos são recuperados; embalagens reutilizáveis são retornadas e recarregadas, produtos utilizados são reciclados e transformados em matérias-primas novamente. Portanto, um conjunto de processos que só acomoda o fluxo para frente (*forward*) de produtos em um esquema convencional da cadeia de suprimentos não é responsável pelo que acontece com os produtos após chegarem ao cliente.

Para cobrir essa lacuna, é necessário estender o horizonte do fluxo do produto, acomodando um novo conjunto de processos que alarga a responsabilidade da cadeia de suprimentos, de forma a retornar produtos a partir do cliente. O objetivo é capturar o valor econômico, bem como valores ambientais desses produtos. Sob essa perspectiva, nas organizações em que existe uma cadeia de suprimentos mais articulada, as estratégias de logística reversa acabam sendo desenvolvidas em conjunto com as da logística direta. As melhorias de materiais, tecnologias e processos são pensadas para toda a cadeia. Isso reduz o risco dos investimentos em logística reversa, já que tudo é desenvolvido por meio de articulação e parceria.

No entanto, muitas organizações ainda tratam produtos retornados de uma forma *ad-hoc,* considerando-os como meros rejeitos. Esta falta de interesse pode ser parcialmente explicada pelo fato de que as decisões sobre a devolução de produtos e informações a eles relacionadas fluem de maneira irregular e complexa, devido à sua natureza interfuncional e interdependente. Assim, numa organização onde a cadeia de suprimentos é mais desarticulada ou mesmo fragmentada, o trabalho de logística reversa se torna mais complexo, principalmente quando o produto final encontra-se pulverizado no mercado. O risco nesse caso se refere à falta de desenvolvimento conjunto de todos os aspectos da estratégia de logística reversa. Estratégias pontuais e tomadas em separado podem ser comprometidas pela própria evolução da tecnologia, materiais e processos.

Tanto na logística direta como na reversa, diversas metodologias e formas de gestão (como a modelagem e a governança de processos) podem ser utilizadas para melhorar o desempenho empresarial, através da concepção e modelagem de decisões para os processos de negócio. Isso se aplica especialmente nas organizações onde a cadeia de suprimentos é mais desarticulada e onde a necessidade de visibilidade e controle dos processos é prioritária.

GERENCIAMENTO INTEGRADO DE RESÍDUOS

O gerenciamento integrado de resíduos sólidos é uma definição usualmente aplicada para o caso dos resíduos sólidos municipais, de responsabilidade pública. De acordo com Vilhena et al. (2010), o gerenciamento integrado de resíduos sólidos municipais consiste em "um conjunto articulado de ações normativas, operacionais, financeiras e de planejamento que uma administração municipal desenvolve, com base em critérios sanitários, ambientais, e econômicos, para coletar, segregar, tratar e dispor o lixo de sua cidade". Na definição de Monteiro et al. (2001), acrescentam-se os aspectos sociais aos já mencionados na definição acima.

Essa definição, embora bastante completa, restringe o gerenciamento de resíduos às atividades de tratamento e disposição final dos resíduos. Dessa forma, não contempla a possibilidade de retorno dos materiais à cadeia produtiva, o que é uma premissa da logística reversa.

LOGÍSTICA REVERSA: UMA DEFINIÇÃO TRANSDISCIPLINAR

Todas as definições acima mencionadas, bem como os aspectos envolvidos, estão intrinsecamente relacionados. Dessa forma, não deveriam ser abordados separadamente quando o problema for traduzido em termos estratégicos e operacionais pelas organizações públicas ou privadas. Por esse motivo, apresentamos uma definição transdisciplinar e mais abrangente de logística reversa:

> "A logística reversa é o processo de recuperação dos resíduos de pós-venda ou de pós-consumo, pela coleta, pré-tratamento, beneficiamento e distribuição, de forma a ou retorná-los à cadeia produtiva, ou dar-lhes destinação final adequada. Deve enfocar a minimização dos rejeitos e dos impactos negativos e a maximização dos impactos positivos, sejam ambientais, sociais ou econômicos. Este processo incorpora as atividades operacionais, de gestão e de apoio que, de forma integrada e envolvendo os diversos atores, planejem e viabilizem a implementação das soluções mais adequadas para os resíduos."

Essa definição, do ponto de vista operacional, integra a concepção clássica da logística reversa ao gerenciamento integrado de resíduos sólidos. Numa perspectiva mais gerencial e menos operacional, abrange também os aspectos da logística verde e do LCM (*Life Cycle Management*), no que concerne ao fluxo dos materiais e resíduos.

FLUXO DE MATERIAIS E PROCESSOS DA LOGÍSTICA REVERSA

O rápido crescimento dos volumes de bens e materiais retornados, associado à crescente variedade de suas características físicas e químicas, de sua qualidade e localização têm contribuído para o aumento da complexidade da logística reversa. Meade e Sarkis (2002) sugerem que uma cadeia de logística reversa que dependa do ciclo de vida do produto (*Product Life Cycle – PLC*), da indústria e do projeto da rede de logística reversa precisa estar disponível para atendimento ao cliente. Nesse sentido, assim como as empresas se esforçam para desenvolver processos eficientes de logística para produtos novos, elas devem fazer o mesmo para as mercadorias de retorno, sem deixar de considerar que, nesse caso, os processos podem ser bastante diferentes daqueles definidos para a logística de distribuição direta.

O tipo de reprocessamento ou destinação de um produto ou material depende do estágio em que ele entra no processo de logística reversa e de suas condições gerais. Em função desses fatores, produtos e materiais podem retornar para o fornecedor, serem direcionados para processos de revenda, recondicionamento, remanufatura, reciclagem, ou ainda serem descartados e enviados à destinação final em aterros sanitários ou incineradores. A Figura 5 mostra os fluxos de produtos e materiais envolvidos no processo geral da logística reversa. Nela se pode perceber a diversidade de subprocessos e atividades, consequência dos diversos canais de retorno de produtos e materiais.

O **reúso direto** de um bem ocorre quando este, após a utilização inicial, ainda está em condições de ser utilizado. Exemplos de itens que podem ser reutilizados diretamente, sem operações de reparação (embora possivelmente após a limpeza e pequena manutenção), são os bens duráveis e as embalagens reutilizáveis, como garrafas, paletes ou contêineres.

A **reembalagem** de produtos é utilizada quando estes são devolvidos sem uso ou não foram abertos. Nesse caso, o produto devolvido recebe uma embalagem nova, a fim de que possa ser revendido como novo. Em outros setores, restrições legais impedem que um produto retornado seja revendido como novo.

O objetivo da **revenda** de produtos é maximizar o valor dos produtos devolvidos. O processo de revenda consiste na reinserção de um produto no mercado, após este ter se tornado inservível para o proprietário anterior do bem. A revenda se aplica aos produtos que, após a utilização inicial, ainda estiverem em condições adequadas de comercialização, caracterizando o reúso. Um bem durável, como um imóvel, por exemplo, pode ser revendido diversas vezes ao longo de sua vida útil.

O processo de revenda também se aplica quando o produto oriundo de um fluxo reverso passou por um recondicionamento ou uma remanufatura, de forma a readquirir as características iniciais de uso, podendo então ser revendido no mercado de bens usados.

No entanto, há alguns pontos que precisam ser tratados para se obter o maior valor dos produtos devolvidos, como por exemplo identificação do produto, preço, embalagem, garantia, rastreabilidade, requisitos regulatórios e ambientais, política de retorno do produto.

O processo de **desmanche**, ou canibalismo, consiste em separar as diversas partes que compõem um produto. Após serem desmontados, os componentes usados passam por limpeza, inspeção, teste e posterior análise, a fim de determinar quais poderão ser remanufaturados ou utilizados diretamente na fabricação de produtos novos. Aqueles componentes que não apresentarem condições de recuperação serão enviados à reciclagem.

A desmontagem pode ser destrutiva ou não destrutiva, dependendo da forma como o produto foi projetado. O projeto desempenha um papel importante, pois pode tornar os produtos mais fáceis de desmontar. Reduzir o tempo gasto na desmontagem aumenta a viabilidade da operação. Nesse sentido, o conceito de Projeto para a Desmontagem (*Design For Disassembly – DFD*) tem sido utilizado pelas indústrias, com o objetivo de conceber produtos que possam ser mais facilmente desmontados no fim de sua vida útil.

O processo de **remodelagem** consiste em realizar uma melhoria no produto, promovendo a sua atualização para atender às necessidades tecnológicas e ambientais do mercado atual.

Figura 5 – Fluxo de materiais na logística reversa

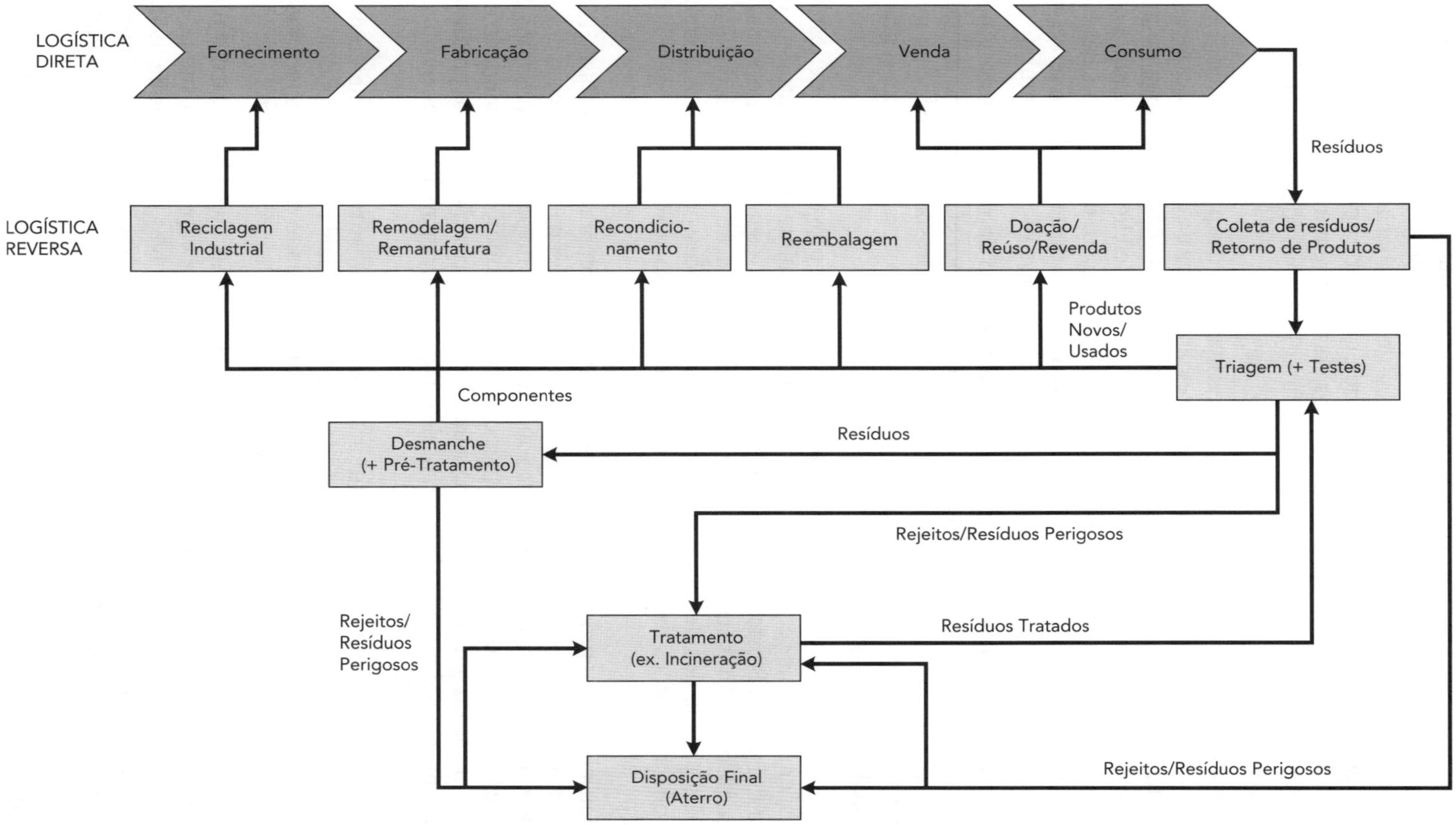

Fonte: Elaboração própria.

O processo de **remanufatura** ocorre quando os componentes provenientes do processo de desmanche industrial ou provenientes da substituição de peças durante a manutenção de bens duráveis passam por técnicas avançadas de engenharia de produção que promovem a sua reparação ou renovação, de modo que a qualidade dos produtos remanufaturados seja pelo menos igual à dos produtos novos. Assim, a remanufatura procura devolver o produto às suas especificações originais, a fim de ser enviado ao mercado secundário ou à própria indústria.

Aplica-se normalmente aos casos em que a recuperação dos produtos usados é economicamente mais atrativa do que a eliminação. A remanufatura de componentes de alto valor não é muito usual se não houver mercado para itens recuperados e/ou remanufaturados. O fabricante tem que identificar e chegar a uma classe de clientes dispostos a comprar e operar máquinas com tecnologia não tão recente. O projeto dos produtos desempenha um papel importante, já que pode torná-los mais fáceis de desmontar. Isso reduz o tempo gasto na desmontagem e aumenta a viabilidade do processo de remanufatura.

O processo de **recondicionamento** é semelhante ao de remanufatura. Apenas no primeiro caso o nível de trabalho realizado sobre o componente é menor, limitando-se, às vezes, apenas à limpeza e ao conserto de onde este apresentou falha, com pouca ou nenhuma substituição de elementos. O objetivo desse processo é retornar o produto às suas especificações originais.

O processo de **reciclagem industrial** consiste no reaproveitamento de resíduos industriais, embalagens retornáveis e de materiais constituintes de produtos em final de sua vida útil para a fabricação de novos produtos, seja por seu produtor original ou por outras indústrias. Após ter passado pela etapa de preparação, onde o material a ser reciclado é separado dos demais elementos através de processos mecânicos, magnéticos, ópticos ou químicos, os resíduos são encaminhados ao processo de reciclagem industrial propriamente dito.

Essencialmente, o processo de reciclagem industrial compreende duas fases. A primeira consiste na extração do material desejado através de fusão, como é o caso dos metais, plásticos e vidros, ou através de processo químico, no caso do papel e alguns tipos de plásticos. A segunda fase consiste em adequar o material às condições de qualidade exigidas para sua utilização como matéria-prima secundária na fabricação de novos produtos. Para isso, são empregados métodos industriais de moagem, filtragem, limpeza, purificação ou acerto de composição química.

A reciclagem de materiais constitui uma forma de substituição de matérias-primas primárias e uma fonte de economia de energia. Os materiais reciclados podem ser utilizados para a fabricação do mesmo tipo de produto, chamado de circuito fechado, ou na fabricação de produtos diferentes do original, chamado de circuito aberto.

Outra forma de tratamento de resíduos é a **incineração**, cujo objetivo é tratar os resíduos de forma a reduzir o seu volume e perigo, através da captura (e, portanto, concentração) ou destruição de substâncias potencialmente nocivas. Processos de incineração também podem fornecer um meio para permitir a recuperação da energia, minerais e/ou conteúdo químico dos resíduos. Basicamente, a incineração de resíduos consiste na queima de materiais combustíveis neles contidos.

Em alguns casos, o tratamento térmico de resíduos pode ser visto como uma solução para as ameaças ambientais decorrentes de fluxos de resíduos mal ou não gerenciados, já que o alvo da incineração é uma redução do impacto ambiental que poderia surgir a partir da deposição dos resíduos. No entanto, no decorrer da operação das instalações de incineração, surgem emissões e consumos, cuja existência ou magnitude é influenciada pela concepção e operação da instalação.

Os aterros sanitários constituem a etapa de **destinação final** dos rejeitos, bens e materiais que não puderam ser reaproveitados no processo de logística reversa. Neles os resíduos sólidos, como papel, plástico, vidro e metal são enterrados entre as camadas de terra e outros materiais de tal forma a reduzir a contaminação dos terrenos circundantes. Aterros sanitários modernos são frequentemente revestidos com camadas de material absorvente e folhas de plástico para conter o vazamento de poluentes no solo e na água. Embora pareça ser a escolha mais barata, a opção pelos aterros sanitários pode ser uma escolha muito mais cara do que a maioria das organizações percebe, devido às taxas de aterro, aos custos de transporte e ao valor dos ativos depreciados que estão sendo jogados fora.

Lambert e Stock (1993) apontam alguns dos principais problemas identificados na implementação da logística reversa: (a) a maioria dos sistemas logísticos não está preparada para gerenciar a movimentação de produtos em um canal reverso, (b) os custos associados à logística reversa podem ser até nove vezes maiores do que na movimentação do mesmo produto em um canal direto, (c) os produtos devolvidos muitas vezes não podem ser transportados, armazenados e/ou tratados da mesma maneira que em um canal direto. Os problemas inerentes à logística reversa apresentam oportunidades para desenvolver novos processos de distribuição reversa ou reestruturar os já existentes.

Nessa direção, a abordagem de processos propicia uma visão clara das etapas dos sistemas de produção, distribuição e vendas onde os resíduos são produzidos. Isto permite que tais resíduos sejam identificados e que se possa planejar a forma adequada de tratá-los, de modo a promover sua reintegração ao sistema produtivo.

Quando os conceitos da logística reversa são aplicados aos processos de fabricação, estes podem sofrer adaptações a fim de que os produtos gerados sejam mais aderentes aos fluxos de distribuição reversos, como, por exemplo, o desmanche, a remanufatura e a reciclagem. Assim, uma mudança na estrutura de um processo pode facilitar ou até possibilitar a utilização de um determinado fluxo reverso.

Outro aspecto importante é a utilização de algumas atividades de um processo de fabricação ou distribuição de bens para o atendimento a certas etapas da logística reversa. Por exemplo, o tipo de transporte utilizado para a distribuição direta dos bens para venda poderia ser utilizado, com algumas adaptações, para o retorno de bens de pós-venda e/ou pós-consumo.

Os processos acima mencionados serão mais detalhados na Parte III deste livro.

Box 1: O que não é logística reversa

Nem sempre há uma compreensão tão ampla da logística reversa. Muitas vezes, as empresas se limitam a recolher produtos, sem gerenciar adequadamente o caminho destes até o descarte. Relatórios mostram que diversos fabricantes americanos e europeus de componentes eletroeletrônicos recolhem seus produtos e enviam para países da África, alegando estarem contribuindo para o acesso da população desses países à inclusão digital e a outros produtos de tecnologia avançada. Em consequência, surgiram graves passivos ambientais em tais países, decorrentes de contaminação por substâncias tóxicas. Segundo o Basel Action Network, 75% dos equipamentos de informática exportados para países africanos são lixo, ou seja, seu reaproveitamento não é economicamente viável, seja por reúso ou por remanufatura. Além disso, os países africanos não possuem qualquer estrutura para tratamento de lixo eletroeletrônico. Os produtos terminam em aterros, onde as toxinas facilmente se infiltram nos lençóis freáticos.

Para combater essa situação, no ano de 2006, a ONG *Greenpeace* elaborou um guia ambiental de produtos eletroeletrônicos (*Guide to Greener Electronics*), que tem por fim orientar os fabricantes para a responsabilidade sobre todo o ciclo de vida de seus produtos, incluindo o lixo eletroeletrônico que eles geram. O objetivo principal é fazer com que as empresas eliminem dos produtos as substâncias perigosas e, ainda, recuperem e reciclem seus produtos, logo que se tornem obsoletos.

De modo mais geral, a edição de legislações ambientais mais severas e a conscientização do consumidor sobre a importância do meio ambiente estão obrigando as empresas de todos os setores a reconhecer sua responsabilidade sobre todo o ciclo de vida de seus produtos. Com isso, ganha enorme interesse o estudo de eventuais benefícios econômicos advindos da reinserção destes produtos e resíduos no processo produtivo, já que a alternativa das empresas seria incorrer nos altos custos de seu correto descarte.

A legislação sobre descarte tem favorecido avaliações econômicas quanto ao uso de produtos e resíduos do processo produtivo, evitando que a empresa incorra em altos custos para o correto descarte. Isso tem favorecido a análise da logística reversa do ponto de vista holístico, combinando pontos de vistas logístico, ambiental e econômico no planejamento da rede logística.

Fonte: Adaptado de Mendonça, Valle e Miguez (2010).

REFERÊNCIAS

DONATO, V. *Logística verde*: uma abordagem socioambiental. Rio de Janeiro: Ciência Moderna, 2008.

HANDFILED, R. B.; NICHOLS Jr., E. L. *Supply Chain Redesign*: transforming Supply Chains into Integrated Value Systems. New Jersey: Financial Time Prentice Hall, 2002.

LAMBERT, D. M.; STOCK, J. R. *Strategic physical distribution*. Homewood, IL: Irwin, 1981.

LEITE, P. R. *Logística reversa*: meio ambiente e competitividade. São Paulo: Pearson Prentice Hall, 2003.

MENDONÇA, F. M.; VALLE, R.; MIGUEZ, E. C. *O operador logístico como alternativa de logística reversa para micro e pequenas empresas*. In: ICPR Americas 2010 Conference, 2010, 2010, Bogotá. CPR Americas 2010 Conference, 2010.

MCKINNON, A. et al. *Green logistics*: improving the environmental sustainability of logistics. Londres: Kogan Page, 2010.

MEADE, L.; SARKIS, J. A conceptual model for selecting and evaluating third-party reverse logistics providers. *Supply Chain Management: An International Journal*, v. 7, nº 5, p. 283-295, 2002.

MONTEIRO, J. H. P. *et al. Manual de gerenciamento integrado de resíduos sólidos*. Rio de Janeiro: IBAM, 2001.

ROGERS, D. S. ; TIBBEN-LEMBKE, R. S. *Going backwards*: reverse logistics trends and practices. Pittsburg, PA: Reverse Logistics Executive Council,1999.

_____. An examination of reverse logistics practices. *Journal of Business Logistics*, v. 22, nº 2, p. 129-148, 2001.

VILHENA, A. (Coord.). *Lixo municipal*: manual de gerenciamento integrado. 3. Ed. São Paulo: CEMPRE, 2010.

QUESTÕES PARA DISCUSSÃO

1. Você acredita que a definição de logística reversa adotada pela PNRS é completa?

2. Quais as implicações da "entropia" da distribuição dos produtos para a logística reversa?

3. Reflita sobre a Figura 5 e procure exemplos de materiais e resíduos que se enquadrem nos diferentes processos.

3

LOGÍSTICA REVERSA SEGUNDO A VISÃO DE PROCESSOS

Lourenço Costa
Fabrício Molica de Mendonça

Este capítulo apresenta a logística reversa sob a perspectiva dos processos que a compõem. Em seguida, traz alguns conceitos sobre a teoria de processos. Finalmente, discute como a logística reversa pode ser aprimorada quando se adota uma abordagem de processos na organização.

A ABORDAGEM DE PROCESSOS NAS ORGANIZAÇÕES COMO INSTRUMENTO DE APOIO À LOGÍSTICA REVERSA

Dentro da concepção de valor, as organizações estão cada vez mais preocupadas com a demonstração de desempenho ambiental correto, por meio do controle dos impactos de suas atividades, produtos e serviços sobre o meio ambiente. Agem assim dentro de um contexto de legislação cada vez mais exigente, do desenvolvimento de políticas econômicas e outras medidas visando adotar a proteção ao meio ambiente e de uma crescente preocupação expressa pelas partes interessadas em relação às questões ambientais e ao desenvolvimento sustentável.

Para atingir a eficiência, a questão ambiental passa a ter um papel significativo dentro da organização, envolvendo o planejamento, a implementação e operação, verificação e análise pela administração, no sentido de sempre estar alcançando a melhoria contínua. Assim, surgem normas de gestão ambiental, que têm por finalidade prover as organizações de elementos de um Sistema de Gestão Ambiental (SGA) eficaz. Essas normas são integradas a outros requisitos da gestão.

O SGA permite que a organização atinja o nível de desempenho ambiental por ela determinado e promova sua melhoria contínua ao longo do tempo. Consiste, essencialmente, no planejamento de suas atividades, visando a eliminação ou minimização dos impactos ao meio ambiente, por meio de ações preventivas ou medidas mitigadoras.

A norma 14001 especifica os requisitos para que um sistema da gestão ambiental capacite uma organização a desenvolver e implementar política e objetivos que levem em consideração requisitos legais e informações sobre aspectos ambientais significativos. Essa norma, como foco de gerenciamento das variáveis ambientais de uma organização, configura-se como um sistema de gestão balizado nas hipóteses de um desenvolvimento sustentável. É baseada no ciclo PDCA – *Plan, Do, Check* e *Act*, como ferramenta gerencial aplicada à melhoria contínua dos sistemas de gestão.

É nesse contexto que a legislação ambiental e a norma 14001 vêm homogeneizar as iniciativas de implementação de um modelo de gestão centrado, além de outros pontos gerenciais na redução de impactos ambientais, em toda a extensão do processo de suprimento e produção.

Cabe ressaltar que muitas organizações gerenciam suas operações através da aplicação de um sistema de processos e suas interações, que podem ser referenciados como "abordagem de processos". Nesse sentido, a norma ABNT NBR ISO 9001 promove a utilização da abordagem de processos nas organizações. Como o PDCA pode ser aplicado a qualquer processo, as duas metodologias são consideradas compatíveis.

A gestão por processos apresenta algumas características que a distingue da tradicional gestão por funções, dentre as quais podemos destacar: (a) emprega objetivos externos, baseados no cliente; (b) os recursos são agrupados para produzir um trabalho completo; (c) a informação flui diretamente para onde é necessária, sem passar pelo filtro da hierarquia.

Como esse modelo de gestão não se baseia em comando e controle, as pessoas precisam aprender a trabalhar em ambientes de colaboração. A essência da gestão por processos é a coordenação das atividades realizadas na organização, em particular aquelas executadas por diversas equipes de diversas áreas e que compõem os processos organizacionais (GONÇALVES, 2000).

A VISÃO DE PROCESSOS

Definições de *processo* são encontradas em diversos ramos da ciência e sempre com significados semelhantes, embora sejam tratados em assuntos diferentes. Processo é definido por Harrington (1993) e pela norma NBR ISO 9000:2005 como qualquer atividade que recebe uma entrada (*input*), agrega-lhe valor e gera uma saída (*output*) para um cliente interno ou externo, fazendo uso dos recursos da organização para gerar resultados concretos.

Os exemplos de processos incluem o desenvolvimento, a fabricação, a montagem do produto, a obtenção de recursos, o preenchimento do pedido, a emissão de crédito e o serviço ao consumidor. O processo integra pessoas, ferramentas e métodos para executar uma sequência de passos com o objetivo definido de transformar determinadas entradas em determinadas saídas (CORTÊS; CHIOSSI, 2001).

Dessa forma, podemos perceber que um processo é composto de entradas, saídas, tempo, espaço, ordenação, objetivos e valores que resultam em uma estrutura para fornecer serviços e produtos aos clientes, conforme mostra a Figura 1.

Figura 1 – Modelo SAGE para a visão de processos

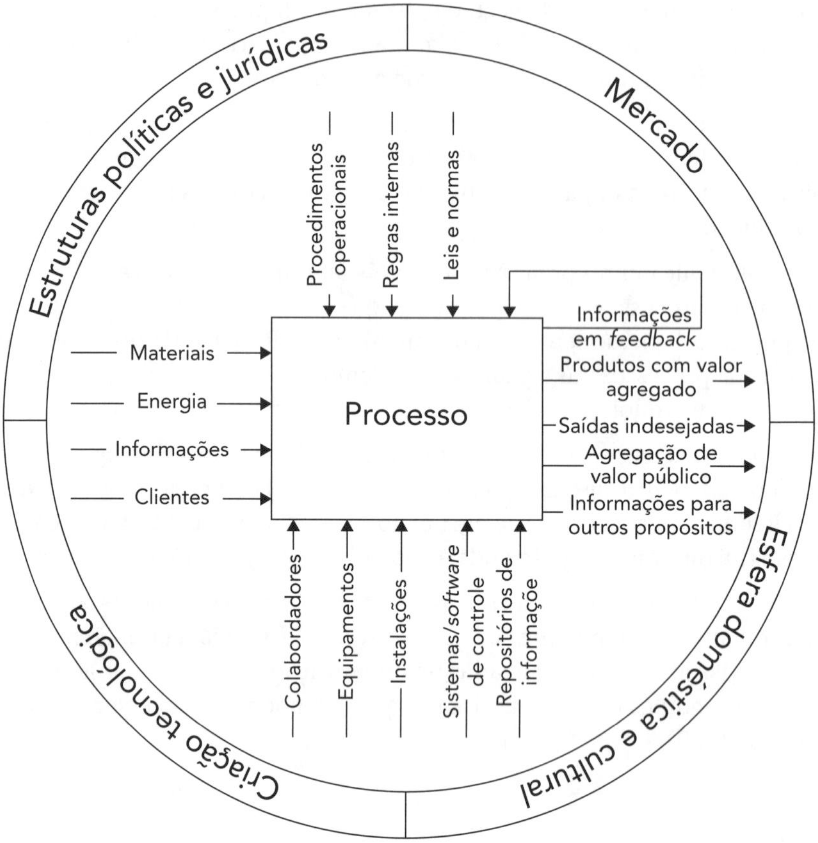

Fonte: Valle e Barbará (2009).

As entradas podem ser divididas em dois tipos: entradas para serem processadas e entradas que propiciam a transformação. No primeiro tipo, encontram-se materiais, energia, informação e cliente. O segundo tipo é composto por máquinas e demais equipamentos, instalações, sistemas de computação, repositórios de informação (dos manuais às bases de dados) e os colaboradores, que só incorporarão realmente valor se atuarem como força de trabalho qualificada e organizada, trazendo energia e conhecimento mobilizáveis.

A organização processa os recursos entrantes primários, transformando suas propriedades físico-químicas, biológicas, estéticas (transformação de ferro e outros materiais em aço), ou modificando sua localização (transporte de recursos de um ponto para outro), ou ainda alterando a posse de um recurso (transferência de materiais e informações de uma pessoa para outra).

Como saídas têm-se quatro tipos de recursos transformados: (a) recursos com valor público adicionado (empregos, impostos, benefícios à vizinhança etc.), (b) que comporão a responsabilidade social da organização; (c) recursos sem valor imediato (resíduos sólidos, gases emitidos e efluentes lançados nos rios e lagoas), na verdade saídas indesejadas, que precisam ser reaproveitadas, tratadas ou dispostas; (d) informações que realimentarão o sistema organizacional, propiciando melhorias e indicações quanto ao seu desempenho.

CADEIA DE VALOR: A MACROVISÃO DA ORGANIZAÇÃO

O conceito de cadeia de valor para modelar uma organização é um recurso gerencial que surge da nova realidade que as organizações vivenciam hoje, cercadas por um ambiente muito mais incerto e complexo.

Podemos destacar algumas mudanças vividas pelas organizações atualmente:

- Fragmentação e ausência de continuidade
- Ausência de linearidade do comportamento das variáveis
- Multiplicidade de influências e relações (muitas causas e muitos efeitos)
- Multiplicidade de variáveis envolvidas em decisões
- Amplitude da ação organizacional

Valle e Costa (2009) consideram que compreender a organização como um todo, elaborando uma macrovisão da organização, significa romper com uma imagem antiga e limitada: a de que basta que cada parte cumpra seus objetivos, para que a organização obtenha os seus. Para que cada pessoa aja em consonância com o todo organizacional, é preciso uma macrovisão dos processos organizacionais, ou seja, um pensamento amplo, que não se detém apenas nas questões e objetos imediatos e que compreende a dinâmica que caracteriza as organizações no mundo contemporâneo.

Dentre os vários modelos que poderiam representar uma macrovisão da organização, há a cadeia de valor (Figura 2) sugerida por Porter (1991), que tem sido utilizada como um recurso de representação gráfica dos processos de ação organizacional.

Porter (1991) define cadeia de valor como:

> "É o conjunto de atividades econômicas inter-relacionadas que criam valor para o cliente, segmentado em um conjunto de atividades primárias e outro de atividades de suporte. As atividades primárias são aquelas relacionadas à produção de bens ou serviços e à logística de entrega de insumos e produtos. As atividades de suporte, ou de apoio, dizem respeito à gestão de recursos e de infraestrutura para a produção" (PORTER, 1991).

Figura 2 – Cadeia de valor genérica

Fonte: Porter (1991).

Valle e Costa (2009) ressaltam ainda que a representação em cadeia proposta por Porter não privilegia a causalidade no fluxo de insumos e produtos, mas sim a explicitação do valor agregado em cada elo da cadeia. Para ele, a verdadeira fonte de vantagem competitiva está na competência para gerir as interfaces entre os processos na cadeia de valor. Seu modelo é portanto distinto do conceito clássico de cadeia de suprimento, baseado numa lógica de insumo – produto que trata a produção (tanto de bens, quanto de serviços) segundo um raciocínio de causa e efeito.

Muitos autores criticam a cadeia de valor de Porter por ter sido pensada a partir de organizações industriais. Mesmo assim, nada impede que ela seja aplicada a qualquer segmento da economia. Em todos eles, a agregação de valor depende de investimentos em tecnologia e inteligência, para responder ao ambiente com soluções úteis para os clientes e com alta produtividade interna.

A partir da cadeia de valor, os processos da organização podem ser representados e detalhados até um nível mais baixo através do uso de técnicas de modelagem de processos.

TÉCNICAS PARA A MODELAGEM DE PROCESSOS

O desenho dos processos é uma linguagem de representação da dinâmica de produção e da agregação de valor. É um meio de comunicação para divulgar, interna e externamente, a forma de ação organizacional. A representação desse desenho é feita por meio de um fluxograma, que utiliza uma simbologia padronizada. Existem atualmente diversos conjuntos de símbolos padronizados para representar processos, como as simbologias BPMN (*Business Process Model and Notation*), EPC (*Event-driven Process Chain*), IDEF (*Integrated DEFinition*) e UML (*Unified Modeling Language*).

Kettinger et al. (1997) detectou em seu estudo a existência de, no mínimo, 72 técnicas usadas para acompanhar a modelagem e a organização de processos, sendo que a maioria delas foi desenvolvida para determinados contextos e aplicada em outros contextos, como por exemplo as técnicas de qualidade e as técnicas de modelagem de banco de dados. As principais técnicas utilizadas são os mapas e os diagramas, que permitem ao modelador discutir e validar modelos de processos com os usuários. Dentre as técnicas para modelagem e análise de processos, merecem destaque por sua simplicidade o fluxograma ou *flowchart* e o fluxograma multifuncional em raias, também conhecido como modelo *Rummler-Brache* ou *swimlane*.

O **fluxograma** ou *flowchart* representa graficamente a sequência lógica das atividades dos processos. É uma ferramenta tradicional para a modelagem que permite a representação de ações e desvios, por meio de uma análise linear simples, orientada para procedimentos e decisões. A Figura 3 apresenta as atividades de um catador de recicláveis pertencente a uma cooperativa, no processo de recuperação de plásticos.

Figura 3 – Exemplo de fluxograma vertical

O **fluxograma multifuncional em raias**, modelo *Rummler-Brache* ou *swimlane*, é uma técnica que permite traçar o processo dentro da estrutura organizacional, por meio da alocação das atividades aos departamentos ou às funções, possibilitando a construção do trajeto do fluxo através das áreas. Dessa forma, é possível representar os papéis ou funções desempenhadas pelos diferentes atores que interagem com o processo (clientes internos ou externos e fornecedores) dentro de raias, o que facilita a compreensão por parte do analista. O *swimlane* pode ser representado com as raias na horizontal, em linhas, ou com as raias na vertical, em colunas. O conceito de *swimlanes* é usado nos diagramas UML (*Unified Modeling Language*) e BPMN (*Business Process Model and Notation*). A Figura 4 apresenta um modelo de processo de uma indústria que deseja incorporar a logística reversa no setor de compras.

Figura 4 – Fluxograma em linha do processo de compra de uma empresa, por meio da técnica swimlane

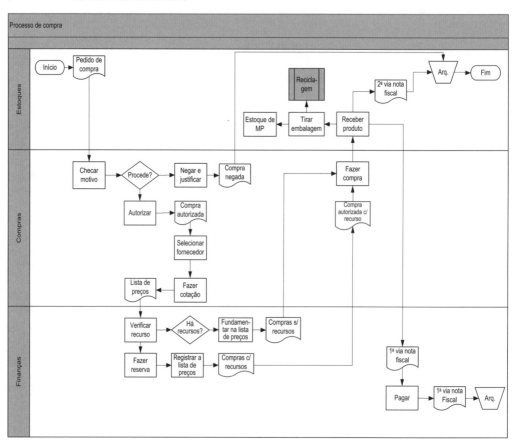

MODELAGEM E ANÁLISE DE PROCESSOS

A modelagem dos processos é feita para o gerenciamento global e do dia a dia da organização. Portanto, o que se modela a princípio é a situação atual (*as is*) dos processos da organização. O redesenho dos processos representa uma visão de futuro (*to be*) que necessariamente envolve mudanças de tecnologia, aumento do grau de automação, mudanças no perfil da equipe e dinâmica organizacional. O redesenho pode ser a especificação de um novo fluxo, que depende da realização de um projeto de melhorias e de investimentos. Isso significa que entre o **"como está"** (*as is*) e o **"Como será"** (*to be*) existe um período de mudanças que irá afetar o processo atual. Essas mudanças poderão ocorrer gradativamente ou substituir integralmente o processo atual. A visão de futuro transforma o processo por meio dos projetos de melhorias.

A análise de processos abrange atividades que vão desde a concepção da organização (grandes processos) até a constatação de agregação de valor ao trabalho diário da organização (atividades ou tarefas). É um mecanismo gerencial reflexivo que permite construir uma visão abstrata da organização. Essa análise é conduzida em duas dimensões: a primeira concebe a organização em macroprocessos, ou processos-chave ou, ainda, processos essenciais (demonstra como a organização cumpre a sua missão, como operacionaliza as estratégias e agrega valor ao negócio e aos clientes). A segunda explicita os fluxos de trabalho diário.

Ao observar o comportamento dos processos é possível: (a) identificar a ocorrência de problemas no processo; (b) identificar eventos não programados; (c) observar novas formas de concepção dos processos; (d) identificar as oportunidades de obtenção de melhoria contínua, por meio da comparação de indicadores e índices estabelecidos como padrão.

A metodologia de análise de processos está relacionada com o objetivo ou a ênfase do processo. Cada área da organização buscará, na modelagem de processos, respostas específicas. A área ambiental, por exemplo, pode buscar na modelagem de processos respostas para as seguintes indagações: (a) Qual o fluxo dos resíduos dentro da organização? (b) Qual a origem desses resíduos dentro do processo? (c) Como estão sendo tratados esses resíduos? (d) Qual o tratamento correto para cada resíduo e o tipo de processo adotado neste tratamento? (e) Como a tecnologia incorporada ao processo produtivo poderá reduzir o volume desses resíduos? (f) Para onde devem ser direcionados os recursos de treinamento para redução de resíduos? (g) Qual deve ser a destinação dos resíduos de forma a minimizar os custos para a organização e/ou trazer algum tipo de retorno financeiro?

A técnica de modelagem de processos possui a característica intrínseca de promover discussões a respeito da viabilidade dos processos existentes na organização, incitando reflexões e criando um ambiente fértil para a proposição de melhorias. Assim, se uma organização pretende utilizar a logística reversa como uma ferramenta importante na revalorização dos seus retornos e resíduos e na consequente diminuição dos impactos ambientais, deve considerar como um passo importante a modelagem e análise dos processos de tratamento desses materiais.

As Figuras 5 e 6 apresentam o macroprocesso de logística reversa, com os respectivos processos e atividades, de uma empresa de reciclagem de aparelhos de telefone celulares.

Figura 5 – Macroprocesso, processos e atividades da logística reversa

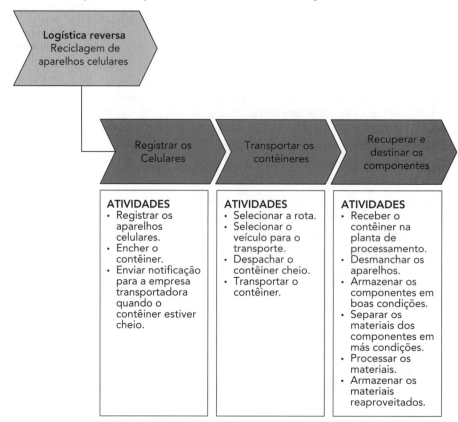

Fonte: Adaptada de Castellanos et al. (2010).

LOGÍSTICA REVERSA SEGUNDO A VISÃO DE PROCESSOS   43

Figura 6 – Modelo dos processos representados por meio da técnica *swimlane* e da notação BPMN

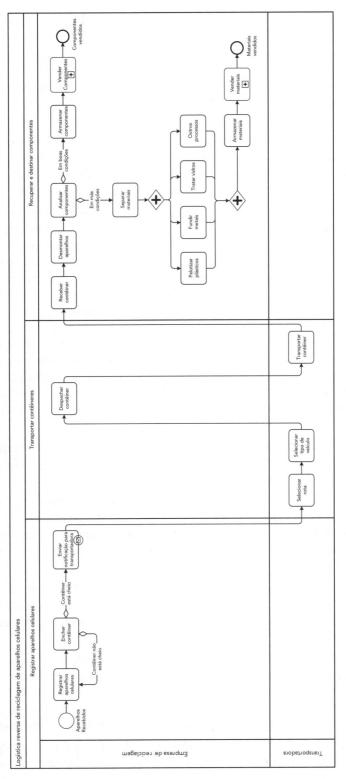

Fonte: Adaptada de Castellanos et al. (2010).

ASPECTOS DA GESTÃO DE PROCESSOS NA LOGÍSTICA REVERSA

Embora estudos comprovem o crescimento da compreensão e do interesse empresarial em relação à logística reversa, muitas organizações não têm consciência dos reais custos associados a esse setor. Razões para isso podem incluir processos mal definidos e falta de suporte do sistema. Devido à natureza variável dos retornos, ambos, processos e sistemas, devem manter um alto grau de flexibilidade para gerenciar o retorno de bens e materiais.

Fatores como burocracia e processos de *workflow* pobres tendem a complicar os programas de logística reversa. E esta situação é agravada pela existência de múltiplos atores (clientes, fornecedores, fabricantes, revendedores, recicladores e receptores finais) que precisam atuar como parceiros para desenvolver um processo de logística reversa eficiente.

Os diversos caminhos de retorno dos bens e materiais conduzem a fins variados, bem como a fluxos de receitas variados. Nesse sentido, é de suma importância que os produtos retornem ao ciclo produtivo pelo fluxo correto desde o início do processo de retorno, pois, quando produtos entram em processos inadequados, ineficiências, tais como ações corretivas, começam a surgir. As empresas não pagam apenas para a remoção dos bens, mas também pelas atividades que o contratado está realizando, tais como triagem e redistribuição de materiais, antes da reciclagem ou eliminação. Quando as organizações começam a redesenhar os processos internos para gerir a recepção dos materiais, a classificação e a análise dos itens são realizadas internamente, antes que alguém externo os manipule, e os contratados só recebem aquilo que deveriam receber. Normalmente, o custo e a duração do ciclo de disposição estão diretamente relacionados. Um elemento-chave para se obter uma disposição acelerada e eficiente é direcionar com precisão o retorno através do processo adequado. A princípio, a verificação do caminho correto deve ocorrer quando a autorização de devolução de material é emitida.

Um estudo conduzido por Rogers e Tibben-Lembke (1998) destacou que os aspectos que dificultam os esforços de logística reversa são desencadeados pela falta de sistemas de informação, por questões de competitividade e pela falta de atenção na gestão.

Aliada à gestão dos processos, a gestão das informações que perpassam esses processos é um fator estratégico para a logística reversa, a fim de obter o controle sobre as condições de resíduos de pós-consumo, materiais incorporados no resíduo, tipo de processos necessários para tomá-los de volta e volume de estoque de materiais disponíveis para serem recolhidos.

O uso de tecnologias de informação para o rastreamento de processos de logística reversa é uma prática em expansão entre as organizações, a fim de obter informação sobre a origem, o tratamento e a destinação dos resíduos de pós-consumo, quando se pretende retorná-los à cadeia produtiva.

Para suprir a necessidade de gestão de processos e informação, as empresas têm utilizado os sistemas de gerenciamento de processos de negócio (*Business Process Management System – BPMS*) para o projeto, controle e melhoria dos processos de negócio, não se limitando às atividades essenciais ou operacionais, mas envolvendo também aspectos de apoio, como processos da área de saúde, segurança, qualidade e meio ambiente.

De acordo com Van der Aalst (2004), sob o ponto de vista da Tecnologia da Informação, um sistema de BPMS deve possuir cinco componentes: modelagem de processos baseado na notação BPMN (*Business Process Model and Notation*), *workflow*, gerenciamento de regras de negócio, medidas de desempenho e monitoramento em tempo real. Sua utilização na gestão dos processos de logística reversa abre a possibilidade de acesso às informações necessárias à definição da forma mais adequada para se promover a revalorização de produtos e materiais, bem como à avaliação dos custos envolvidos e possíveis lucros.

EXERCÍCIO

Leia o texto abaixo e modele um possível processo de tratamento de resíduos provenientes de uma fábrica de móveis.

Box 1: Tratamento e segregação dos resíduos de madeira

O solvente e a borra de tinta passam por um processo de reciclagem dentro da própria usina. O solvente é separado da borra por destilação a uma temperatura acima de 150 ºC. Quando chega ao nível de pureza adequado, este é reformulado e embalado, e então vendido para as próprias indústrias que utilizam na limpeza dos equipamentos de pintura. Esse processo está de acordo com as estratégias de mitigação do *Environmental Guidelines for Small-scale Activities in Africa* (2003), e a temperatura está conforme indicado, entre 40 e 200 ºC. A borra de tinta que sobra é batida para a produção de uma tinta de segunda linha que fica na coloração marrom ou cinza. Essa tinta também é vendida e usada para pintura de pisos.

A água que vem da cabine de pintura das indústrias é depositada em tanques, onde recebe produtos para o tratamento, e passa por um processo de decantação. A água limpa que sai do processo volta ao meio ambiente e a borra de tinta em forma de lodo é armazenada em tanques. Este lodo não pode ser utilizado na reciclagem de tintas por não estar puro, contendo pó de madeira que pode afetar na formulação da tinta. Trata-se de um resíduo ainda sem destino. Para o tratamento da água, emprega-se um método físico, que separa os sólidos sedimentáveis contidos na água em um tanque de decantação. Trata-se de um procedimento que utiliza produtos para facilitar a sedimentação.

Os resíduos derivados de madeira, como pedaços, pó e cepilhos, são destinados à confecção de briquetes. Esses briquetes são vendidos para uma indústria que produz ração animal, onde são queimados em caldeira para geração de energia. Os pedaços maiores passam por um picador através de uma esteira trepidante, sendo misturados ao pó de madeira que vem direto dos silos das indústrias, e então transformados em briquetes por um sistema de prensas. Nessa mistura não vai nenhuma espécie de aglomerante, por isso esses briquetes quebram aleatoriamente.

Todos os outros resíduos como plástico, papelão, lixas, latas, entre outros, vão para outro setor e são separados e embalados para serem vendidos posteriormente. Alguns desses resíduos já chegam segregados, facilitando o seu destino, no entanto, muitos resíduos vêm misturados, principalmente a varrição de fábrica, que contém, inclusive, resíduos orgânicos. Esses resíduos vão para uma esteira, onde são separados manualmente. O que pode ser constatado é que os resíduos não tratados e separados para serem vendidos para reciclagem são os materiais tipicamente recicláveis, como: a maioria dos papéis, particularmente o papelão e o papel fino; todos os metais; alguns vidros e alguns plásticos. Existem ainda aqueles resíduos que não têm solução definida, como lixas e fitas plásticas que não permitem a reciclagem, por danificarem as facas dos picadores. Estes resíduos ficam estocados no pátio e ainda aguardam um destino adequado.

Fonte: Adaptado de Lima e Silva (2005).

Sugestão para o exercício: resumidamente, o modelo *"as is"* do processo acima descrito pode ser obtido através das seguintes etapas:

- Identificar no texto as atividades que compõem o processo. Normalmente uma atividade é identificada por um verbo.
- Escrever as atividades em papel adesivo (*post-it*). Cada atividade deve ser escrita em um *post-it* separado. As atividades sempre começam com um verbo no infinitivo.
- Em uma folha de papel de grande formato (A1 ou A0), desenhar as raias do modelo, com um cabeçalho de identificação do processo.
- Identificar no texto os papéis funcionais que realizam as atividades (neste caso, podem ser utilizados os setores da fábrica).
- Escrever no título de cada raia o papel funcional correspondente.
- Fixar os *post-its* na folha de papel, nas raias correspondentes e na ordem em que as atividades são executadas.
- Desenhar com um lápis as linhas com setas que ligam as atividades, de forma a estabelecer a sequência de execução do processo. Dessa forma, durante a elaboração do modelo, a posição das atividades pode ser alterada.
- Utilizar a notação BPMN (BPMN, 2011) para efetuar a montagem do processo.

Para obter maiores detalhes sobre a técnica de modelagem de processos, consulte Barbará et al. (2006) e Valle e Barbará (2009).

Uma sugestão de modelo para este exercício encontra-se na Figura 7.

Figura 7 – Sugestão de resposta para o exercício, utilizando a técnica *swimlane* e a notação BPMN

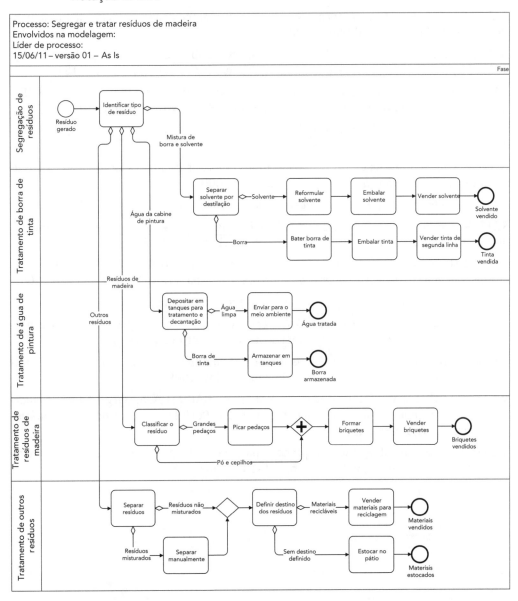

REFERÊNCIAS

BARBARÁ, S. et al. *Gestão por processos*: fundamentos, técnicas e modelos de implementação. Rio de Janeiro: Qualitymark, 2006.

BPMN. Business Process Model and Notation. Needham: Object Management Group, 2011. Disponível em: <http://www.omg.org/spec/BPMN/2.0>. Acesso em: 12 jul. 2011.

CASTELLANOS A. J. et al. *Reverse logistics process automation with BPMS*. In: IEEE ANDESCON & LATINCOM 2010: Green Technologies for a Better World, Bogotá, 2010.

CÔRTES, M. L.; CHIOSSI, T. C. dos S. *Modelos de qualidade de software*. Campinas: Unicamp, 2001.

GONÇALVES, J. E. L. As empresas são grandes coleções de processos. *RAE – Revista de Administração de Empresas*, v. 40, nº 1, jan./mar. 2000.

HARRINGTON, J. *Aperfeiçoando processos empresariais*. São Paulo: Makron Books, 1993.

KETTINGER, W. J.; TENG, J. T. C.; GUHA, S. Business process change: a study of methodologies, techniques and tools. *MIS Quarterly*, v. 21, p. 55-80, 1997.

LIMA, E. G. de ; SILVA, D. A. da. *Resíduos gerados em indústrias de móveis de madeira situadas no polo moveleiro de Arapongas-PR*. Floresta: Curitiba, PR, v. 35, nº 1, jan./abr. 2005.

PORTER, M. E. *Estratégia competitiva*. Rio de Janeiro: Campus, 1991.

ROGERS, D. S.; TIBBEN-LEMBKE, R. S. *Going backwards:* reverse logistics trends and practices. Reverse Logistics Executive Council, University of Nevada, 1998.

VALLE, R.; BARBARÁ, S. (Org.). *Análise e modelagem de processos*: foco na notação BPMN (*Business Process Modeling Notation*). São Paulo: Atlas, 2009.

VALLE, R.; COSTA, M. M. Introdução. In: VALLE, R.; BARBARÁ, S. (Org.) *Análise e modelagem de processos de negócio*: foco na notação BPMN (*Business Process Modeling Notation*). São Paulo: Atlas, 2009. Cap. 1.

VAN DER AALST, W. M. P. Business process management – a personal view. *Business Process Management Journal*, v. 10, nº 2, p. 135-139, 2004.

4

Logística Reversa como Desafio Estratégico

Marília Magarão Costa

O objetivo deste capítulo é refletir sobre a LR como um tema e desafio estratégico, associado tanto à consciência sobre as potencialidades e importância do processo de logística reversa nas organizações produtivas, quanto ao atual estágio evolutivo do ambiente empresarial. Os argumentos aplicados aproximam duas perspectivas estratégicas: a LR como prolongamento do sistema logístico e a LR como renovação da missão e dos valores organizacionais. Nessas perspectivas, entendemos que a LR é impulsionadora do desempenho econômico, do desenvolvimento e da aderência a um marco legal que transcende a organização da produção e do desenvolvimento da cidadania corporativa.

LR E ESTRATÉGIA CORPORATIVA

Na década de 70, a logística passou a ocupar um espaço como tema de política e como alternativa estratégica de sucesso empresarial. A partir desse momento, a logística seguiu um trajeto de amadurecimento de compreensão da produção como fluxo integrado pelos elos da cadeia de suprimento e orientado ao cliente. Esse processo de conscientização, ainda em curso, guarda estreita sintonia com o contexto empresarial, caracterizado, desde os anos 70, por mudanças no cenário mundial, por inovações gerenciais, tecnológicas e de comportamento social. Embora a ênfase nesse período tenha sido a logística direta, o termo *logística reversa* já estava presente na literatura, sobretudo em estudos de reprocessamento de bens. Porém, a maturidade das organizações para lidar estrategicamente com questões de logística não se esgotou nesse estágio de entendimento. Em nossos dias, as políticas e alternativas estratégicas de sucesso empresarial se defrontam com um novo desafio: a logística reversa como forma de agregação de valor ao negócio e à sociedade. O trajeto que consagrou a importância da logística para o desempenho empresarial está, agora, submetido a mais uma etapa de reflexão, na qual a logística reversa está incluída na efetiva renovação das estratégias organizacionais.

Essa reflexão possui enorme amplitude e deve abarcar organizações públicas e privadas, todos os setores da economia e a sociedade. São grandes e pesadas exigências que recaem sobre o comportamento dos executivos, porque não se trata somente de olhar a LR como simples extensão do escopo do processo de logística. Essa seria uma vertente estratégica, assim mesmo bastante aprofundada. Mais precisamente, a reflexão deve focalizar a renovação das estratégias e dos valores corporativos, levando em conta as oportunidades de desenvolvimento de competências diferenciais que emergem da logística reversa. Espera-se dos executivos atitude de liderança e de ação efetiva para superar lacunas culturais e romper com a visão limitada do negócio. A liderança executiva desenvolve predisposição para a mudança e para o desenvolvimento do caráter institucional (SELZNICK, 1971).

A decisão de inserir a LR no bojo das estratégias corporativas não está direcionada unicamente à busca de maior eficiência logística. Ela envolve compromissos entre os diversos atores de produção e a disseminação de novos valores organizacionais que satisfaçam os anseios da sociedade com relação às empresas, no século XXI.

CONTRIBUIÇÕES DA LR PARA A FORMULAÇÃO DA ESTRATÉGIA CORPORATIVA

Os autores tratam os desafios da LR ora como expansão aprofundada do escopo do processo logístico, ora como desenvolvimento de novas competências diferenciais. Na verdade, na literatura sobre o tema as duas abordagens estratégicas estão imbricadas.

Brito e Dekker (2003) afirmam que a LR se configura como competência-chave na organização e envolve todas as camadas e todos os tipos de intervenientes da cadeia de suprimento interpretada numa visão moderna. A moderna cadeia de suprimento não delimita com clareza as fronteiras entre a logística direta e a reversa, mas traz uma visão holística que combina as duas direções e exige que a coordenação de ambas na cadeia de suprimento seja reformulada. Os autores expõem a complexidade em que está envolvida a logística reversa no âmbito empresarial, ressaltando a diversidade de atores envolvidos no processo (que podem desfrutar de relativa autonomia e capacidade de influência) e os desafios de novas formas de coordenação de uma cadeia de suprimentos extensa.

Roberson e Copacino (1994) constroem uma argumentação em torno do valor estratégico da logística, que pode ser transferida para a logística reversa. Para esses autores, a logística contribui para o equilíbrio dinâmico da estratégia corporativa, porque é capaz de conectar funções-chave da organização e, com isso, de promover a aproximação entre a visão global da ação organizacional e as especificidades dos processos que compõem a empresa. Eles justificam que a essência da boa estratégia é encontrar, implementar e manter capacidades e competências diferenciais que sustentem a transferência de valores entre a empresa e o ambiente organizacional. Neste sentido de equilíbrio dinâmico da estratégia corporativa trazido por estes autores, a LR parece aprofundar as relações entre a organização e o ambiente externo. Ela pode se traduzir em um protocolo de comunicação, porque aproxima a organização a seus clientes e fornecedores, além de propiciar conexão com outras cadeias de suprimento. Como competência-chave e diferencial, a LR pode ser entendida como vantagem competitiva: a predisposição do sistema produtivo para estabelecer relações com o contexto social, político, econômico e ambiental, e inovar nas propostas de valor tanto para o negócio como para a sociedade. Esse entendimento atribui à organização as responsabilidades de agir no sentido de promover a integração dos fluxos reversos à concepção de valor na formulação da estratégia corporativa.

A importância estratégica da LR também está presente no *Supply-Chain Council*, uma organização que se dedica a pesquisar e aplicar os avanços do gerenciamento da cadeia de suprimento. Essa organização desenvolveu o *Supply-Chain Operations Reference* (SCOR) e inseriu os fluxos reversos nesse arcabouço conceitual de referência para a operação da cadeia de suprimento. O SCOR provê uma estrutura unificada da cadeia de suprimento e descreve os relacionamentos entre processos de negócio e métricas que auxiliam no gerenciamento da cadeia e na comunicação entre parceiros estratégicos. Esse referencial é divulgado pela entidade, com destaque para o compromisso de transferência de valor entre a organização e seus clientes, *shareholders* e *stakeholders*.

Em Dornier et al. (2000), a LR aparece integrada à estratégia de logística, num ciclo contínuo que inclui o fluxo reverso. A Figura 1 ilustra a amplitude da estratégia de logística:

Figura 1 – Amplitude da estratégia de logística

Fonte: Dornier et al. (2000, p. 40).

Esse ciclo pode ser empreendido por uma única empresa produtiva, ou pode ser compartilhado com empresas parceiras ou fornecedores de serviços logísticos. Nesse caso, a LR ora pode ser competência-chave, desenvolvida internamente, ora pode contribuir para o desenvolvimento de parcerias estratégicas. Essa visão da logística como ciclo contínuo aprofunda os argumentos de Roberson e Copacino (1994) e contribui para a descoberta de competências diferenciais.

Na ótica da decisão estratégica, Leite (2009) aborda a logística reversa como um processo holístico que ocorre no macroambiente empresarial, com o objetivo de garantir competitividade e sustentabilidade às empresas. Portanto, supera e ao mesmo tempo amplia o gerenciamento da cadeia de suprimento.

Em suma, os argumentos presentes nos trabalhos de todos esses autores apontam a LR no contexto da estratégia:

- como competência-chave, considerando a moderna cadeia de suprimento;
- como equilíbrio dinâmico entre a visão global da ação organizacional e as especificidades dos processos;
- como vantagem competitiva e forma de agregação de valor aos clientes, *shareholders* e *stakeholders*;
- como ciclo contínuo de logística; e
- como contribuição de garantias de competitividade e sustentabilidade.

Esses argumentos sustentam o posicionamento estratégico da LR e mostram o quanto as duas abordagens da LR conduzidas até aqui estão imbricadas no contexto da estratégia empresarial.

Assim, assumir a LR como estratégia denota uma empresa que se compromete com o ambiente e com os atores de produção. O compromisso assumido oferece garantias de que os bens e serviços produzidos e entregues não se tornarão problemas futuros para os consumidores, os cidadãos, os governos ou para a ecologia, ao longo de sua vida útil. Ao mesmo tempo, a ação da empresa se constituirá em oportunidades de novos negócios, de novos relacionamentos, de novas intercessões entre cadeias de suprimento, na diversificação do escopo organizacional e em ganhos de escala. Com essa amplitude de reflexão, o desempenho da organização poderá ser dimensionado de forma mais completa, para suportar decisões estratégicas ousadas e efetivamente inovadoras da missão e dos valores da empresa.

IMPULSIONADORES DA MOTIVAÇÃO PARA INSERIR A LR NO CONJUNTO DE ESTRATÉGIAS CORPORATIVAS

Os impulsionadores da LR como estratégia são categorizados de maneira similar na literatura. Os autores são unânimes em mencionar pelo menos os aspectos econômicos, legais e de cidadania corporativa como motivação para adotar a LR como estratégia. Esses aspectos podem assumir escopos mais extensos ou mais restritivos, dependendo dos autores. Podem também ser complementados por fatores que indicam o comportamento do ambiente externo, organizacionais e individuais (ÁLVARES-GIL et al., 2007).

- Impulsionadores econômicos

Leite (2009) argumenta que a logística reversa traz ganhos de competitividade às empresas, decorrente da possibilidade de tornar produtos e serviços mais atraentes e capazes de resultar na fidelização de clientes ao longo de toda a cadeia logística. Para o referido autor, os ganhos com impacto econômico incidem sobre o custo, a imagem corporativa, a fidelização dos clientes às marcas. Além disso, a LR na perspectiva econômica gera valor pela melhoria da gestão dos estoques, pela recuperação do valor do produto no ciclo de vida, pela melhoria do processo de prestação de serviços aos clientes, por racionalização de espaços, estoques.

As vantagens da LR podem ser sentidas no macroambiente pela geração de emprego e renda, pela educação ambiental, pelo uso parcimonioso de recursos naturais em função do aproveitamento de insumos em diversas cadeias de suprimento, pela expansão e formalização de pequenas empresas e consequentes ganhos tributários de formação de mão de obra.

Possíveis relutâncias para a implementação da LR podem advir de pressões dos investidores, devido aos investimentos que são necessários para operacionalizar as estratégias de LR. Esses investimentos podem afetar resultados de curto prazo (ÁLVARES-GIL et al., 2007).

- Impulsionadores legais

Os impulsionadores legais dizem respeito tanto ao desenvolvimento de novas legislações e formas de regulação governamental, como também às inovações gerenciais decorrentes do esforço das empresas para se adaptarem às exigências legais. O marco legal e regulador constitui o arcabouço de regras que orientam as revisões estratégicas. A formulação de normas e leis impõem às empresas maior compromisso e proximidade com governos, entidades reguladoras e organismos de controle social. As obrigações previstas em leis determinam mudanças no modo de produção e nas práticas de modernização dos processos de trabalho.

Leite (2009) destaca que é crescente e qualitativo o desenvolvimento da legislação ambiental em todo o mundo, tanto dirigida à preservação de gerações futuras como à proteção do consumidor ao adquirir e utilizar os produtos.

No Brasil, o principal marco legal é a Política Nacional de Resíduos Sólidos (Lei nº 12.305/2010), que define responsabilidades, diretrizes e metas para a adequação dos sistemas de gerenciamento de resíduos, o que inclui a implementação da logística reversa de determinados resíduos.

- Impulsionadores da cidadania corporativa

Dentre os impulsionadores, é preciso incluir as estratégias de implementação da LR orientadas para aspectos ambientais e de imagem corporativa. De fato, a consciência ecológica e noção de sustentabilidade podem alavancar a adoção de processos de LR (ÁLVARES-GIL et al., 2007; LEITE, 2009). Para Leite (2009), o comportamento da sociedade no sentido de consumo crescente exige o equacionamento da destinação final dos produtos sob pena de gerar poluição e contaminação.

Motta (1997) aponta a consciência ecológica como um valor gerencial universal, que afeta o comportamento organizacional e individual. Para esse autor, as empresas mais atentas às relações entre criação de riqueza e danos ambientais podem alcançar vantagens estratégicas e compartilhar com a sociedade e funcionários um valor socialmente percebido. Por outro lado, a proteção ambiental como valor pode trazer custos que deverão ser assumidos socialmente.

Leite (2009) insere a imagem corporativa no contexto valorativo e evidencia as contribuições da LR para o desenvolvimento da cultura de consumo orientada para o serviço, que privilegia a redução consciente do consumo em favor da cultura de sustentabilidade. A imagem corporativa também está associada a valores gerenciais como ética e responsabilidade social.

Álvares et al. (2007) atribuem maior consistência aos impulsionadores, mostrando que forças externas, organizacionais e individuais influenciam as decisões no sentido de adoção da LR como estratégia. Nas pesquisas desses autores, as forças externas surgem das reivindicações dos *stakeholders* que podem causar impacto negativo na decisão final de inserir a LR nas estratégias corporativas (ver Capítulo 12). Os autores afirmam que consumidores, empregados e governo têm grande influência no processo decisório. Aspectos organizacionais como folga de recursos e a postura individual dos executivos também interferem nas decisões. Gerentes podem influenciar as decisões de implementar a LR, a fim de obter legitimidade perante consumidores e comunidade.

Em resumo, a adoção da LR como estratégia se justifica por impulsionadores econômicos, legais e de cidadania corporativa. Mas o entendimento sobre o peso da influência dos *stakeholders* sobre o processo decisório interno, o comportamento organizacional relativo ao uso de folgas de recursos e a atitude dos gestores determinam as decisões finais e a possível configuração estratégica do sistema de LR a ser adotado.

REFERÊNCIAS

ÁLVAREZ-GIL, Ma. J.; BERRONE, P.; HUSILLOS, J.; LADO, N. Reverse logistics, stakeholders' influence, organizational slack, and managers' posture. *Journal of Business Research*, **v.** 60, p. 463–473, 2007.

BRITO, M; DEKKER, R. A framework for reverse logistics. *ERIM Report Series Research in Management*, v. Apr. 2003.

DORNIER, P.; ERNEST, R.; FENDER, M.; KOUVELIS, P. *Logística e operações globais*. São Paulo: Atlas, 2000.

LEITE, P. *Logística reversa*: meio ambiente e competitividade. São Paulo: Pearson Prentice Hall, 2009.

MOTTA, P. R. *Transformação organizacional*: teoria e a prática de inovar. Rio de Janeiro: Qualitymark, 1997.

ROBERSON, J.; COPACINO, W. *The logistics handbook*. New York: The Free Press, 1994

SELZNICK, P. *A liderança na administração*: uma interpretação sociológica. Rio de Janeiro: Fundação Getulio Vargas, 1971.

SUPPLY-CHAIN OPERATIONS REFERENCE (SCOR). Disponível em: <www.supply-chain. org/resources/scor>. SCOR Version 7.0 Overview. Acesso em: 12 fev. 2012.

Parte II
PLANEJAMENTO DA LOGÍSTICA REVERSA

5

A Cadeia de Valor da Logística Reversa

Joana Braconi
Marília Magarão
Sandrine Cuvillier

Já abordamos o conceito de cadeia de valor no Capítulo 3, entendendo-a como um recurso de modelagem organizacional incluído na metodologia de gestão de processos. Utilizaremos este conceito agora para construir um modelo de referência para a logística reversa em organizações.

A CADEIA DE VALOR DA LOGÍSTICA REVERSA: UM MODELO DE REFERÊNCIA

Com base no conceito de cadeia de valor, os autores desse livro elaboraram, em conjunto, uma macrovisão dos processos de logística reversa. O ponto de partida dessa macrovisão é entender de que forma uma organização operacionaliza seus objetivos estratégicos relacionados à logística reversa através de suas ações e atividades. O modelo gerado de cadeia de valor (Figura 1) poderá servir como referência para que cada organização, dentro de sua própria realidade e de suas particularidades, possa definir e representar seus processos organizacionais de logística reversa. Pode ser aplicada tanto a empresas que têm na logística reversa sua principal atividade, quanto àquelas que desejam incorporar a logística reversa aos seus processos de produção.

Cada organização terá então sua própria cadeia de valor da logística reversa, mais ou menos próxima do modelo aqui apresentado. A cadeia de valor proposta é, portanto, um modelo de referência, isto é, uma representação abstrata da realidade, com certo grau de formalidade, em um dado contexto. Isso significa que não há um modelo perfeito, objetivo, indiscutível. Nenhum modelo corresponde exatamente à realidade; todos apenas a representam, de modo que parecerá mais ou menos adequado, de acordo com o contexto, os atores e as finalidades da modelagem.

Figura 1 – A cadeia de valor da logística reversa: um modelo de referência

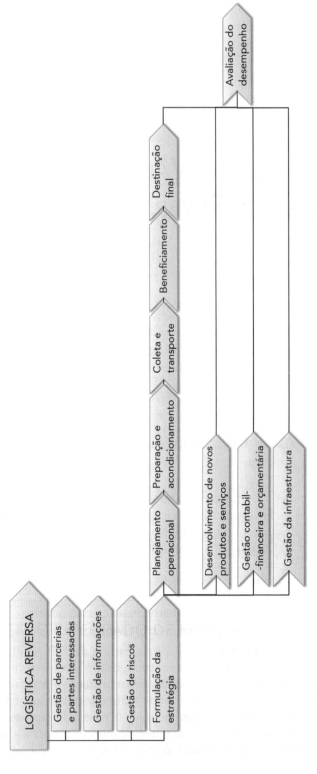

Fonte: Elaboração própria.

A LEITURA DA CADEIA DE VALOR

A cadeia de valor da logística reversa é composta por macroprocessos que retratam a estratégia da logística reversa. Cada macroprocesso tem seu escopo bem definido (ver descrições dos macroprocessos a seguir) para mostrar claramente o que cada um dos macroprocessos precisa produzir.

A cadeia de valor é um recurso que auxilia na tomada de decisão e se configura como uma linguagem de comunicação organizacional. A linguagem de processos é uma linguagem gráfica. Por isso, deve ser resultante de uma convenção de uso de diagramas com suas próprias simbologias, para que possa ser seguida e entendida por todos. A convenção de uso regula o tipo de notação a ser utilizada na modelagem e é uma padronização, sujeita também à melhoria contínua.

A compreensão da cadeia de valor requer algumas noções, como a leitura horizontal e sentido do encadeamento.

Lê-se a cadeia de valor da esquerda para a direita, no sentido das linhas. Os relacionamentos entre os macroprocessos definem um encadeamento lógico que expressa a estratégia da logística reversa. Nem todos os relacionamentos entre os macroprocessos são representados na cadeia de valor; os processos primários representam os relacionamentos obrigatórios, enquanto outros relacionamentos eventuais, que definem as relações de interface entre os macroprocessos, somente serão explicitados nos fluxos de processo.

Observa-se que na cadeia de valor não é mostrada a estrutura hierárquica da organização, nem a visão departamental. Ela constrói, a partir de uma visão sistêmica, uma nova maneira de enxergar o processo de produção da instituição – a visão por processos. Não obstante, nada impede que a cadeia de valor possa sugerir uma nova estruturação da empresa.

DA MACROVISÃO PARA A VISÃO DA OPERACIONAL: AS CAMADAS DE MAPEAMENTO

A modelagem da cadeia de valor é feita em camadas (ou níveis) para facilitar a leitura da organização de forma horizontal (processos), ao invés da forma vertical (estrutura hierárquica). Partindo do nível mais alto, que já expressa o alinhamento entre a ação estratégica e operacional da organização, são identificados os processos que viabilizam produzir, de forma encadeada, valor para o cliente final.

A especificação de camadas de detalhamento (Figura 2) segue o raciocínio dedutivo: parte do todo para chegar ao particular. É um movimento *top-down*, o que significa que a primeira camada enfatiza a visão do todo, sem exibir detalhes sobre como se faz ou quem faz o processo. O detalhamento surgirá, gradativamente e sob controle, nas camadas seguintes. Cada camada possui diagramas e simbologia especificados na convenção. O número de camadas depende da complexidade do processo e dos objetivos do mapeamento. Por exemplo, se o objetivo do mapeamento é rever a estrutura organizacional, a visão macro pode ser suficiente; mas se o objetivo é desenvolver sistemas de informação, o mapeamento deve alcançar as camadas mais baixas, que demonstram os fluxos de informação e regras de execução de atividades.

O mapeamento em camadas permite uma **dupla verificação**:

- a primeira dá-se durante o próprio mapeamento, pois cada camada ratifica ou refuta a camada anterior;
- a segunda ocorre ao final do mapeamento, quando uma leitura *bottom-up* ratifica ou promove mudanças na cadeia de valor.

A existência de um segundo nível de detalhamento para a cadeia de valor é opcional e depende do grau de complexidade dos processos. A especificação do segundo nível segue o mesmo raciocínio aplicado para o primeiro nível, tendo como foco de análise um dos processos que integra a cadeia de valor.

Partindo da cadeia de valor, o passo seguinte seria decompor cada macroprocesso em seus processos, a partir de seu escopo, e depois decompor cada processo até que se chegue ao nível de atividades que compõem um processo.[1]

Figura 2 – Camadas de mapeamento

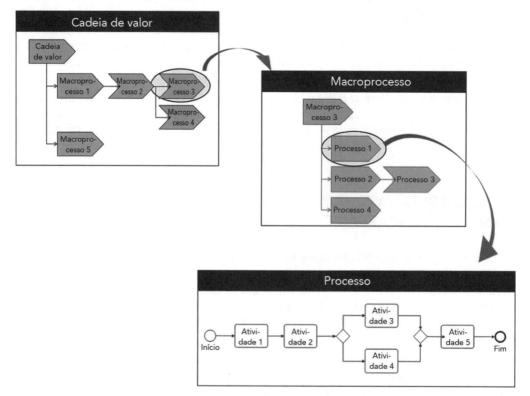

---

[1] Retomando a definição mais corrente de processo: trata-se de um encadeamento de atividades inter-relacionadas ou interativas, executadas dentro de uma companhia ou organização, que transformam entradas (insumos) em saídas (produtos).

OS MACROPROCESSOS DA CADEIA DE VALOR DA LOGÍSTICA REVERSA

Cada macroprocesso da cadeia de valor, além de seu nome, possui também uma descrição que contém seu escopo. O escopo serve para delimitar o macroprocesso, ou seja, identificar os processos pertinentes e como cada um deles se encadeia na produção de insumos e produtos/serviços. A definição de escopo é a primeira verificação da consistência da lógica de construção do diagrama, como uma cadeia de insumos/produtos ou cadeia cliente/fornecedor. Os processos devem ter seu escopo bem definido, de forma a não permitir lacunas (ou "vazios") em seu sequenciamento de produção – sempre contemplando onde se iniciam e terminam. O escopo de cada macroprocesso da cadeia de valor de logística reversa encontra-se na Tabela 1 a seguir.

Tabela 1 – Descrição dos macroprocessos da cadeia de valor da logística reversa

CATEGORIA	MACROPROCESSO	DESCRIÇÃO
PROCESSOS DE GESTÃO	Gestão de parcerias e partes interessadas	Abrange as atividades de relacionamento da organização com as diferentes partes interessadas: órgãos governamentais (esferas federal, estadual e municipal), cooperativas de catadores, clientes (atendimento, ...), centros de pesquisa, universidades, órgãos fiscalizadores ou qualquer outra organização de interesse. Esses relacionamentos visam a realização de acordos de cooperação, consórcios municipais etc., bem como a identificação e caracterização das necessidades, expectativas, demandas e exigências das partes interessadas. Abrangem também as atividades de busca de parcerias como aquelas para captação de recursos e patrocínio; planejamento dos acordos a serem viabilizados; negociação de planos de trabalho dos acordos, viabilização administrativa e legal para celebração dos acordos; acompanhamento da consecução do plano de trabalho. Inclui questões de corresponsabilidade pelos resíduos que são enviados aos receptores, que devem ser cuidadosamente avaliados, selecionados de acordo com a legislação aplicável e periodicamente auditados.
	Gestão de informações	Envolve os processos de: identificação e modelagem das informações necessárias para manutenção e desenvolvimento dos processos organizacionais; consolidação das informações; analisar fluxos de informações; comunicação e disponibilização das informações aos macroprocessos e partes interessadas. As informações podem ser relativas às partes interessadas, produtos e processos. Exemplo: demandas, expectativas e necessidades das partes interessadas e clientes internos; quantidades de recursos disponíveis; capacidade de produção; tecnologias atuais; legislação e normas técnicas; especificações e propriedades de recursos, produtos e processos; instruções para separação e disposição de resíduos; riscos; custos e receitas; impactos dos produtos e processos.
	Gestão de riscos	Envolve as atividades de: identificação dos riscos relativos a um novo projeto ou produto (resíduos e materiais), considerando que os riscos podem ser ruins (ameaças) ou bons (oportunidades), e que o planejamento estratégico neste caso comporta-se como um projeto; análise qualitativa e quantitativa dos riscos, de forma a identificar para cada risco a sua probabilidade de ocorrência e os impactos associados, e atribuição de valores e custos para os riscos, valores estes que serão considerados nos custos totais do projeto; resposta aos riscos, definindo os planos de mitigação e contingência; e monitoramento dos riscos

CATEGORIA	MACROPROCESSO	DESCRIÇÃO
	Formulação da estratégia	Abrange as atividades de definições de estratégias de longo prazo (planejamento estratégico, com definição de missão, visão, objetivos, indicadores de desempenho e metas), a elaboração das ações de médio prazo, sob um enfoque sistêmico e integrado da organização, identificando os níveis de responsabilidade, os recursos (tecnológicos, logísticos, humanos e orçamentários), aproveitando recursos e oportunidades existentes, e podendo identificar outras partes interessadas. Para isso, podem-se utilizar metodologias e ferramentas pertinentes como BSC e LCM. O objetivo desse processo é estabelecer um processo contínuo e dinâmico com um conjunto de ações intencionais, integradas, coordenadas e orientadas para o cumprimento da missão institucional.
PROCESSOS DE NEGÓCIO	Planejamento operacional	Envolve a elaboração de um plano definindo as ações de curto prazo, integrando os diferentes recursos e processos, quantificando o fluxo de materiais (entradas e saídas), e estabelecendo um cronograma de trabalho. Pode-se valer de metodologias pertinentes como a avaliação do ciclo de vida.
	Preparação e Acondicionamento	Abrange as atividades de controle e distribuição dos recipientes, separação de cada tipo de resíduo sólido (segundo normas aplicáveis), acondicionamento e disponibilização dos resíduos sólidos para coleta.
	Coleta e Transporte	Abrange as atividades de determinar o modal mais adequado para transportar cada tipo de resíduo, estabelecer o roteiro de coleta, definir e orientar os procedimentos seguros de coleta, coletar e transportar os resíduos para a destinação de acordo com a finalidade e normas aplicáveis.
	Beneficiamento	Abrange as atividades de: seguir instruções para tratamento de cada tipo de resíduo; receber, avaliar e separar os materiais (por tipo e por condição de aproveitamento), podendo executar limpeza, moagem, compactação, desmanche (dependendo do tipo), armazenar temporariamente os materiais, aproveitamento e reciclagem (reúso, reembalagem, recondicionamento e reciclagem industrial), incineração/inertização.
	Destinação final	Envolve as atividades de comercialização (inclusive revenda e mercados secundários de bens e materiais), doação e disposição final.
PROCESSOS DE APOIO	Desenvolvimento de novos produtos e serviços	Atividades destinadas a elaborar especificações de projeto e de produção dos bens ou serviços.
	Gestão contábil-financeira e orçamentária	A gestão financeira está voltada para o planejamento, o acompanhamento e o controle das atividades de logística reversa de uma organização. Abrange as atividades de: registrar os fatos contábeis relacionados com a logística reversa; transformar dados contábeis em informações de suporte à tomada de decisão de curto, médio e longos prazos; levantar dados financeiros relacionados à estruturação e análise do fluxo de caixa provenientes das atividades de logística reversa; levantar dados relevantes de impacto nas escolhas de alternativas de logística reversa a serem adotadas, com vistas a otimizar resultados e processos; elaborar estudos de viabilidade econômico-financeira de alternativas de logística reversa, com foco em aumento de receita, incentivos fiscais e/ou redução de custos; elaborar orçamentos capazes de antecipar o comportamento das receitas, custos, despesas e investimentos, relacionados com as atividades de logística reversa; delinear indicadores de análise econômico-financeira das atividades de logística reversa.
	Gestão da infraestrutura	Abrange as atividades para a garantia do funcionamento da infraestrutura, proporcionando o bem-estar funcional e a preservação do patrimônio, bem como os processos de aquisição de bens e serviços, a gestão de contratos, administração, manutenção e controle dos bens móveis e imóveis, com base em estudos de logística. Inclui a gestão de TIC (processamento, transformação).

CATEGORIA	MACROPROCESSO	DESCRIÇÃO
GESTÃO	Avaliação de desempenho	Abrange as atividades de avaliação das práticas e resultados da gestão da organização: definição de indicadores, análise de informações e monitoramento de cada uma das fases do processo de trabalho, com vista a adoção de planos de ação de melhoria no desempenho operacional. Para isso, podem-se utilizar ferramentas de avaliação como indicadores das Diretrizes da GRI, de Avaliação de Ciclo de Vida, do BSC, pesquisas de satisfação dos clientes. O objetivo desse processo é verificar se os objetivos de curto e longo prazo estabelecidos pela organização estão sendo alcançados e fornecer subsídios para a tomada de decisões que permitam o aprimoramento contínuo do desempenho organizacional.

A compreensão da cadeia de valor pressupõe uma leitura de acordo com o sentido de encadeamento dos macroprocessos, que mostram, em uma visão macro, a forma como se dá a agregação de valor naquela organização.

Assim, na cadeia de valor da logística reversa começa-se por macroprocessos de gestão – gestão de parcerias e partes interessadas, gestão de informações, gestão de riscos, formulação da estratégia e avaliação de desempenho – que incluem processos focados na orientação e gestão do negócio/organização. Os processos desses macroprocessos podem acontecer a qualquer momento em uma organização, não necessariamente em uma única sequência.

Os macroprocessos de negócio – planejamento operacional, (preparação e) acondicionamento, coleta e transporte, tratamento intermediário (beneficiamento) e destinação final – representam os processos que cumprem diretamente os objetivos da organização. Seguem normalmente a sequência mostrada pela cadeia de valor, mas não necessariamente.

Há ainda os macroprocessos de apoio – desenvolvimento de novos produtos e serviços, gestão financeira, gestão de pessoas e gestão de recursos de infraestrutura – que representam os processos que asseguram o apoio operacional, o apoio técnico e, também, os que capacitam a organização a utilizar as práticas e tecnologias mais adequadas. Esses macroprocessos, assim como os de gestão, podem acontecer a qualquer momento, normalmente apoiando parte do fluxo de um processo de negócio.

Cabe ressaltar que a metodologia de cadeia de valor utilizada aqui não faz distinção entre meios e fins, apesar da divisão dos macroprocessos em três categorias. Entende-se que todos os processos mapeados são importantes para o cumprimento da missão organizacional, agregando valor e fornecendo insumos necessários à realização do processo seguinte.

CONSIDERAÇÕES SOBRE A CADEIA DE VALOR DA LOGÍSTICA REVERSA

O modelo de referência da cadeia de valor aqui proposto pode ser utilizado de várias maneiras. Ele pode orientar a construção e definição dos processos de logística reversa em uma organização que já possui um processo produtivo para logística direta, mas que busca (devido à legislação, por exemplo) ampliar seu escopo de atuação. Essa organização já possuiria processos de gestão e de apoio, mas precisaria complementar sua cadeia de valor com as particularidades que as atividades de logística reversa exigem. Contudo, o modelo também pode ser utilizado por novas organizações que estão se inserindo no contexto específico da logística reversa, não necessariamente em todas as etapas aqui propostas. Nesse caso, os processos de gestão e apoio precisam ser considerados integralmente, pois fazem parte da estruturação da organização, e os processos de negócio devem ser definidos considerando-se qual será a atuação dessa nova organização (já que ela pode decidir atuar em alguns processos de negócio e não em outros, terceirizando ou fazendo parcerias).

Como modelo de referência, buscou-se nessa cadeia de valor salientar os processos que estejam diretamente relacionados à logística reversa. Entretanto, em uma organização, poderia haver (e normalmente há) outros processos que não foram mencionados aqui particularmente, tais como assessoramento jurídico e comunicação. Para consultar maiores informações sobre processos de uma organização genérica, pode-se buscar outros modelos de referência como o *Process Classification Framework* (PCF) da APQC, que possui categorias padronizadas de processos e atividades para qualquer tipo de organização.

O *software* de modelagem utilizado para o mapeamento dos processos neste livro é o ARIS Toolset, da IDS Sheer, que permite identificar e descrever os processos de negócio; a estrutura organizacional da instituição; os sistemas de aplicação; a estrutura de produtos/serviços gerados na execução dos processos. O ARIS Toolset apoia a modelagem de processos de negócio, como cadeia de valor, por vários tipos de diagramas como fluxos de processos e *Function Allocation Diagram* – FAD, por exemplo, respeitando a *Business Process Management Notation* – BPMN.

REFERÊNCIAS

APQC, Process Classfication Framework. Version 5.2.0-en-XI, 2010. Disponível em: <www.apqc.org>. Acesso em: 19 jul. 2011.

PORTER, Michael E. *Estratégia competitiva*. Rio Janeiro: Campus, 1991.

VALLE, R.; COSTA, M. Introdução. In: *Análise e modelagem de processos de negócio*: foco na notação BPMN (*Business Process Modeling Notation*). São Paulo: Atlas, 2009.

6

Formulação da Estratégia de Logística Reversa

Joana Braconi
Marília Magarão

De modo geral, toda formulação de estratégias busca estabelecer um processo contínuo e dinâmico, com um conjunto de ações intencionais, integradas, coordenadas e orientadas para o cumprimento da missão institucional.

Esse macroprocesso abrange as atividades de definição de estratégias de longo prazo (planejamento estratégico, com definição de missão, visão, objetivos, indicadores de desempenho e metas) e de elaboração das ações de médio prazo. Tudo sob um enfoque sistêmico e integrado da organização que identifica os níveis de responsabilidade, os recursos (tecnológicos, logísticos, humanos e orçamentários) e aproveita recursos e oportunidades existentes.

No contexto da logística reversa, essas atividades podem proporcionar um diferencial competitivo para a organização, auxiliando na identificação de novas oportunidades de negócio e de ganhos econômicos. Muitas empresas começam a considerar programas de logística reversa como forma de ganhar nova vantagem competitiva com relação a seus concorrentes.

Para empresas já em operação, incluir atividades de logística reversa requer a revisão da estratégia de negócios e a revisão dos próprios processos de trabalho, que agora devem considerar o ciclo de vida completo dos produtos e serviços, a conversão de resíduos em insumos, entre outras ações.

Mas, antes de explorarmos especificamente o campo da logística reversa, vamos definir melhor os conceitos que serão utilizados.

O QUE É ESTRATÉGIA

Como Sobral e Peci (2008) apontam, as organizações contemporâneas atuam em ambientes cada vez mais dinâmicos, complexos e competitivos. Nesse contexto, para sobreviver, as organizações necessitam de um rumo, de uma direção. É por meio do planejamento que os gestores definem para onde a organização deve seguir. Nem toda organização possui um planejamento formal, mas ele é fundamental para que se possa responder com eficácia aos desafios ambientais e, assim, manter uma trajetória rumo ao sucesso.

Segundo Porter (1996), um desempenho superior das organizações só pode ser alcançado quando há equilíbrio entre a eficácia, que busca o melhor desempenho das atividades-padrão, e a estratégia, que define as atividades e como elas devem ser desempenhadas (o que fazer e como fazer). Para esse autor, a estratégia define uma posição única e valiosa, baseada em um conjunto diferenciado de atividades, que devem possuir conexões harmoniosas e sinérgicas. Nesse sentido, deve-se buscar a vantagem ao criar elos harmônicos, causando um reposicionamento estratégico e eliminando conexões inconsistentes ou dissonantes.

TIPOS DE PLANOS

O planejamento formal engloba a definição de objetivos e planos. Os objetivos especificam os estágios futuros que a organização busca atingir; os planos estabelecem meios para alcançá-los. Os planos são a tradução formal do planejamento em documentos que estipulam como os objetivos devem ser alcançados, descrevendo como os recursos devem ser alocados e quais atividades devem ser realizadas.

Em termos de abrangência, os planos podem ser estratégicos, táticos ou operacionais, de acordo com o nível organizacional respectivo (Figura 1).

Os planos estratégicos se referem à organização como um todo, cobrem decisões sobre objetivos e estratégias de longo prazo e servem de base para os planos táticos e operacionais. Esse tipo de plano tem forte orientação externa e serve para posicionar a organização perante seu ambiente externo (concorrentes, clientes etc.). De modo geral, os objetivos são gerais e os planos são pouco específicos no que diz respeito a atividades e recursos necessários.

Figura 1 – Planejamento por nível organizacional

Fonte: Sobral e Peci (2008).

Tipos de estratégia – Os cinco Ps para estratégia de Mintzberg

Mintzberg (1987) ressaltou que a palavra *estratégia* é utilizada implicitamente de diferentes maneiras. Compreendendo as cinco definições diferentes que o autor levantou será mais fácil compreender esse campo complexo.

- Estratégia como plano: estratégia é um plano – algum tipo de curso de ação conscientemente pretendido, uma diretriz (ou conjunto de diretrizes) para lidar com uma situação. Por essa definição, as estratégias têm duas características essenciais: são decididas antes das ações às quais se aplicam e são desenvolvidas consciente e propositalmente.
- Estratégia como pretexto: é um caso específico da estratégia como plano. É uma "manobra" específica para superar os concorrentes ou oponentes.
- Estratégia como padrão: se as estratégias podem ser pretendidas, elas certamente também podem ser realizadas. Definir estratégia como plano não é suficiente; também é necessária uma definição que englobe o comportamento resultante. A estratégia como padrão corresponde a uma consistência no comportamento da organização em suas ações, de forma pretendida ou não. É um modelo baseado nas experiências bem-sucedidas e às iniciativas individuais, o que eventualmente pode ser formalizado em um Plano.
- Estratégia como posição: é uma forma de localizar uma organização em seu ambiente. Representa a força mediadora ou a "combinação" entre os contextos interno e externo da organização.
- Estratégia como perspectiva: o conteúdo da estratégia não consiste apenas de uma posição escolhida, mas também de uma maneira fixa de olhar o mundo. É a visão ampla, ou a própria "personalidade", da organização. Importante é ressaltar aqui que a estratégia é uma perspectiva compartilhada pelos membros da organização, através de suas intenções e/ou ações.

Os tipos de estratégia citados por Mintzberg (1987) caracterizam variações entre o que é a estratégia pretendida pela organização, e qual estratégia foi finalmente realizada. Os planos são estratégias deliberadas, que direcionam as realizações. No entanto, a estratégia realizada também inclui um conjunto de estratégias emergentes, que estão diluídas na consciência coletiva da organização, envolvendo padrões, perspectivas e as relações com o meio externo. Nesse sentido, é importante que a formulação da estratégia (plano) envolva a diversidade de atores, de forma que o que será realizado seja o mais próximo possível daquilo que se pretendia. Essas ideias ficam mais claras na Figura 2.

Figura 2 – Estratégias deliberadas e emergentes

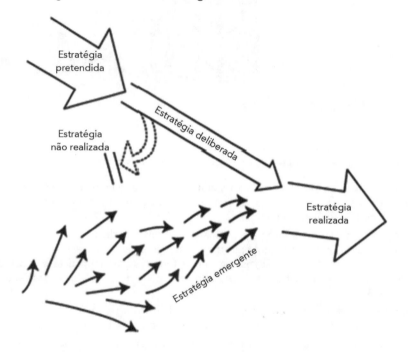

Fonte: Mintzberg (1987).

FERRAMENTAS PARA FORMULAÇÃO DA ESTRATÉGIA

Algumas ferramentas podem ser úteis na formulação da estratégia de uma organização. Nos itens a seguir, apresentamos algumas delas.

ANÁLISE SWOT

A análise SWOT é uma ferramenta gerencial utilizada para fazer análise de cenário (ou análise de ambiente), sendo usada como base para gestão e planejamento estratégico de uma organização. A expressão *SWOT* resulta das palavras *Strenghts* (pontos fortes), *Weaknesses* (pontos fracos), *Opportunities* (oportunidades) e *Threats* (fraquezas).

A análise do cenário permite uma visão conjunta de pontos fortes e fracos da organização com as oportunidades e ameaças do ambiente externo, possibilitando medidas estratégicas que diminuam o risco de uma ameaça ou a exploração de uma oportunidade. O resultado da análise SWOT é normalmente apresentado em uma tabela, como mostra a Figura 3.

Figura 3 – Matriz SWOT

			Ambiente interno	
			Predominância de	
			Pontos fracos	**Pontos fortes**
Ambiente externo	Predominância de	Ameaças	Sobrevivência	Manutenção
		Oportunidades	Crescimento	Desenvolvimento

Esta análise de cenário se divide em:

- Ambiente interno (forças e fraquezas): principais aspectos que diferenciam a empresa dos seus concorrentes (decisões e níveis de desempenho que se pode gerir).
    - Pontos fortes (*strenghts*): vantagens internas da empresa em relação às empresas concorrentes.
    - Pontos fracos (*weaknesses*): desvantagens internas da empresa em relação às empresas concorrentes.

O ambiente interno pode ser controlado pelos dirigentes da empresa, uma vez que ele é resultado das estratégias de atuação definidas pelos próprios membros da organização. Dessa forma, durante a análise, quando for percebido um ponto forte, ele deve ser ressaltado ao máximo; e quando for percebido um ponto fraco, a organização deve agir para controlá-lo ou, pelo menos, minimizar seu efeito.

- Ambiente externo (oportunidades e ameaças): corresponde às perspectivas de evolução de fatores provenientes do mercado e do meio envolvente (decisões e circunstâncias externas ao poder de decisão da empresa). Se as forças e fraquezas são determinadas pela posição atual da empresa e se relacionam, quase sempre, a fatores internos, as oportunidades e ameaças, ao contrário, são antecipações do futuro e estão relacionadas a fatores externos.

  - Oportunidades (*oportunities*): aspectos positivos do meio envolvente, com potencial de fazer crescer a vantagem competitiva da empresa.

  - Ameaças (*threats*): aspectos negativos do meio envolvente, com potencial de comprometer a vantagem competitiva da empresa.

Já o ambiente externo está totalmente fora do controle da organização. Apesar de não poder controlá-lo, a empresa deve conhecê-lo e monitorá-lo com frequência, de forma a aproveitar as oportunidades e evitar as ameaças. Evitar ameaças nem sempre é possível, no entanto, pode-se fazer um planejamento para enfrentá-las, minimizando seus efeitos.

A combinação destes dois ambientes (interno e externo) e das suas variáveis (forças e fraquezas; oportunidades e ameaças) vai facilitar a tomada de decisões quanto às estratégias de negócios da empresa.

Sobral e Peci (2008) fazem apenas uma ressalva: ressaltam que esta análise deve ser dinâmica e permanente, pois a evolução do ambiente organizacional apresenta continuamente novas oportunidades para as organizações que estiverem preparadas para aproveitá-las.

O MODELO DAS CINCO FORÇAS COMPETITIVAS DE PORTER

Michael Porter (1979) propõe um modelo para apoiar a formulação das estratégias, segundo o qual a atratividade de uma indústria depende de cinco forças competitivas. Segundo Porter, as raízes da competição estão na economia subjacente e em forças competitivas que atuam sobre as empresas e não apenas nos concorrentes diretos.

Logo, uma organização deve formular sua estratégia de negócio analisando as cinco forças competitivas que caracterizam a estrutura da indústria onde está inserida: a ameaça de novos entrantes, a ameaça de produtos substitutos, o poder de barganha dos fornecedores, o poder de barganha dos clientes e a rivalidade entre os concorrentes estabelecidos (Figura 4). A Tabela 1 apresenta os fatores que, segundo Porter, influenciam as cinco forças competitivas.

Figura 4 – Modelo das cinco forças competitivas

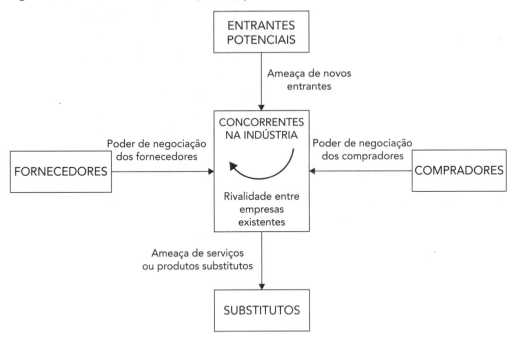

Fonte: Adaptada de Porter (1979).

Tabela 1 – Fatores que influenciam as cinco forças competitivas

AMEAÇA DE NOVOS ENTRANTES	AMEAÇA DE PRODUTOS SUBSTITUTOS

• Existência de barreiras à entrada:
  – Economias de escala
  – Diferenciação do produto
  – Exigências de capital
  – Acesso a canais de distribuição
  – Política governamental
• Retaliação dos concorrentes instalados:
  – Posse de recursos para retaliar
  – Comprometimento com a indústria
  – Baixa taxa de crescimento da indústria
	• Capacidade dos produtos substitutos de satisfazerem as necessidades dos clientes
	• Existência de custos de mudança de produto ou fornecedor
	• Qualidade dos produtos substitutos
	• Grau de diferenciação dos produtos
	• Relação entre preço e desempenho dos produtos substitutos em comparação com os produtos da indústria

PODER DE BARGANHA DE FORNECEDORES E CLIENTES	RIVALIDADE ENTRE CONCORRENTES ESTABELECIDOS

• Quantidade e grau de concentração de fornecedores ou clientes
• Produtos são diferenciáveis ou únicos
• Existência de custos de mudança de fornecedor ou comprador
• Possibilidade de integração vertical das atividades realizadas pela indústria
• Importância dos produtos para a estrutura de custos de produção do comprador
• Volume de transações com a indústria
• Existência de produtos substitutos
• Posse de informação completa sobre preços, custos, procura etc.
	• Quantidade de concorrentes
	• Taxa de crescimento da indústria elevada
	• Custos fixos elevados
	• Diversidade de estratégias e objetivos
	• Equilíbrio de forças entre os concorrentes
	• Diferenciação entre os produtos ofertados
	• Existência de barreiras à saída:
	  – Custos fixos de saída
	  – Posse de ativos especializados
	  – Relações estratégicas com outros negócios
	  – Restrições legais e sociais à saída
	  – Barreiras emocionais etc.

Fonte: Adaptada de Porter, 1979.

O BALANCED SCORECARD

O *Balanced Scorecard* ("quadro balanceado de indicadores", ou simplesmente BSC) foi inicialmente desenvolvido por Kaplan e Norton (1996) como um sistema de monitoramento de desempenho, mas logo se percebeu sua grande utilidade para todo o processo de planejamento estratégico. Essa ferramenta traduz a visão estratégica em quadros que alinham objetivos estratégicos e suas respectivas metas, indicadores de monitoramento e iniciativas ou ações planejadas.

Como bem resumem Sobral e Peci (2008), o BSC procura alinhar a estratégia e as atividades operacionais, de forma a garantir que os objetivos estratégicos sejam alcançados. Para isso, integra as medidas de desempenho financeiro tradicionais com outras três perspectivas – satisfação do cliente, processos internos e aprendizado e inovação – que contribuem para o alcance de vantagens competitivas sustentáveis a longo prazo. Assim, em sua formatação padrão, são construídos quatro quadros (*scorecards*), cada qual associado a uma perspectiva, compondo a visão estratégica da organização.

A Figura 5 a seguir mostra a forma integrada e balanceada que o BSC utiliza para traduzir a estratégia em um conjunto de objetivos específicos e de medidas de desempenho adequadamente quantificáveis e avaliáveis.

Figura 5 – As perspectivas no Balanced Scorecard

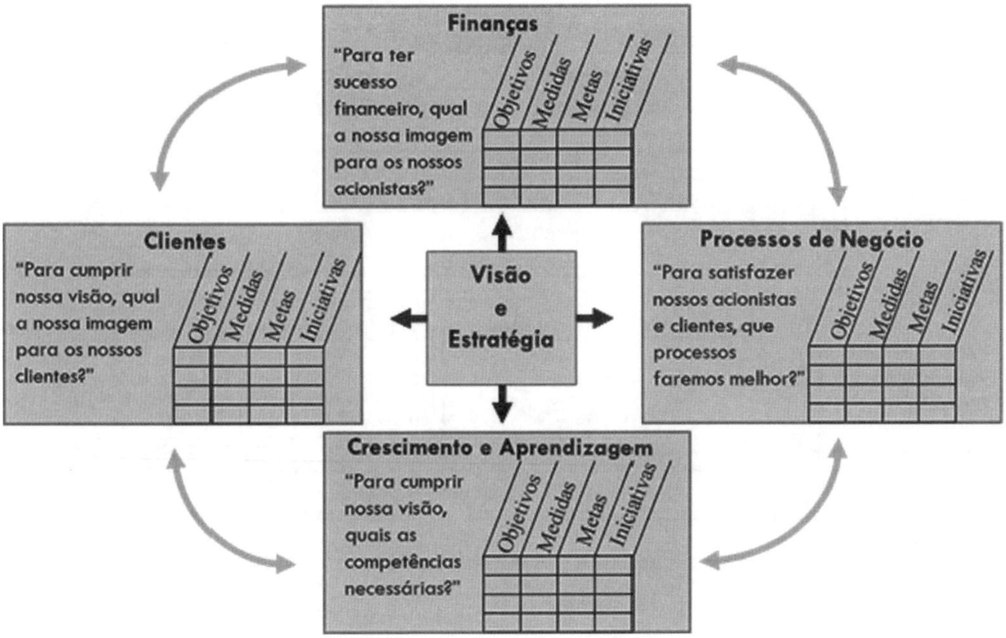

Essas perspectivas são aplicáveis à maior parte das organizações privadas. Possuem uma clara hierarquia, que caracteriza as relações causa-efeito entre seus objetivos estratégicos. No entanto, é muito comum e desejável que as organizações, apoiando-se neste padrão, determinem suas próprias perspectivas estratégicas, adaptando-as do padrão, ou definindo outras novas.

Para o setor público, por exemplo, é comum renomear a perspectiva *clientes* como *sociedade* ou *população*. Além disso, devido a sua natureza, as estratégias do setor público tendem a posicionar a perspectiva *clientes* acima, ou no mesmo nível hierárquico, que a perspectiva *financeira*. Ou seja, para o setor privado, os objetivos estratégicos últimos estão relacionados à minimização de custos e maximização de lucros, enquanto para o setor público os objetivos últimos estão ligados à satisfação da população, embora também podendo englobar a minimização de custos.

Outra particularidade importante do BSC é a construção de mapas estratégicos, que comunicam a hierarquia estratégica dos objetivos para toda a organização, facilitando a percepção e o entendimento da estratégia organizacional, bem como a definição dos objetivos estratégicos. Normalmente, há nesses mapas um fluxo de causa e efeito que vai de baixo para cima, além de uma relação do curto prazo para o longo prazo que vai da esquerda para a direita. A Figura 6 apresenta o modelo fundamental de Kaplan e Norton (2004) para os mapas estratégicos e detalha as categorias de objetivos estratégicos que podem estar contempladas em cada perspectiva. Essa figura é uma referência bastante rica para a definição de objetivos estratégicos, mas sofre adaptações pontuais, de acordo com a realidade de cada organização.

Figura 6 – Modelo para mapas estratégicos do BSC

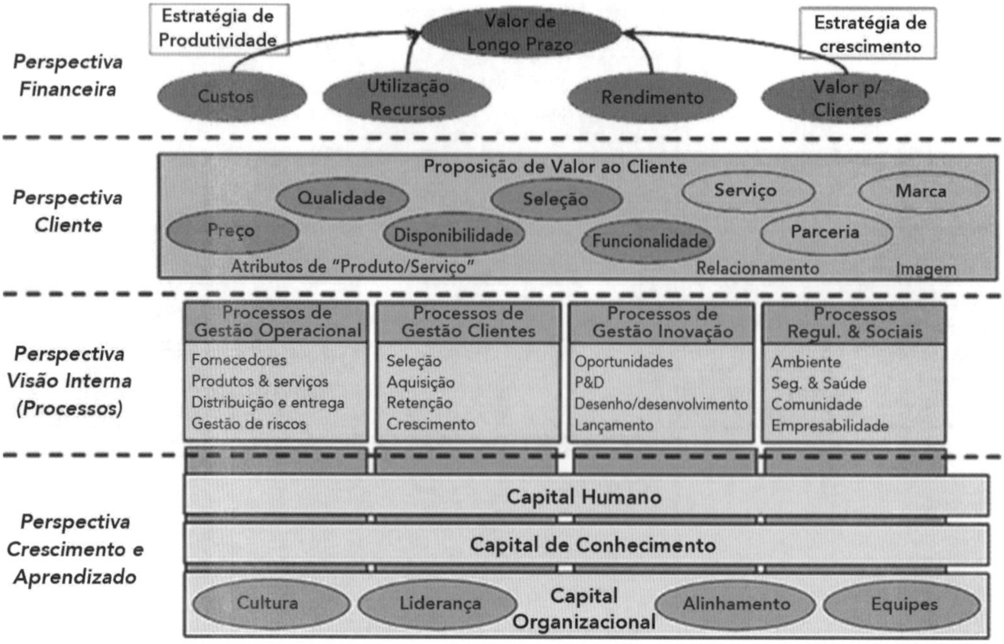

Fonte: Adaptada de Kaplan e Norton (2004).

Outras dimensões podem ser incorporadas às análises do BSC, de modo a representar melhor a realidade de determinada organização. Alguns exemplos de possíveis dimensões:

- Partes interessadas/sociedade: ser reconhecido como referência, disseminar práticas.

- Comunidade/meio ambiente: apoio a negócios locais, interação com futuros colaboradores, liderança comunitária.

- Satisfação de empregados: cultura corporativa positiva, retenção de equipe, reconhecimento crescente.

- Tecnologias/infraestrutura: adequar estrutura tecnológica, desenvolver novas estruturas tecnológicas.

O PROCESSO DE FORMULAÇÃO DA ESTRATÉGIA PARA A LOGÍSTICA REVERSA

Existem muitos modelos de planejamento estratégico já definidos para as organizações em geral. E, embora atualmente seja bastante reconhecido que nenhum modelo dará conta de todos os desafios estratégicos que surgem cada vez mais rapidamente para as organizações, sabe-se também que sem uma análise da situação que se enfrenta, sem o estabelecimento de algumas diretrizes estratégicas e sem um plano inicial, será ainda mais difícil para uma organização obter e manter suas vantagens competitivas.

Assim, a seguir será apresentado um modelo de planejamento estratégico para empresas que trabalham ou pretendem trabalhar com a logística reversa. Este modelo possui quatro passos, conforme pode ser observado na Figura 7. Foi baseado na proposta de O'Laughlin e Copacino (1994), desenvolvida originalmente para a logística direta.

Figura 7 – Passos do planejamento estratégico de logística reversa

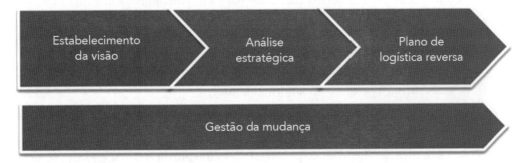

Passo 1 – Estabelecimento da visão

O primeiro passo estabelece a visão de logística reversa da empresa, que consiste no desenvolvimento sistemático de um consenso organizacional sobre os pontos-chave para o processo de planejamento da logística reversa. Pode também servir para identificação de abordagens potenciais e alternativas.

Esse consenso define um caminho único de pensamento que expande as perspectivas de todos os envolvidos e abre novos horizontes para a ação organizacional.

O exercício de estabelecimento da visão é uma maneira efetiva para desenvolvimento do consenso em três pontos-chave para a definição do processo de planejamento estratégico:

- Atribuir clareza à direção estratégica e às implicações para a logística reversa, bem como articular uma visão concisa das necessidades da logística reversa.

- Entender os requisitos dos serviços necessários para responder a diferentes contextos e segmentos de clientes e demais partes interessadas.

- Explorar as condições de fatores externos, tais como serviços de transporte e taxas, restrições ambientais e regulatórias; legislação social, fatores competitivos e outros eventos externos que podem impactar na logística reversa.

Nesse momento, as ferramentas apresentadas anteriormente – Análise SWOT, 5 forças de Porter e o BSC – podem ser bastante úteis para a melhor compreensão dos ambientes interno e externo, dos interesses de diversas partes interessadas e dos fatores competitivos que estão influenciando o mercado em que a organização atua.

Deve-se destacar aqui a importância que as diversas partes interessadas possuem no planejamento de atividades de logística reversa. Como ressaltam Álvarez-Gil et al. (2007), as atividades de logística reversa envolvem múltiplos relacionamentos entre *stakeholders* e empresa. Assim, é importante entender o papel que cada uma dessas partes interessadas possui no sistema de logística reversa. O Capítulo 12 aborda com mais profundidade essa questão.

Tipicamente, as atividades para estabelecimento da visão envolvem de duas a cinco sessões de trabalho. Um grupo de trabalho estratégico deve ser constituído de forma a dar conta, ao final das sessões, de construir um plano estratégico para a logística reversa da organização. Nas sessões de trabalho, deve-se:

- Definir e confirmar as necessidades das partes interessadas e a missão e objetivos para a logística reversa.

- Definir o escopo das atividades estratégicas de logística reversa para um determinado horizonte de tempo mais longo (dois anos, por exemplo).

- Explorar as alternativas para cada atividade planejada para um horizonte de tempo mais curto (o próximo ano, normalmente).

- Questionar, revisar e confirmar, ao final, os detalhes do plano estratégico que foi construído.

A Figura 8 mostra um fluxo básico para o estabelecimento da visão de logística reversa.

Figura 8 – Visão geral do processo de estabelecimento da visão

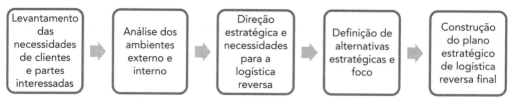

Passo 2 – Análise estratégica

O segundo passo do processo de planejamento da logística reversa é conduzir uma análise, para que se possa embasar melhor a escolha de uma alternativa.

Para isso, é importante entender como os componentes do sistema de logística reversa criam valor para os clientes, para as demais partes interessadas e para a organização. Roberson e Copacino (1994) sugerem dez componentes-chave para a estratégia de logística direta que, com algumas adaptações, podem ser aplicados à logística reversa (Figura 9). Eles se distribuem em quatro níveis estratégicos, que devem ser coordenados e integrados, a fim de alcançar alto desempenho logístico.

Figura 9 – Componentes-chave para a estratégia de logística reversa

Serviço ao cliente e partes interessadas

ESTRATÉGICO

Análise da rede e dos canais de coleta e de distribuição

ESTRUTURAL

FUNCIONAL

IMPLEMENTAÇÃO

(políticas e procedimentos, gestão da mudança, instalações e equipamentos, sistemas de informação)

Fonte: Adaptada de Roberson e Copacino (1994).

O primeiro nível refere-se à definição da direção estratégica através do serviço ao cliente. É essencial ter uma visão clara dos requisitos e demandas dos clientes e demais partes interessadas, para desenvolver-se uma estratégia que atenda a essas expectativas. São as necessidades dos clientes que devem direcionar todo o desenho da cadeia de valor e da cadeia de suprimentos da logística reversa.

O nível estrutural do sistema de logística define como satisfazer as expectativas dos clientes através da cadeia de atividades e as funções necessárias para a atividade logística e de facilidades da rede estrutural. Importantes decisões estratégicas sobre a forma de servir ao cliente são tomadas nesse passo, tais como utilizar intermediários ou desenvolver internamente os serviços.

A estratégia da rede física de instalações inclui definições quanto à quantidade e localização de instalações, tipos de clientes que serão atendidos em cada instalação, tipo de serviço de transporte que será utilizado e como organizar o fluxo entre instalações.

O terceiro nível envolve uma análise aprofundada dos componentes funcionais da estratégia de logística reversa, especificamente com relação a transporte, armazenamento e gestão de materiais.

Deve-se considerar ainda, para a logística reversa, o tipo de destinação pretendida para o resíduo e as estruturas necessárias para estes resíduos. Muitos, devido às suas características, necessitam de cuidados especiais, demandando uma estrutura especial para transporte e armazenagem, por exemplo. Assim, existem algumas questões importantes neste nível, como:

- Poderia a nossa empresa terceirizar algumas atividades de logística reversa (coleta, transporte, armazenagem, tratamento etc.)?

- Para a nossa empresa, qual a melhor forma de destinação para um determinado resíduo e quais recursos serão necessários?

- Como podemos melhorar o nível do serviço ao cliente e ao mesmo tempo facilitar a logística reversa do produto pós-consumo?

O quarto nível da pirâmide envolve a implementação. Inclui o sistema de informação para suporte da logística reversa, políticas e procedimentos para orientar o dia a dia da operação da logística reversa, instalações e manutenção de instalações e equipamentos, e questões de organização e de pessoal.

Primeiramente, sistemas de informação habilitam o conceito de logística integrada. A disponibilidade da informação em tempo hábil para agir e a precisão da informação são essenciais para uma gestão de custos efetiva, para prover um serviço superior ao cliente e para tornar possível o posicionamento de liderança de uma organização. A escolha de *softwares* e o cuidado com atividades de coleta de dados (captura dos dados de cada transação realizada) podem ser diferenciais importantes para uma empresa em seu setor.

Em segundo lugar, o processo de logística reversa deve ser desenhado cuidadosamente. É importante ver o processo como um esforço completo, fruto da interação de diversas atividades, evitando uma visão mais fragmentada. Nesse sentido a perspectiva de ciclo de vida proporcionada pela gestão do ciclo de vida (apresentada no Capítulo 1) pode ser muito útil.

A organização do processo de logística reversa envolve os três elementos-chave da organização: estrutura (como a organização irá segmentar suas atividades operacionais), papéis e responsabilidades (como a organização irá desenhar seus relacionamentos, podendo ser mais centralizadora ou promovendo mais independência) e medidas de desempenho (como a organização irá avaliar os resultados que está atingindo).

Para ter um sistema de logística efetivo e integrado, a empresa deve alinhar medidas de desempenho com resultados desejados. Medidas de desempenho são as mais negligenciadas na logística, mas oferecem consideráveis oportunidades na maioria das empresas. Ferramentas como o BSC podem ser bastante úteis nesse momento, auxiliando na definição de indicadores que possam facilitar a ação da empresa com base na estratégia definida. Sobre este assunto, ver o Capítulo 18.

Passo 3 – Plano de logística reversa

Após a análise estratégica, segue-se com a montagem do plano de logística reversa (Figura 10). O plano deve ser um guia que destaca a missão e objetivos da logística reversa, bem como os programas e atividades para alcançar esses objetivos. Pode conter ainda metas de desempenho para os custos e os serviços aos clientes e a especificação das medidas de desempenho.

Os passos 1, 2 e 3 do planejamento são processos iterativos (ou seja, frequentemente repetidos) e que se sobrepõem. Isso significa que algumas tarefas e atividades (como pesquisas de satisfação dos clientes, análise da configuração da rede de coleta ou análise funcional do transporte) do processo de planejamento estratégico podem ser incorporadas como projetos específicos no plano.

A atividade de desenvolvimento da estratégia de logística reversa é, portanto, um processo que nunca termina e continua a ser redefinido e refinado ao longo do tempo. A atividade de planejamento deve ser percebida mais como um momento para estabelecer objetivos anuais e analisar as atividades que devem ser executadas durante o ano corrente.

Figura 10 – Conteúdo do plano estratégico de logística reversa

| Missão e objetivos |
| Programas |
| Atividades |
| Cronogramas |
| Responsabilidade |
| Medidas |

Fonte: Adaptada de Roberson e Copacino (1994).

Passo 4 – Gerir mudanças

A etapa final do processo de planejamento da estratégia envolve gerir as mudanças, isto é, preparar a organização para implementar efetivamente formas melhores de condução do negócio. Vários fatores são importantes para gerir efetivamente mudanças:

Plano visível: a missão, os objetivos, direção para as atividades de logística reversa precisam ser claros. Um processo formalizado para desenvolvimento da estratégia é uma atividade importante para conseguir o comprometimento de toda a organização. Mais ainda, um plano, contendo objetivos e iniciativas prioritárias, torna-se um importante veículo de comunicação.

Um patrocinador: mudanças bem-sucedidas possuem maior probabilidade com líderes que representem bem, dentro e fora da organização, os objetivos estratégicos. Para cada projeto definido no plano também é necessário um líder com responsabilidade por aquela atividade.

Treinamentos: os líderes devem reconhecer que a mudança é normalmente difícil e que treinamentos podem ser necessários. Os treinamentos devem focar no desenvolvimento do conhecimento requerido e nas habilidades para operar no novo ambiente.

Box 1: A INFLUÊNCIA DO VOLUME NA ESTRATÉGIA DE LOGÍSTICA REVERSA

Johnson (1998), em seu artigo *Managing value in reverse logistics systems*, estudou a rede de reciclagem de sucata de ferro norte-americana. As características do sistema de reciclagem de sucata ferrosa podem torná-lo um exemplo de rede de reciclagem eficiente, dirigido pelo setor privado. Sem regulamentação ou programas governamentais para promover a reciclagem, a sucata ferrosa surgiu como uma proposta de negócio economicamente viável para as empresas metalúrgicas, processadores, corretores, siderúrgicas e fundições. Por essa razão, pode ser útil examinar as características do sistema de reciclagem de sucata ferrosa para estabelecer as oportunidades que podem ser aplicadas a outros resíduos.

O sistema de reciclagem de sucata ferrosa na América do Norte abrange três atores importantes: as empresas, que geram e devem descartar o material; os aproximadamente mil corretores e processadores que recolhem, reprocessam, transportam e revendem o material; e as usinas de aço e fundições que consomem sucata ferrosa como parte de seu processo de fabricação. As alternativas de destinação para as empresas que geram sucata ferrosa como um subproduto de seu processo de fabricação incluem a venda para usinas siderúrgicas, fundições e empresas de processamento de sucata de metais ferrosos ("processadores").

Processadores funcionam como intermediários no processo de disposição fornecendo um serviço especializado, que muitas plantas não são de outra forma capazes de realizar de maneira eficiente.

A pesquisa do autor centrou-se na relação entre a planta e o processador e analisou como as plantas organizam seus programas de disposição de subprodutos e coordenam atividades de logística reversa com seus parceiros de eliminação.

Pesquisas anteriores (POHLEN; FARRIS, 1992; TURNER et al., 1994; JOHNSON; LEENDERS, 1997) já haviam identificado a influência do volume nas atividades de logística reversa. O volume afeta a forma como as relações com os intermediários são estruturadas, tais como os processos de separação e transporte, o valor residual de recuperação e o nível de recursos empregados no processo de disposição (JOHNSON; LEENDERS, 1997).

Doze plantas participaram do estudo. Cada uma foi ranqueada segundo o volume de sucata gerado. Assim, as plantas foram classificadas como pertencendo a um de três grupos: baixo, médio e alto volume. Cada grupo de volume foi caracterizado por um conjunto único de alternativas disponíveis para a eliminação de resíduos.

A análise realizada mostrou que as plantas adotaram uma ou outra de duas abordagens de logística reversa: estratégias de "controladas pelo processador" ou estratégias de "gestão interna". Plantas classificadas como "gestão interna" tinham expertise que as permitiam entender a natureza dos *trade-offs* em seus sistemas de logística reversa. Plantas classificadas como "controlada pelo processador" permitiam ao processador dominar decisões importantes circundantes a seus sistemas de logística reversa.

As evidências encontradas sugerem que alguns critérios, tais como o volume e o papel dos intermediários, podem ser importantes para a logística reversa de outros produtos. Por exemplo, a economia de transporte, a segregação e as atividades de processamento secundárias dependem do volume. As diferenças encontradas entre cada grupo de volume podem ser vistas na Tabela 1.

Tabela 1 – Características dos grupos de volume

Baixo volume	Médio volume	Alto volume
• Fluxo de sucata de material projetado para combinar com serviço periódico do processador • As receitas pequenas de recuperação resultam em uma maior importância dada a outros fatores, ao estabelecer práticas de eliminação, como reciclagem eficaz • Papel do processador pode ser intermitente com base nas necessidades e taxas de acúmulo de sucata • Exigência reduzida para investimento em equipamentos de processamento nas plantas para lidar com sucata ferrosa	• Sucata ferrosa tratada usando um fluxo de processo em lote • Confiabilidade no serviço processador crítica devido ao alto nível de integração das operações da fábrica • Processamento secundário realizado nas instalações do processador • Processador desempenha um papel importante gerindo processamento secundário, transporte e atividades de venda de sucata • Economias de escala para a planta na eliminação de sucata ferrosa, principalmente no transporte	• Sucata ferrosa tratada usando um processo de fluxo contínuo • Oportunidades estratégicas nas relações com os fornecedores através do estabelecimento de sistemas de ciclo fechado • Processamento secundário realizado na planta e material enviado diretamente para siderúrgica ou fundição • Despesas de capital substanciais necessárias no manuseio e equipamentos de processamento • Economias de escala para a planta na eliminação de sucata ferrosa em processamento, transporte e no manuseio na planta • Confiabilidade no processo interno é importante para a eficiência geral da planta

Ao definir-se o papel do processador, influenciou-se *como* e *onde* os *trade--offs* aconteceram na rede de logística reversa das plantas.

Questões envolvendo a disposição foram mais complexas dentro das plantas de alto volume. Essas plantas possuíam a maior gama de opções de eliminação da sucata. Por exemplo, o papel do processador teve implicações no nível de investimento de capital e no número de funcionários dedicados à gestão do sistema de logística reversa. Consequentemente, ao selecionar uma abordagem (ou controlada pelo processador, ou a gestão pela própria planta), afetou-se tanto a natureza das relações da cadeia de suprimentos, quanto os custos de operação da planta. Processadores controlavam percentuais variando de 10% a 100% de sucata ferrosa!

A integração com as atividades do processador nos processos de fabricação torna as plantas com volume médio as mais dependentes de seus processadores. O volume de sucata de ferro tratado pelo sistema de logística reversa foi ainda significativo, de 100 a 1.500 toneladas. No entanto, ao contrário das plantas de grande volume, o processador era responsável pelo tratamento de 100% do volume de cada uma das plantas de volume médio. Colocar a responsabilidade no processador para decisões importantes relativas à estrutura das atividades de tratamento de logística reversa acabou resultando em *trade-offs* não ótimos, com maiores custos globais.

Plantas de baixo volume exigiam equipamentos menos especializados e também menos apoio de seus processadores; mais ainda, os volumes insignificantes tornavam os riscos de interrupções de produção baixos. Mas as plantas de baixo volume tinham oportunidades limitadas para recuperar as receitas da venda de sua sucata ferrosa.

Abordagens controladas por processador focaram em baixo custo de remoção, enquanto estratégias de gestão pela própria planta lidaram com uma ampla gama de resultados, principalmente com relação à reciclagem eficaz. Plantas que usaram a gestão interna como abordagem trataram com vários processadores diferentes simultaneamente, cada um selecionado com base em uma necessidade específica.

REFERÊNCIAS

ÁLVAREZ-GIL, M. et al. Reverse logistics, stakeholders' influence, organizational slack, and managers' posture. *Journal of Business Research* 60, p. 463-473, 2007.

JOHNSON, P. Managing value in reverse logistics systems. *Transpn Res.-E (Logistics and Transpn Rev.)*, v. 34, nº 3, p. 217-227, 1998.

JOHNSON, P. F.; LEENDERS, M. R. Make-or-buy alternatives in plant disposition strategies. *International Journal of Purchasing and Materials Management*, 33 (2), p. 20-26, 1997.

KAPLAN; NORTON. *The Balanced Scorecard*: translating strategy into action. *Harvard Business Review Press*, 1996.

MINTZBERG, H. Crafting strategy. *Harvard Business Review*, July/Aug. 1987.

O'LAUGHLIN, K.; COPACINO, W. Logistics strategy in the logistics handbook. New York: The Free Press, 1994.

PORTER, M. E. What is a strategy? *Harvard Business Review*, Nov./Dec. 1996.

ROBERSON, J. F.; COPACINO, W. C. (Ed.). *The logistics handbook*. New York: The Free Press, 1994.

SOBRAL, F.; PECI, A. *Administração*: teoria e prática no contexto brasileiro. São Paulo: Pearson Prentice Hall, 2008.

7

PLANEJAMENTO OPERACIONAL DA LOGÍSTICA REVERSA

Marcelle Rodrigues de Souza

Neste capítulo, tratamos da importância e da implantação efetiva de um Planejamento Operacional na Logística Reversa (POLR). Definidos os objetivos do negócio, é necessário desdobrá-los e planejar as atividades operacionais que permitirão alcançá-los. Para isso, as principais orientações estratégicas precisam ser transformadas em planos mais concretos, que orientarão a ação das várias partes envolvidas nos processos de trabalho.

O PLANEJAMENTO OPERACIONAL

De maneira geral, em administração da produção, o processo de planejamento costuma ser dividido em três:

- planejamento estratégico (longo prazo);
- planejamento tático (médio prazo);
- planejamento operacional (curto prazo).

As questões estratégicas são de natureza muito ampla: como será feito o produto? Onde localizar a fábrica? Quais serão as capacidades e quando devemos aumentá-las? Ou, para a logística reversa: o que será feito com o resíduo? Onde buscar os geradores ou fornecedores de resíduos? Qual a capacidade de transporte e recepção que necessitamos? Quando devemos aumentá-la?

O planejamento tático, no segundo nível de planejamento, tem como objetivo alocar materiais e mão de obra de forma eficiente, dentro das orientações e restrições estratégicas definidas no planejamento estratégico. Foca em questões tais como: de quantos trabalhadores precisamos e em que período? Quando será necessário entregar material? Devemos formar estoques? (DAVIS et al., 2001). Pode ter um enfoque plurianual. Em se tratando de logística reversa: quantos coletores, transportadores e receptores precisamos? Qual o intervalo de coleta? Há necessidade de estações de transbordo? Como dimensionar o galpão de armazenamento?

Esses dois processos não foram representados na nossa cadeia de valor da logística reversa, mas foram considerados no escopo do macroprocesso de "formulação da estratégia", apresentado anteriormente.

De posse dessas orientações estratégicas e táticas, bem como de um dimensionamento dos recursos financeiros, materiais, tecnológicos e humanos disponíveis, é então definido o planejamento operacional, numa ótica de curto prazo. Tal como definido pela literatura de administração da produção, este planejamento deve abordar questões mais imediatas e precisas, tais como: quais atividades serão realizadas no curto prazo e quando; quais os responsáveis por essas atividades; quais as prioridades e como programá-las (SLACK et al., 2002).[1]

Qualquer empresa busca maximizar suas oportunidades no mercado e reduzir custos e riscos associados ao seu negócio. Assim, os mesmos preceitos adotados na implantação de qualquer outro sistema de gestão devem ser aplicados no caso da logística reversa. Tomemos como referência o ciclo PDCA – *Plan* (planejamento), *Do* (execução), *Check* (verificação) e *Act* (ação) –, exibido na Figura 1.

Figura 1 – Ciclo PDCA com vistas ao planejamento em logística reversa

Neste modelo, voltado para a estruturação de sistemas de gestão, o planejamento constitui a etapa inicial e deve ser definido cautelosamente. Ele define as atividades e sua ordem de execução, os procedimentos, os responsáveis e os prazos. O ato de planejar não está ausente do cotidiano das pessoas; contudo, em se tratando das atividades de

---

[1] Arnold (1999, p. 175) aponta que, de maneira geral, o objetivo da programação "é cumprir os prazos de entrega e fazer a melhor utilização dos recursos produtivos" através do planejamento do fluxo de trabalho. Davis, Aquilano e Chase (2001, p. 540), apresentam a programação como "uma distribuição temporal utilizada para distribuir atividades utilizando recursos ou alocando instalações". A função da programação, segundo os mesmo autores, é desagregar o Plano.

uma organização, ele deve ser seriamente estruturado, pois as atividades serão mais tarde executadas e verificadas de acordo com o planejado. Em seguida, será elaborado um plano de ação para corrigir pontos avaliados negativamente. Isso permitirá uma revisão do planejamento. É esse replanejamento cíclico das atividades que trará melhoria contínua dos resultados objetivados.

A etapa de operação será tratada em detalhes na Parte III, que apresenta as quatro etapas de um Plano de Gerenciamento de Resíduos (PGR): preparação e acondicionamento; coleta e transporte; beneficiamento; e destinação final. Contudo, em comparação a um PGR, há duas importantes particularidades na logística reversa. A primeira é o fato de que os resíduos tornam-se insumos de uma cadeia de produção, destinada prioritariamente ao reaproveitamento, reúso, reciclagem, beneficiamento ou tratamento de resíduos. A segunda particularidade está na heterogeneidade dos fornecedores desta cadeia de produção, que é um desafio para o planejamento das operações da logística reversa.

RELEVÂNCIA E PARTICULARIDADES DO PLANEJAMENTO OPERACIONAL DA LOGÍSTICA REVERSA

O Planejamento Operacional da Logística Reversa (POLR) deve garantir que todos os resíduos serão tratados de forma apropriada e segura, desde sua fonte de geração até a destinação final. Após sua implementação, os materiais deverão ter sido restituídos a um ciclo produtivo (ao seu próprio ou a outros), sem acidentes, danos ambientais ou mesmo descaracterização e perda de materiais. Muitos gestores veem isto apenas como uma grande fonte de custos. Porém, a logística reversa, por valer-se de matéria-prima residual ou secundária, mais barata, pode trazer vantagens econômicas e gerar lucro, se for bem planejada (REZENDE et al., 2006). Para isso, é preciso um POLR que atenda aos objetivos do negócio, reduza custos e maximize lucros, garantindo:

- maior abrangência na captação de fontes geradoras, mantendo o fluxo contínuo dos processos finais;
- melhores oportunidades de escolha na definição de rotas de coleta, valorizando o tempo e reduzindo o consumo de combustíveis;
- melhores opções na destinação de resíduos;
- acumulação segura de montantes de materiais, o que promove oportunidades de negociação de preços mais baixos na subcontratação de terceiros;
- redução de encargos trabalhistas devido ao melhor controle e monitoramento na manipulação segura dos materiais; e
- redução das demais sanções legais por agir em conformidade com as leis ambientais aplicáveis em cada caso.

Para obter essas vantagens, é necessário levar em conta algumas particularidades do POLR. A primeira delas é a importância de basear-se em previsões confiáveis.

"A previsão dos níveis da demanda é vital para a empresa como um todo, à medida que proporciona a entrada básica para o planejamento e controle de todas as áreas funcionais, entre as quais Logística. [...] A previsão logística abrange tanto a natureza espacial quanto a natureza temporal da demanda, a extensão de sua variabilidade e seu grau de aleatoriedade" (BALLOU, 2006, p. 242).

A importância de um planejamento operacional seguro é comprovada quando há uma garantia das quantidades e da qualidade dos materiais a serem reaproveitados. Tal como apontado por Leite (2003), essas quantidades devem ser suficientes e apresentar constância no tempo, de modo a assegurar escala econômica e empresarial. Por isso, quando houver vários fornecedores, o planejamento operacional deverá ser elaborado de maneira a assegurar essas quantidades para processamento, a partir das quantidades de materiais disponibilizados por cada um.

Além da previsão da demanda, POLR deve incluir a definição da classe e das demais características dos resíduos, bem como dos requerimentos legais aplicáveis ao tipo de material manipulado. A partir dessas definições, poderão ser analisadas as oportunidades de negócio relacionadas ao material considerado e definidas as atividades operacionais, sempre de acordo com os objetivos do negócio previamente estabelecidos. A ordenação dessas etapas pode ser visualizada na Figura 2.

Figura 2 – Abordagens particulares a serem adotadas ordenadamente

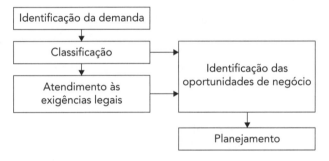

Os planejamentos estratégico e tático (respectivamente, longo e médio prazo), realizados previamente no macroprocesso de elaboração de estratégia, são fundamentais para a elaboração do POLR, indicando, por exemplo, os melhores destinos para os produtos, ou resíduos, qualquer que seja o canal reverso utilizado. É preciso considerar também os aspectos ambientais, os requerimentos legais e outros, a capacidade produtiva e a sazonalidade.

O PLANEJAMENTO OPERACIONAL NA CADEIA DE VALOR DA LOGÍSTICA REVERSA

Segundo a metodologia adotada neste livro, a elaboração do planejamento operacional corresponde a um macroprocesso da cadeia de valor que define as ações de curto prazo, integrando os diferentes recursos e processos, quantificando o fluxo de materiais (entradas e saídas) e estabelecendo um cronograma de trabalho (Capítulo 5). Ele pode valer-se de metodologias pertinentes, como a avaliação do ciclo de vida. Lembramos mais uma vez que este plano será elaborado levando em consideração as demandas do mercado e as legislações e normas em vigor (externa e internamente). Esse macroprocesso, elaborado por um método de dupla verificação, terá como saídas os cronogramas detalhados de trabalho; os recursos financeiros, materiais, tecnológicos e humanos alocados. O objetivo principal do macroprocesso é detalhar o programa de trabalho, em curto ou médio prazo, com vistas ao cumprimento das metas de prazo maior. O planejamento operacional deverá se traduzir em um programa de operações de logística reversa, formado pelos seguintes planos:

- plano de preparação e acondicionamento: explicita os tipos e quantidades de materiais a serem coletados por fonte geradora (interna ou externa); os tipos, dimensionamento e posicionamento dos coletores, define o tratamento inicial a ser dado por tipo de material a ser coletado;

- plano de coleta e transporte: estabelece o roteiro e a equipe de coleta, a frequência, o tipo de veículo; procedimento de carregamento/manutenção etc.;

- plano de beneficiamento: se caracteriza pela execução das etapas do beneficiamento, que envolvem as escolhas entre as diversas alternativas de transformações físicas aplicadas aos materiais, conferindo-lhes uma função própria e agregando algum valor ao mesmo. São definidos os volumes por cada tipo de resíduo que serão destinados a cada alternativa, a frequência, os produtos finais esperados, bem como o projeto das etapas integradas de beneficiamento, e rejeitos dos processos por volume e tipo;

- plano de destinação final: integra-se ao plano de beneficiamento, determinando qual o volume de produtos beneficiados que será encaminhado para cada alternativa de destinação (compra, doação, aterro etc.), bem como suas demandas, sazonalidade, valor de mercado etc. Além disso, estabelece o volume de rejeitos dos processos que será destinado aos aterros sanitários, e quais são estes aterros, quais os custos, a logística envolvida etc.

Esses quatro planos, claramente calcados num PGR, servirão de insumos aos respectivos macroprocessos de negócios (Parte III). Isso significa que eles fornecem uma interface direta entre o processo de planejamento e os processos de negócios.

Além desses planos correspondentes às operações logísticas propriamente ditas, também há de se considerar um plano de capacitação, que responda à necessidade de treinamento dos funcionários que atuarão nas atividades operacionais. Além disso, o planejamento financeiro deverá funcionar como processo de apoio (Capítulo 16).

PLANO DE PREPARAÇÃO E ACONDICIONAMENTO

Este plano exige um conhecimento mais detalhado do material e das formas de manter suas características. Os procedimentos operacionais adotados para a caracterização dos materiais podem ser encontrados no Capítulo 8, onde são tratadas questões sobre preparação e acondicionamento dos resíduos. No caso de um POLR, a aquisição deste conhecimento esclarece os aspectos importantes para a obtenção de um bom resultado em seu planejamento.

Os principais passos para a definição dos processos de preparação e acondicionamento são apresentados no Quadro 1.

Quadro 1 – Plano de preparação e acondicionamento

Processo	Operação	Recursos			Fluxo de materiais		Cronograma
		Humanos	Tecnológicos	Financeiros	Entradas	Saídas	
LOCALIZAÇÃO DAS FONTES GERADORAS	Faz-se necessário percorrer o ciclo de vida do produto, a partir da distribuição e consumo dos produtos em sua logística direta, conhecendo os hábitos dos consumidores através de entrevistas e demais investigações. Ao final, é realizada uma análise para identificar os locais onde os resíduos são dispostos.	Técnicos especializados em marketing, mapeamento de processo e ciclo de vida.	*Softwares* que auxiliem nesse processo. Meios de comunicação com o consumidor. Coletores para entrega voluntária.	A definir.	Ciclo de vida útil do produto, considerando cadeia produtiva, distribuição, consumo e descarte.	Mapa do processo. Relatório identificando oportunidades de aplicação da logística reversa.	Definição de prazos.
AMOSTRAGEM	Aquisição de uma porção representativa de todo o resíduo, para posteriormente caracterizá-lo por meio de testes laboratoriais. Ocorre a definição de um plano de amostragem, segundo norma de referência, que contém detalhes sobre os equipamentos de proteção necessários durante manuseio, os pontos de amostragem, número e volume das amostras, material do frasco de coleta, cuidados para preservação das amostras e periodicidade da amostragem.	Técnicos especializados em amostragem.	Equipamentos de proteção individual. Frascos de amostragem e preservação de amostras. Veículo exclusivo. Estufa para conservação das amostras (caso necessário).	A definir.	Resíduo de interesse.	Amostra representativa do resíduo de interesse.	Definição de prazos.
CLASSIFICAÇÃO	Análise das amostras em laboratórios para que sejam definidas suas características de inflamabilidade, corrosividade, reatividade, toxicidade ou patogenicidade.	Técnicos em química especializados.	Equipamentos específicos para análise.	A definir.	Amostras.	Informações precisas sobre a classe dos resíduos. I – Resíduos Perigosos. II – Resíduos Não Perigosos (IIA – Não Inertes e IIB – Inertes).	Definição de prazos.
SEGREGAÇÃO	Separação dos resíduos em sua origem com o auxílio de coletores de diferentes cores. Dimensionamento desses coletores para o fluxo de descarte dos resíduos. Aplicação de treinamentos para todas as pessoas pertencentes à empresa, bem como campanhas de sensibilização e políticas de estímulo.	Pessoas que promovam o descarte dos resíduos.	Coletores	A definir.	Resíduo gerado.	Resíduos segregados em coletores de acordo com sua classe.	Definição de prazos.
ACONDICIONAMENTO E ARMAZENAMENTO TEMPORÁRIO	Promoção do acondicionamento para o acúmulo dos resíduos de maneira segura, para que permaneçam, temporariamente, até que sejam coletados para encaminhamento adequado ou destinação final.	Consumidores e funcionários treinados para promover e monitorar o acondicionamento.	Tambores, bombonas, caçambas, contêineres etc. Locais adequados.	A definir.	Resíduo segregado.	Resíduos acumulados em grandes quantidades, com segurança e garantia de preservação de suas características.	Definição de prazos.

PLANO DE COLETA E TRANSPORTE

Este plano é fundamental, por iniciar de fato o fluxo logístico reverso. Ele busca por formas seguras e eficientes de garantia de retorno dos resíduos sólidos para a sua cadeia produtiva, ou para outras cadeias produtivas. Aqui estão descritas algumas orientações, na forma de procedimentos operacionais. Cada procedimento se encontra melhor detalhado no Capítulo 9 deste livro, que aborda a coleta e transporte. Da mesma forma que no plano anterior, sua aplicação é importante para um bom resultado do planejamento operacional, pois sua obediência significa melhor utilização do tempo e dos recursos disponíveis.

Podemos também lembrar alguns aspectos relacionados com o problema de roteirização (conhecido como "problema do caixeiro viajante"). No caso da logística reversa, os princípios de roteiro de entrega são adaptados para a coleta. Os oito princípios de Ballou (2004, p. 199) podem ser usados como diretriz para desenvolvimento de boas rotas e cronogramas; são eles:

1. "carregar caminhões com volumes destinados a paradas que estejam mais próximos entre si";
2. "paradas em dias diferentes devem ser combinadas para produzir agrupamentos concentrados": é aconselhado programar os dias de coleta semanal por bairro, por exemplo, como está sendo realizado pela coleta do lixo comum e especial nas grandes cidades;
3. "comece os roteiros a partir da parada mais distante do depósito";
4. "o sequenciamento das paradas num roteiro de caminhões deve ter forma de lágrimas" (ex.: ⬭);
5. "os roteiros mais eficientes são aqueles que fazem uso dos maiores veículos disponíveis";
6. "a coleta deve ser combinada nas rotas de entrega, em vez de reservada para o final dos roteiros": este princípio é aplicável na logística reversa, nos casos em que se envia um resíduo para determinado receptor, ao mesmo tempo em que se realiza uma coleta em um gerador próximo, desde que se garantam as condições de segurança e preservação das características destes resíduos. Outro exemplo é quando se entrega um produto novo ao consumidor, ao mesmo tempo em que se recolhe seu produto usado (como no caso de computadores).
7. "uma coleta em local isolado ou distante de um trajeto predefinido é uma boa candidata a um meio alternativo de entrega": uma parada isolada dos pontos de coleta ou recepção (no caso da logística reversa, são sobretudo aquelas de baixo volume) encarecem e atrasam muito o processo. Nesse caso, recorrer a um transporte terceirizado pode ser uma boa alternativa;
8. "as pequenas janelas de tempo (períodos do dia quando se pode fazer coleta ou entrega) de paradas devem ser evitadas".

No Quadro 2, sugerimos um plano com os passos mais gerais para a definição dos processos pertencentes ao plano de coleta e transporte, devendo o leitor adaptá-lo à sua realidade.

Quadro 2 – Plano de coleta e transporte

Processo	Operação	Recursos			Fluxo de materiais		Cronograma
		Humanos	Tecnológicos	Financeiros	Entradas	Saídas	
QUANTIFICAÇÃO DO RESÍDUO NO GERADOR	Medição da quantidade de resíduos gerados em determinado intervalo de tempo. Identificação da capacidade de armazenamento local do gerador. Estabelecimento de uma rotina para a coleta.	Especialistas em controle de processos.	*Software* para controle de processos. Balança	A definir.	Resíduos gerados.	Resíduos quantificados por tipo. Critérios para elaboração do contrato de prestação de serviço de coleta e transporte.	Definição de prazos.
DEFINIÇÃO DOS RECEPTORES	Identificação dos receptores que atendem ao objetivo do gerador. Seleção dos receptores baseada em fatores legais relacionados ao tipo de serviço prestado. Identificação da capacidade de processamento dos receptores.	Especialistas em gestão de resíduos.	Canais de comunicação.	A definir.	Resíduos quantificados por tipo.	Receptores identificados. Critérios para elaboração do contrato de prestação de serviço por parte dos receptores.	Definição de prazos.
CONSOLIDAÇÕES PRÉVIAS	Identificação dos transportadores que atendem ao objetivo do gerador e do receptor. Seleção dos transportadores baseada em fatores legais relacionados ao tipo de serviço prestado. Consolidação entre o fluxo de geração dos resíduos, capacidade de processamento do receptor e a capacidade de carga dos transportadores. Definição do volume de resíduo, intervalo de tempo e rota para a realização da coleta. Identificação da necessidade de estações de transbordo.	Especialistas em logística. Especialistas em gestão de resíduos.	Canais de comunicação.	A definir.	Resíduos quantificados por tipo. Receptores identificados.	Transportadores identificados.	Definição de prazos.

Processo	Operação	Recursos			Fluxo de materiais		Cronograma
		Humanos	Tecnológicos	Financeiros	Entradas	Saídas	
COLETA	Definição do tipo de serviço entre coleta seletiva e coleta particular. Definição do sistema de trabalho para a realização da coleta, baseado em fatores práticos e legais, relacionados ao tipo de serviço prestado. Reconhecimento dos riscos existentes em determinada atividade de coleta. Eliminação dos riscos ou definição do uso de equipamentos de proteção individual (EPI) adequados. Padronização dos procedimentos e comportamentos para prevenir acidentes e/ou doenças ocupacionais. Aplicação de treinamento, emissão de ordem se serviço a cada procedimento, implantação de programas que garantam a saúde ocupacional de demais medidas de proteção do trabalhador.	Profissionais especializados em gestão de resíduos; engenharia de segurança; medicina do trabalho; toxicologia e higiene do trabalho. Funcionários de coleta treinados.	*Software* para gestão de riscos. *Software* para redefinição de *layout*. EPIs. Veículos.	A definir.	Resíduos quantificados.	Resíduos transferidos para a etapa de transporte.	Definição de prazos.
TRANSPORTE	Identificação das características da carga. Reconhecimento dos riscos existentes em determinada atividade de coleta. Definição de mecanismos que auxiliem no combate a acidentes. Definição dos veículos coletores e seus equipamentos. Definição dos itinerários e locais de estacionamentos permitidos, além das atribuições ao condutor, que deverá receber treinamento específico. Atendimento às medidas administrativas, através de preenchimento de formulários que promovem o conhecimento e controle das formas de destinação dada pelo gerador, transportador, bem como pelo receptor de resíduos.	Motoristas especializados. Profissionais especializados em engenharia de segurança; medicina do trabalho; gestão de resíduos; e logística.	Veículos para transporte de resíduos. Placas de identificação dos resíduos. Computador e Internet para preenchimento *on line* de manifestos de resíduos.	A definir.	Resíduos transferidos para a etapa de transporte.	Resíduos transportados até os receptores.	Definição de prazos.

PLANO DE BENEFICIAMENTO

Este plano é essencial para a logística reversa, pois é a partir dele que são gerados os estímulos necessários à promoção do negócio propriamente dito. Através do beneficiamento, os resíduos agregam algum valor econômico em sua comercialização ou destinação, atraindo empresários para esse negócio e sustentando o constante crescimento da logística reversa, que também está apoiado pelos requisitos impostos pela PNRS. Seguindo os planos anteriores, abaixo estão sugeridas as ações de curto prazo relacionadas ao beneficiamento, também necessárias ao bom resultado do planejamento operacional, numa visão voltada aos lucros. Como citado anteriormente, há em cada caso algumas alternativas de beneficiamento disponíveis e, portanto, é possível realizar escolhas que agreguem maior segurança e lucratividade.

No Quadro 3 são apresentados os procedimentos operacionais pertencentes ao plano de beneficiamento, devendo o leitor, mais uma vez, adaptá-los à sua realidade.

Quadro 3 – Plano de beneficiamento

Processo	Operação	Recursos			Fluxo de materiais		Cronograma
		Humanos	Tecnológicos	Financeiros	Entradas	Saídas	
RECEBIMENTO	Identificação dos riscos, cuidados necessários, procedimentos de emergência e uso de EPIs. Identificação de oportunidade de obtenção de materiais de alto valor contidos no resíduo. Definição do tipo de beneficiamento e o posterior encaminhamento a ser realizado. Encaminhamento de resíduos inservíveis para tratamento e/ou disposição final adequada, por causarem algum tipo de dano potencial ao meio ambiente ou à saúde humana. Documentação dos dados de recebimento como auxílio ao planejamento estratégico, financeiro e controle operacional da produção. Transferência dos resíduos para o local de estoque/armazenamento temporário.	Profissionais especializados em engenharia de segurança; medicina do trabalho; e gestão de resíduos. Profissionais de apoio à atividades administrativas. Motorista de empilhadeira.	Veículos para transferência.	A definir.	Resíduos transportados.	Resíduos recebidos.	Definição de prazos.
ARMAZENAMENTO TEMPORÁRIO	Compactação dos resíduos e posterior organização em *pallets*, quando possível. Acondicionamento adequado dos resíduos.	Operadores de máquina. Profissionais especializados em gestão de resíduos.	Empilhadeira. Compactador.	A definir.	Resíduos recebidos.	Resíduos acondicionados e estocados com segurança e qualidade.	Definição de prazos.
PRÉ-TRATAMENTO	Segregação ou triagem mais específica dos resíduos para assegurar a qualidade exigida pelas indústrias recicladoras. Compactação para um ganho de massa específica, aproveitando o espaço de forma eficiente. Lavagem dos resíduos, quando necessário. Gerenciamento dos efluentes.	Funcionários treinados nas operações necessárias.	Esteira transportadora. Quando aplicável: eletroímã; equipamento para aspiração; e/ou tanque de decantação. Big bags, fardos; tambores; caçambas; etc. Quando aplicável: tanques separadores de água e óleo (SAO). Sistemas de pré-tratamento de efluentes.	A definir.	Resíduos acondicionados e estocados com segurança e qualidade.	Resíduos pré-tratados, possuindo algum valor agregado.	Definição de prazos.

Processo	Operação	Recursos			Fluxo de materiais		Cronograma
		Humanos	Tecnológicos	Financeiros	Entradas	Saídas	
OPÇÕES DE TRATAMENTO	Desmanche para reaproveitamento dos materiais contidos nas mercadorias descartadas e destinação segura de resíduos complexos. Reparo para correção de problemas especificados em um produto. Recondicionamento para a recuperação das boas condições de uso de determinado produto. Renovação para retomar as boas condições de uso de um produto, bem como reequipar e embelezar. Remanufatura para restituir os materiais a sua vida útil, semelhantes aos dos produtos novos. Reciclagem dos materiais através da utilização na produção de novos produtos. Descontaminação através da retirada e tratamento de componentes perigosos existentes nos diversos materiais. A incineração para reaproveitamento de energia. Coprocessamento em fornos de clínquer para fabricação de cimento, Compostagem e outros processos de biodigestão de matéria orgânica para produção de húmus ou energia.	Funcionários treinados nas operações necessárias.	Vide recursos necessários para cada opção no Capítulo 10.	A definir.	Resíduos pré-tratados, possuindo algum valor agregado.	Retorno do material a alguma cadeia produtiva, seja de seu produto de origem ou outro produto.	Definição de prazos.

PLANO DE DESTINAÇÃO FINAL

De certa forma, este plano não faz parte da logística reversa, mas deve ser tratado com igual importância. Dificilmente o planejamento operacional apresentará cem por cento de eficiência com relação aos objetivos e metas preestabelecidos: mesmo seguindo todas as operações que constituem os planos anteriores, sempre haverá materiais excedentes, que não puderam ser beneficiados e reenviados a um fluxo produtivo qualquer. Geralmente, esses materiais são resultantes de falhas, principalmente nas operações pertencentes ao plano de preparação e acondicionamento. Ou ainda, são simplesmente os rejeitos provenientes das rotinas das atividades de segregação ou triagem.

O fato é de que este material, excedente para a logística reversa, gera um passivo que demanda investimento, ou ao contrário, possa ser uma fonte de renda. Este plano apresenta as opções de destinação final dos resíduos presentes na logística reversa e, como no caso do beneficiamento, permite que escolhas sejam realizadas dentre algumas alternativas disponíveis para cada caso. As escolhas devem ser realizadas não apenas buscando reduzir os custos da destinação final, mas também baseadas no compromisso do empresário com o meio ambiente e com a saúde dos trabalhadores, promovendo as melhores práticas com relação aos impactos negativos que podem ser gerados.

Quadro 4 – Plano de destinação final

Processo	Operação	Recursos			Fluxo de materiais		Cronograma
		Humanos	Tecnológicos	Financeiros	Entradas	Saídas	
DESTINAÇÃO FINAL DE RESÍDUOS	Doação de resíduos para as práticas artesanais ou para órgãos públicos e iniciativa privada para destiná-los adequadamente e gratuitamente. Reúso de produtos beneficiados para o prolongamento do ciclo de vida destes. Comercialização via revenda ou *outlet*.	Profissionais especializados em gestão de resíduos. Profissionais de apoio à atividades administrativas.	Veículos para transferência.	A definir.	Resíduos excedentes.	Resíduos encaminhados para doação, reúso ou comercialização.	Definição de prazos.
DESTINAÇÃO FINAL DE REJEITOS	Utilização de aterros industriais para decomposição dos materiais, tratamento do líquido lixiviado (chorume), além da queima ou tratamento dos gases gerados.	Profissionais especializados em gestão de resíduos.	Veículos para transferência.	A definir.	Rejeitos.	Resíduos encaminhados para destinação final.	Definição de prazos.

ASPECTOS IMPORTANTES

Todos estes planos são apenas uma proposta. Seu nível real de formalização dependerá do porte da organização e de seu nível de rotinização.

As empresas especializadas em LR são, em geral, de menor porte, pois em geral apresentam alta dispersão. Por exemplo, no setor de ferro/aço brasileiro o número médio de empregados é de 90 por empresa de reciclagem; este número sobe para 4.900 para empresas siderúrgicas (LEITE, 2003). A aplicação dos planos aqui tratados é aconselhável para todas as empresas, já que permite planejar detalhadamente todas as atividades consecutivas presentes num sistema de gestão e assim evitar os riscos ligados às operações. Mas, inevitavelmente, sendo a empresa de um porte muito inferior, o planejamento poderá ser simplificado.

Outro aspecto a ser considerado é o nível de integração. Para empresas de LR integradas, que realizam a coleta diretamente ou por meio de parcerias, o planejamento operacional será bastante detalhado, devendo atender a uma malha de coleta mais dispersa. Isso é mais facilmente implementado em empresas produtivas (de logística direta) que poderão reaproveitar o material coletado no próprio ciclo produtivo (ciclo fechado). Um planejamento operacional detalhado permitirá reduzir o risco de não cumprimento dos prazos e das metas estabelecidas (interface com o macroprocesso de Gestão dos riscos), o que pode ser mais difícil de ser balizado por um plano desdobrado entre vários atores (caso de empresas não integradas ou semi-integradas).

Esses planos foram pensados nos termos da gestão por processos. Caso ocorra um evento não previsto que resulte na necessidade de alteração de um dos planos de operação do negócio (do roteiro de coleta, por exemplo), será preciso disparar novamente o processo de planejamento operacional, com auxílio do ciclo DPCA, permitindo uma adaptação ou atualização que responda às novas circunstâncias. Note-se que, no contexto de logística, a reatividade (faculdade de reação e adaptação a imprevistos) é um fator-chave de sucesso. Problemas de trânsito (engarrafamentos ou obras nas vias de circulação), por exemplo, podem comprometer o cumprimento do plano de coleta. Dificilmente, as atividades serão desenvolvidas exatamente como inicialmente planejadas.

REFERÊNCIAS

BALLOU, Ronald. H. *Gerenciamento da cadeia de suprimentos*: logística empresarial. Porto Alegre: Bookman, 2006.

DAVIS, Mark M.; AQUILANO, Nicholas J.; CHASE, Richard B. *Fundamentos da administração da produção*. 3. ed. Porto Alegre: Bookman, 2001.

LEITE, P. R. *Logística reversa*: meio ambiente e competitividade. São Paulo: Pearson Prentice Hall, 2003.

REZENDE, A. J.; SLOMSKI, V.; DALMÁCIO, F. Z. Impacto econômico-financeiro da logística reversa: uma aplicação no segmento de distribuição de matérias-primas Farmacêuticas. *REAd*, edição 54, v. 12, nº 6 nov./dez. 2006.

SLACK, N. et al. *Administração da produção*. São Paulo: Atlas, 2002.

Parte III
PROCESSOS DE NEGÓCIO DA LOGÍSTICA REVERSA

Introdução

Conforme apresentado no Capítulo 3, adotamos neste livro que processos de negócio são o encadeamento de atividades inter-relacionadas ou interativas, executadas dentro de uma companhia ou organização, que transformam entradas (insumos) em suas principais saídas (bens ou serviços). Os macroprocessos de negócio da logística reversa, conforme abordados neste livro, são encadeados de forma sistematizada e precisam ser tratados com certo nível de comprometimento. Todas as pessoas envolvidas precisam seguir alguns procedimentos, evitando, de maneira geral, quatro principais riscos: danos à saúde humana; impactos negativos ao meio ambiente; maiores custos; e descaracterização do material. Esses riscos afetam diretamente o planejamento estratégico e operacional da logística reversa (discutidos nos Capítulos 6 e 7).

Conforme nossa cadeia de valor (Capítulo 5), a sequência dos macroprocessos de negócio da logística reversa é a seguinte: preparação e acondicionamento, coleta e transporte, beneficiamento e destinação final. Esses macroprocessos serão tratados separadamente, apresentando-se uma breve explicação sobre a importância de cada um deles. Além disso, serão indicadas as principais orientações e normas técnicas sobre seus procedimentos operacionais mais específicos.

8

PREPARAÇÃO E ACONDICIONAMENTO

Marcelle Rodrigues de Souza
Ricardo Gabbay de Souza
André Teixeira Pontes

Este primeiro macroprocesso aborda os procedimentos necessários para introduzir adequadamente os resíduos no início da cadeia da logística reversa. Abrange questões como a identificação de geradores, o controle e distribuição dos recipientes coletores que receberão os resíduos, instruções para separação, acondicionamento e armazenamento para a coleta.

Os processos que constituem este macroprocesso são ordenados de acordo com as orientações básicas de qualquer padrão para elaboração de um Plano de Gerenciamento de Resíduos (ver Capítulo 7) e estão apresentados na Figura 1.

Figura 1 – Principais processos do macroprocesso de preparação e acondicionamento

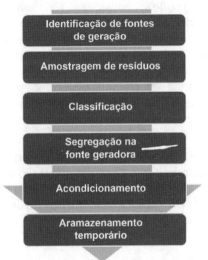

Em geral, os processos da Figura 1 são todos aplicáveis ao gerenciamento de resíduos de uma grande empresa. Porém, no caso de pequenos geradores de resíduos, como a população e o pequeno comércio, na prática, procedem a partir do processo de classificação. Em ambos os casos, quanto maior o comprometimento do gerador neste processo, maior o sucesso das operações em logística reversa, pois ele garante a qualidade do material encaminhado aos demais processos.

A seguir, será apresentado cada processo da preparação e acondicionamento, atribuindo suas principais características e procedimentos de interesse que podem orientar os responsáveis na sua implantação.

IDENTIFICAÇÃO DAS FONTES DE GERAÇÃO

Conforme já discutido nos Capítulos 1 e 2, as fontes de geração de resíduos são numerosas, diversas, dispersas e pouco específicas. Essas características, muitas vezes, dificultam a identificação destas fontes, que podem estar presentes ao logo de todo o ciclo de vida do produto. Contudo, identificá-las é fundamental para um efetivo gerenciamento dos resíduos, principalmente com o advento da Política Nacional de Resíduos Sólidos (PNRS) e da responsabilidade compartilhada dos atores envolvidos em cada uma das etapas do ciclo de vida.

Além disso, mesmo após a identificação, existem dificuldades logísticas envolvidas no recolhimento e concentração destes resíduos (com consequente diminuição da entropia), devidas aos fatores citados anteriormente e ao grande número e dispersão dos agentes envolvidos. Esses resíduos que, sob a ótica da logística reversa, se tornam insumos, podem estar junto aos consumidores, distribuidores, comércio, ou em seus próprios processos de fabricação. A esses atores damos o nome de *fontes de geração*. Tal nível de diversidade e dispersão explica o alto grau de desorganização e a necessidade de tratarmos de maneira particular a etapa de identificação destas fontes.

Podemos desenhar dois cenários em relação às fontes geradoras (Figura 2). O primeiro é o dos produtos que possuem uma baixa dispersão, o que facilita a identificação das fontes geradoras. Este cenário pode ser considerado comum para as empresas que, através de um controle sobre a logística direta, conseguem rastrear os seus clientes e, consequentemente, seus resíduos gerados por estes. Como exemplo, temos o caso dos servidores da IBM, retratado no BOX 1 do Capítulo 1. O segundo abrange os produtos com alta dispersão, aqueles que, em geral, estão nas mãos dos consumidores finais. Estes representam o principal desafio para a logística reversa, pois os resíduos possuem muitas fontes e estas, normalmente, são de difícil identificação (como saber quais clientes compraram o produto?). Para esse cenário, podemos citar como exemplo o caso das embalagens, lâmpadas, pilhas e baterias, amplamente distribuídas no comércio.

É importante determinar o quanto a empresa está inserida em cada cenário, para definir o perfil das fontes geradoras e as estratégias que serão utilizadas para o recolhimento do seu produto (embora muitas empresas precisem lidar com ambos). A seguir serão expostas algumas estratégias para auxiliar a identificação dos resíduos nos dois cenários.

Figura 2 – Cenários das fontes de geração de resíduos

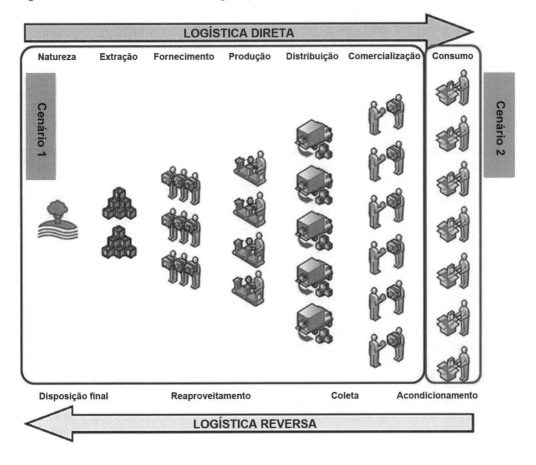

Cenário 1

Nesse cenário, os resíduos podem ser gerados internamente ou externamente à empresa. Para o primeiro caso, as fontes de geração são os processos da própria empresa. Assim, a implantação de um Programa de Produção Mais Limpa (P+L) é suficiente para identificar as fontes internas de geração de resíduos. A ferramenta de Avaliação do Ciclo de Vida (ACV), que é mais abrangente, também pode ser utilizada para este fim. Ambas realizam um mapeamento de processos, seguido de um balanço de massas e energia nesta identificação. A diferença é que o P+L limita-se aos muros da empresa (*gate-to-gate*), buscando reduzir a geração dos resíduos sólidos, por exemplo, em cada etapa do processo de produção. Já a Gestão do Ciclo de Vida (LCM), além de permitir isso, converte todas essas massas em impactos ao meio ambiente e permite trabalhar ao longo de todo o ciclo de vida do produto (*cradle-to-grave*).

No segundo caso, uma boa gestão de informações da logística direta é fundamental, pois permite rastrear o produto ao longo da rede de distribuição e assim identificar as possíveis fontes de geração. Isso envolve a construção de canais de comunicação e relacionamento com os clientes e demais agentes da logística direta, bem como recursos de identificação e rastreamento dos produtos ao longo da cadeia (números de série ou códigos de barra, controle de vendas, gestão da cadeia de suprimentos etc.).

Pode ser interessante que a empresa desenvolva estratégias para os casos onde o produto não tenha mais utilidade que justifique o retorno à cadeia produtiva, onde este se tornou um rejeito e não um resíduo. Assim, através de parcerias com seus clientes da rede de distribuição física (incluindo o comércio), ou políticas de conscientização, é possível favorecer a destinação final mais adequada desses rejeitos.

Para as empresas que trabalham diretamente com a logística direta e que estejam interessadas em recolher um determinado material, que pode ser um produto (ex. lata de alumínio) ou pode estar em vários produtos (ex. plásticos), a realização de estudos de mercado pode auxiliar na identificação das fontes de geração. Tal estudo pode revelar as empresas e atores que mais consomem e geram os resíduos de interesse. Com essa informação, pode-se buscar o desenvolvimento de parcerias.

Cenário 2

Relembrando: este cenário considera os resíduos que foram adquiridos pelos consumidores finais e que, em geral, estão mais dispersos. Nesse cenário, portanto, os consumidores são as fontes geradoras. A questão é como identificá-los. Em geral, isto é uma tarefa muito difícil para a maioria das empresas, principalmente as que têm os seus produtos revendidos por lojas comerciais. Assim, depende mais da manifestação do consumidor, que pode-se identificar como portador de um resíduo passível de logística reversa.

Dessa forma, mesmo não se identificando o gerador, pode-se facilitar o acesso a este por alguns recursos. Uma alternativa é oferecer ao cliente um local onde ele possa entregar o resíduo, locais que são conhecidos como Postos de Entrega Voluntária (PEV) (Box 2). Trata-se da disposição de coletores junto aos locais de geração, para que o consumidor não localizado, voluntariamente, possa fazer o descarte dos resíduos.

Outra possibilidade é, através de um canal de comunicação com o cliente, oferecer a este a oportunidade de solicitar o recolhimento do produto em casa. Porém, existe um custo para essa operação, normalmente atribuído ao próprio consumidor.

Para alguns tipos de resíduos, tais como os plásticos, é fundamental a estruturação efetiva de políticas públicas para seu pleno recolhimento, onde a adesão da população é crucial. Paralelamente, as cooperativas de catadores podem ser importantes localizadores de fontes geradoras dispersas, além da possibilidade de promover o fornecimento de resíduos de interesse para as empresas. Dessa forma, o estabelecimento de uma parceria para que uma determinada cooperativa inicie o recolhimento de resíduos de interesse é estrategicamente interessante, além de atribuir um cunho social às atividades de logística reversa.

Contudo, essas parcerias podem não ser suficientes para viabilizar o fluxo de produção de sistemas alimentados pela logística reversa. A busca constante por novos clientes e fornecedores (neste caso, as fontes geradoras) se torna indispensável. Essa busca pode ser facilitada ao lançar mão de ferramentas e serviços públicos disponíveis numa espécie de mercado para livre negociação. Nesse mercado, as empresas podem anunciar seus resíduos, bem como buscar resíduos disponíveis, que possam contribuir de maneira positiva para o seu negócio. No Rio de Janeiro, uma opção é acessar, por via eletrônica, a chamada Bolsa de Resíduos, criada pelo Sistema FIRJAN (Federação das Indústrias do Estado do Rio de Janeiro).

O leitor pode procurar em seu estado a existência destas bolsas ou, por iniciativa própria, buscar empresas que gerem resíduos de seu interesse e que possam realizar parcerias para a troca, doações, ou mesmo venda destes resíduos e assim gerar sua própria lista de fornecedores.

CONSIDERAÇÕES FINAIS SOBRE AS FONTES DE GERAÇÃO

É importante acrescentar, ao exposto acima, que para as fontes de geração interna, a identificação é um primeiro passo para um trabalho maior de diminuição da geração de resíduos.

Já para as fontes externas à empresa, é fundamental trabalhar em conjunto com as fontes geradoras identificadas, no intuito de evitar que estas segreguem ou condicionem os resíduos de maneira errada, o que pode prejudicar as características químicas e físicas destes. Tais características são determinantes para a definição dos tipos de tratamento e destinação que esses resíduos receberão e podem representar grandes aumentos de despesas. Como exemplo, temos o caso de resíduos que não estão previamente classificados e podem gerar um maior custo ao necessitar de amostragem para sua classificação. Além disso, os resíduos contaminados demandarão maiores custos para seu tratamento, além de representarem perdas de oportunidade, no caso de um material que poderia ser reciclado, gerando renda e ainda preservando recursos naturais. O mesmo acontece com a logística reversa de garrafas de vidro, que podem ser lavadas e reutilizadas. Caso essas garrafas estejam muito danificadas fisicamente, não poderão ser simplesmente lavadas e reutilizadas e deverá seguir outro destino, como a reciclagem. Nesse sentido, a fonte geradora possui um papel crucial, garantindo a integridade dos resíduos ou, em caso de negligência, contribuindo para a sua degradação e contaminação.

Uma vez definidas todas as fontes, antes de qualquer contato com um determinado resíduo, é extremamente necessário conhecê-lo, o que normalmente é feito através da análise de uma amostra. O item abaixo dará continuidade a essa ideia. Qualquer decisão a ser tomada está subordinada à caracterização do material com o qual se pretende trabalhar. O conhecimento de suas características possibilita uma tomada de decisão segura sobre como deve ser seu manuseio, acondicionamento e transporte, bem como quais serão as opções de seu destino.

AMOSTRAGEM

A amostragem é indicada para os casos onde não é possível assegurar a identificação visual do tipo de resíduo que se pretende trabalhar, ou ainda quando é necessário ter conhecimento mais detalhado sobre suas características. Por exemplo, resíduos aparentemente compostos de papel e papelão úmidos podem estar contaminados com substâncias tóxicas e inflamáveis. Nesse caso, se os manipuladores desconhecerem tais características, é possível que, durante o manuseio e transporte destes resíduos, alguns riscos estejam presentes.

Porém, ainda não estamos falando em caracterização e sim em amostragem, ou a maneira na qual a amostra a ser caracterizada é cuidadosamente colhida. Por definição, o objetivo da amostragem consiste na aquisição de uma porção representativa de todo o resíduo, para posteriormente caracterizá-lo por meio de testes laboratoriais. Ou seja, para garantir que o resíduo esteja caracterizado, é muito importante que a amostra colhida para a análise represente de fato a composição de todo o resíduo. Seguindo o mesmo exemplo utilizado, não basta, numa pilha de papéis, o amostrador colher uma folha aleatoriamente e enviar para análise. É necessário proceder de acordo com normas específicas para cada tipo de resíduo.

Antes de iniciar o procedimento de amostragem, a NBR 1007:2004, norma de referência para amostragem de resíduos sólidos, afirma ser necessário definir um plano de amostragem, que contém detalhes como equipamentos de proteção necessários durante manuseio, os pontos de amostragem, número e volume das amostras, material do frasco de coleta, cuidados para preservação das amostras, periodicidade da amostragem nos casos de vazões em regime não estacionário etc. Para a definição do plano de amostragem é importante obter informações sobre os processos que deram origem ao resíduo, no intuito de conhecer (ou deduzir) quais são seus constituintes principais, ressaltando a importância de identificar os geradores (Item I). Além disso, informações como estado físico, temperatura e volume também são úteis na definição dos instrumentos necessários para a realização da amostragem e definição da técnica.

A norma também orienta que, mesmo na presença de um plano, a amostragem deve ser realizada por um técnico especializado, pertencente a um laboratório de análise. Esse profissional possui condições de interpretar os riscos inerentes à atividade, tais como explosão, presença de agentes patogênicos, materiais radioativos, risco de choque elétrico, desabamento etc.

Maiores detalhes sobre os procedimentos necessários à amostragem de resíduos, de acordo com os diferentes tipos de acondicionamento, podem ser adquiridos através de consulta à NBR 10007:2004, que aborda os seguintes casos:

- Amostragem em tambores e recipientes similares.
- Amostragem em caminhão-tanque.
- Amostragem em recipiente contendo pó ou resíduos granulados.
- Amostragem em lagoas de resíduos.
- Amostragem em leitos de secagem, lagoas secas e solos contaminados.
- Amostragem em montes ou pilhas de resíduos.
- Amostragem em tanques ou contêineres de armazenagem.
- Amostragem de resíduos sólidos heterogêneos.

Podemos citar o exemplo dos óleos lubrificantes que são descartados em coletores presentes nos postos de gasolina, pois este é um bom exemplo de onde se aplica a amostragem. Originalmente são reconhecidos como um resíduo perigoso segundo a NBR 10004:2004,

Anexo "A", pois podem possuir metais pesados, ácidos orgânicos, hidrocarbonetos policíclicos aromáticos (HPAs) e dioxinas. Por se tratar de misturas de óleos sintéticos e minerais, e ainda com diferentes níveis de oxidação, estes resíduos variam em propriedades como viscosidade, reatividade, corrosividade, inflamabilidade, toxicidade etc. Uma regra claramente expressa na CONAMA 362:2005 (BRASIL, 2005) está transcrita abaixo:

> "Art. 13. [...] não se entende a combustão ou incineração de óleo lubrificante usado ou contaminado como formas de reciclagem ou de destinação adequada."

Segundo a mesma resolução, esses óleos devem ser rerrefinados por empresas (devidamente autorizadas pelo órgão regulador da indústria do petróleo e licenciadas pelo órgão ambiental competente) que têm por obrigação remover os contaminantes do resíduo perigoso e produzir óleo lubrificante básico. Daí se justifica a importância de uma amostragem bem realizada que garanta o reconhecimento, por meio de análise laboratorial, dos contaminantes presentes neste resíduo, evitando assim danos ao manipulador e interferências no processo de rerrefino.

Vale ressaltar que, quando não possuímos pleno conhecimento da atividade que originou o resíduo, nada podemos afirmar com relação aos contaminantes que esperamos encontrar. Sendo assim, estes devem ser amostrados e caracterizados antes mesmo de sua manipulação e transporte. Além disso, quando se trata de fontes variadas em que não se pode assegurar a repetitividade das características dos resíduos presentes no interior do coletor, a amostragem e consequentemente a caracterização devem ser repetidas a cada coleta.

Esperamos que para o leitor tenha ficado claro que este é um assunto que deve ser tratado de maneira particular para cada tipo de resíduo. Além do bom-senso, é necessário pesquisar normas aplicáveis a cada tipo de resíduo. Existem diversas normas sobre procedimentos de amostragem de diferentes tipos de materiais. Em pesquisa ao site da Associação Brasileira de Normas Técnicas (ABNT), é possível encontrar mais de cem exemplos. A NBR 10007:2004 é a mais utilizada e deve ser sempre consultada, porém o profissional não deve se limitar apenas a esta, pois seu resíduo pode possuir características particulares que devem ser tratadas de maneira diferenciada. Alguns exemplos são mostrados no Quadro 1.

Quadro 1 – Exemplos de normas sobre procedimentos de amostragem

---

ABNT NBR 14883:2002 ➔ Petróleo e produtos de petróleo – amostragem manual.

ABNT NBR 8291:1983 ➔ Amostragem de carvão mineral bruto e/ou beneficiado – procedimento.

ABNT NBR 7999:1997 ➔ Materiais refratários conformados – amostragem para inspeção por variáveis.

ABNT NBR NM ISO 4552-1: 2000 ➔ Ferroligas – amostragem e preparação de amostras para análise química – Parte 1: ferrocromo, ferrocromo-silício, ferrosilício, ferrosílico-manganês e ferromanganês.

ABNT NBR 5010:1984 ➔ Amostragem e preparação de amostras de ferro-gusa.

ABNT NBR 8578:1984 ➔ Amostragem de ferro-esponja – procedimento.

CLASSIFICAÇÃO

De posse das amostras representativas dos resíduos e/ou possuindo as informações precisas sobre seu processo de origem, é possível aplicar a norma técnica específica para classificação, a NBR 10004:2004. Esta norma utiliza listagens que envolvem uma série de categorias de resíduos, seus constituintes perigosos, suas características. Apresenta um fluxo decisório (Figura 3) que permite, a partir da obtenção das amostras representativas dos resíduos ou informações precisas sobre sua origem, classificá-las nas classes: I – Resíduos Perigosos e II – Resíduos Não Perigosos, que também é subdividida em IIA – Não Inertes e IIB – Inertes.

Resumidamente, se o resíduo não possui origem conhecida, é necessário analisá-lo, em laboratórios de análise química que prestam serviços, para que sejam definidas suas características de inflamabilidade, corrosividade, reatividade, toxicidade ou patogenicidade. Caso o resíduo possua uma dessas características, ou esteja contido nos Anexos A ou B da NBR 10004:2004, ele é classificado como Perigoso (Classe I). Ao contrário, é necessário realizar o teste de biodegradabilidade, combustibilidade e solubilidade em água, em que, se ultrapassar determinados limites, ele é considerado Não Inerte (Classe IIA). As orientações para o teste de solubilidade em água podem ser obtidas através da NBR 10006:2004, que apresenta os procedimentos para obtenção de extrato solubilizado de resíduos sólidos. Já os produtos de petróleo possuem sua inflamabilidade particularmente definida pela NBR 14598:2000, que apresenta os procedimentos necessários para a determinação do ponto de fulgor. Os testes analíticos são realizados em laboratório especializado. Os resíduos inertes, por sua vez, não são encontrados nos anexos da NBR 10004:2004, bem como não estão contaminados com nenhum dos constituintes dos anexos C, D ou E.

Há também a NBR 12808:1993, que trata de resíduos provenientes de serviços de saúde (RSS), classificando-os em três classes, A, B e C. A Classe A trata de resíduos infectantes que, segundo a NBR 12807:1993 (norma que define os termos técnicos empregados), são resíduos que apresentam risco potencial à saúde. Essa classificação se subdivide em outros cinco tipos que se distinguem de acordo com o procedimento de origem, tais como materiais provenientes de testes biológicos, animais contaminados, materiais perfurantes ou cortantes, órgãos e alguns líquidos provenientes de cirurgias, bem como sangue e demais excreções. A classe B trata de resíduos especiais e também se subdivide em três diferentes tipos. O primeiro se caracteriza como resíduo radioativo segundo Resolução CNEN-NE-6.05. O segundo envolve os resíduos farmacêuticos, aqueles constituídos por medicamentos fora de uso. Já o terceiro tipo obedece à classificação da NBR 10004:2004 para resíduos químicos perigosos. Por fim, a classe C dos resíduos provenientes de serviço de saúde é bastante semelhante aos resíduos domésticos, que não oferecem risco à saúde pública.

Essas normas tratam de classificações dos resíduos quanto aos riscos potenciais ao meio ambiente e à saúde humana. A etapa de classificação é muito importante, pois possibilita o planejamento das etapas posteriores, que são a segregação e o acondicionamento.

Figura 3 – Caracterização e classificação dos resíduos sólidos

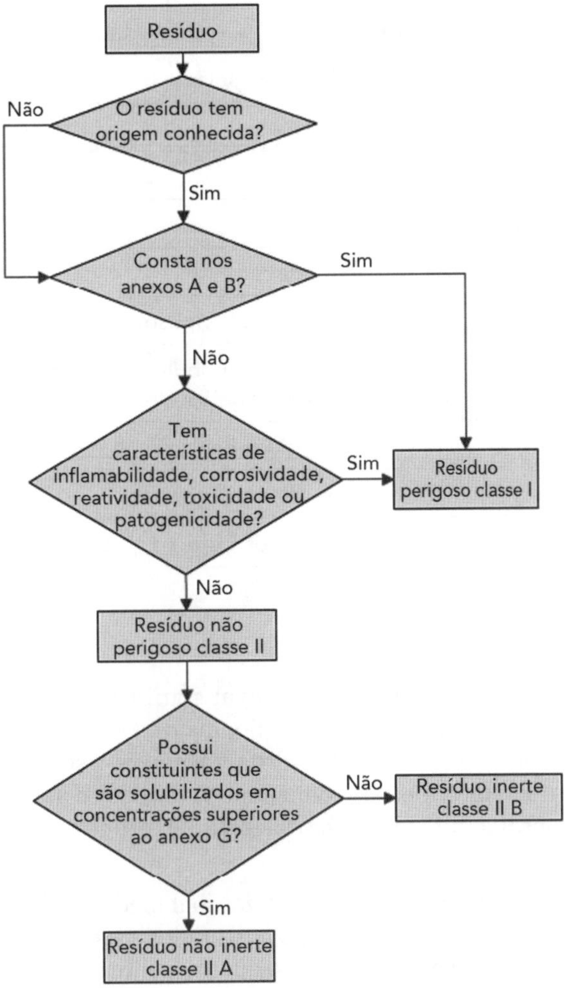

Fonte: NBR10004:2004.

SEGREGAÇÃO

Segregar é um processo que tem como princípio a separação dos resíduos em sua origem, basicamente com o auxílio de coletores de diferentes cores, segundo CONAMA 275:2001 (BRASIL, 2001). A Tabela 1 apresenta a relação da cor do recipiente com o tipo de material.

Tabela 1 – Relação da cor do recipiente com o tipo de material

Cor do Recipiente	Material
Azul	Papel/Papelão
Vermelho	Plástico
Verde	Vidro
Amarelo	Metal
Preto	Madeira
Laranja	Resíduos Perigosos
Branco	Resíduos Ambulatoriais e de Serviços de Saúde
Roxo	Resíduos Radioativos
Marrom	Resíduos Orgânicos
Cinza	Resíduos Comuns Não Recicláveis

Fonte: BRASIL (2001).

No caso de resíduos não perigosos, segregar significa uma valorização deste resíduo, pois, quanto maior é o nível de segregação, maior a agregação de valor econômico. Podemos dar o exemplo das garrafas de vidro retornáveis. Estas podem conter diversos materiais sólidos em seu interior, tais como papéis, canudos e até mesmo materiais tóxicos, ou podem ser puramente vidro com refrigerante, pronto para ser reutilizado, após processo de lavagem.

Já no caso dos resíduos perigosos, a segregação impede que haja uma contaminação cruzada. Tal fato garante que estes não serão misturados ao resíduo não perigoso, minimizando assim a propagação dos riscos, e consequentemente o volume de resíduos perigosos gerados. Um exemplo muito observado é a contaminação de resíduos recicláveis, tais como embalagens de papelão e copos plásticos, por óleo e graxa em setores de manutenção mecânica. Geralmente ocorre quando o consumidor dispõe seu resíduo reciclável no interior de coletores destinados a resíduos contaminados por óleo e vice-versa, o que aumenta significativamente o volume de resíduos perigosos a serem destinados ao tratamento.

Questões culturais também devem ser observadas para evitar a segregação errada dos resíduos. Por exemplo, é comum que, em centros cirúrgicos, os resíduos sejam tratados como infectantes, mesmo não tendo contato com fontes contaminantes. A questão cultural também é determinante para a eficiência de programas de coleta seletiva de resíduos sólidos urbanos, e é um desafio para os gestores públicos.

Os problemas citados acima podem ser superados através da aplicação de um programa de treinamento para todas as pessoas pertencentes à empresa, ou campanhas de sensibilização e políticas de estímulo, nos casos de maior entropia das fontes geradoras. O fator de maior importância na etapa de segregação é o comprometimento das pessoas envolvidas.

Durante esses treinamentos, não basta transferir informações sobre os locais adequados para disposição dos resíduos. É necessário também que haja uma sensibilização sobre os problemas ambientais, bem como sobre as vantagens econômicas e sociais obtidas pela venda ou troca de resíduos para outras cadeias produtivas. Se esse comprometimento não existir, uma segregação eficiente se torna extremamente complicada. A sensibilização de pessoas é um fator determinante para a eficiência da segregação dos resíduos.

Além de um programa de treinamento, uma segunda ação que assegura o sucesso da segregação é um correto dimensionamento dos coletores. Tal ação evita que os resíduos sejam depositados em locais não adequados devido à falta de espaço no interior destes coletores. No caso de grandes empresas a quantificação dos resíduos gerados deve fazer parte da rotina, pois geralmente estas são obrigadas a fornecer um inventário anual ou bianual de resíduos, segundo CONAMA nº 313/02[1] (BRASIL, 2002). Estabelecida uma vazão de geração, onde é definida a massa e o volume de resíduo gerado por unidade de tempo. Dessa forma, é possível dimensionar o volume e a capacidade de carga dos coletores para acondicionamento e armazenamento temporário, bem como a frequência com que estes são esvaziados pelo programa de coleta. O ideal, especialmente para os resíduos orgânicos, é que esta frequência seja diária, para que possa ser evitada a proliferação de vetores e demais pragas, bem como formação de maus odores. Além disso, de certa forma, quando se trabalha com coletores menores, é possível reduzir a poluição visual nos ambientes.

Por fim, vale reafirmar que a segregação deve ser realizada junto à fonte geradora. Sendo assim, os conjuntos de coletores devem estar instalados em locais convenientes, de forma a facilitar que o usuário deposite seu resíduo em local adequado, sem empecilhos ou perda de tempo ao realizar esta ação, e assim não se sinta desestimulado a obedecer às regras da segregação. Esta etapa possui características singulares por envolver ações que visam o envolvimento e o estímulo de pessoas em sua rotina de trabalho.

ACONDICIONAMENTO

O acondicionamento seguro dos resíduos é outro ponto fundamental para que seja assegurada a preservação de suas características físico-químicas, a coleta sanitariamente segura e a redução da ocorrência de acidentes.

As condições de acondicionamento se referem à forma de contenção que os resíduos permanecem, temporariamente, até que sejam coletados para destinação final. As formas de armazenamento, aqui comentadas, estão no ANEXO III da CONAMA 313:2002 (BRASIL, 2002). Neste anexo é possível encontrar as opções existentes para armazenamento, tratamento, reutilização, reciclagem e disposição final, de acordo com a classificação do resíduo.

---

[1] Este inventário foi desenvolvido para a coleta de informações sobre os resíduos sólidos gerados nas atividades industriais. Essas informações são fundamentais para que o Estado tenha o conhecimento da real situação em que esses resíduos se encontram, e possa cumprir seu papel na elaboração de diretrizes para o controle e gerenciamento dos resíduos industriais no país.

Dois fatores fundamentais para a definição da forma de acondicionamento mais adequada são o estado físico dos resíduos e a sua classe. O resíduo gerado pode ser sólido; pode conter gases; pode ser semissólido ou pastoso, bem como líquido, cujo lançamento na rede pública de esgotos ou corpos d'água seja inviável. Existem inúmeros casos possíveis de combinação entre estado físico e classe. Podemos citar alguns, mas certamente não seria possível esgotar nossa abordagem. De maneira geral, resíduo perigoso pode ser inflamável, volátil, corrosivo, reativo, tóxico e patogênico. Os cuidados básicos a serem tomados com relação a esses resíduos são: armazenamento em bombonas ou tambores fechados, com identificação; piso impermeável; área coberta e arejada; acesso restrito; fácil acesso para recolhimento com veículos manuais e motores; ficha de informações de segurança de produtos químicos (FISPQ), segundo ABNT NBR 14725-4:2009; sinalização de segurança contra incêndio e pânico, segundo ABNT NBR 13434-3:2005; identificação dos riscos locais e os EPIs a serem utilizados; sistema de contenção de vazamento.

Particularmente, no caso de resíduos reativos, deve-se observar a compatibilidade desses resíduos a outros que estejam em locais em que possibilite o contato em caso de vazamento ou volatilização, bem como sua reatividade ao material onde estão armazenados. Existe também outra particularidade para os resíduos inflamáveis, pois nos locais onde são dispostos há a necessidade de lâmpadas antiexplosão.

No caso de resíduos não inertes ou não perigosos, por exemplo, se o resíduo possuir chorume ou qualquer outro líquido que possa percolar pelo solo, o coletor deve estar sempre sobre piso impermeável. Tambores ou caçambas devem possuir tampa, para evitar acúmulo de água e proliferação de vetores e outras pragas, bem como não descaracterizar ou sucatear o material, caso permaneça sob chuva. É imprescindível identificar sua classificação para que sejam armazenados de forma a não possibilitar riscos de contaminação cruzada, danos à saúde humana e ao meio ambiente.

Os cuidados são muitos, porém as formas de acondicionamento de acordo com as características do resíduo estão contidas em norma e devem sempre ser pesquisadas e obedecidas. É importante acrescentar que o acondicionamento seja adequado para evitar acidentes com danos ao meio ambiente e à saúde humana, manter as características físico-químicas dos materiais, evitar a proliferação de vetores e pragas, minimizar o impacto visual e olfativo, bem como facilitar a realização da etapa da coleta pelo transportador.

ARMAZENAMENTO TEMPORÁRIO

Armazenamento temporário consiste na manutenção temporária dos recipientes contendo os resíduos acondicionados. Ocorre em locais onde os resíduos podem ser acumulados até que adquiram quantidade suficiente para tornar viável que sua coleta seja realizada por um veículo de transporte de alta capacidade, que irá conduzi-lo à sua destinação final. É importante deixar claro que o mero depósito dos resíduos em coletores no local de sua geração não configura armazenamento temporário, pois normalmente não há condições sanitárias ou seguras para que eles permaneçam nestes coletores por intervalos de tempo superiores a 24 horas. Nesses casos, o objetivo principal é apenas de segregá-lo. O armazenamento temporário se inicia no momento em que existe um acúmulo deste resíduo e pode ocorrer de duas formas distintas. Num primeiro momento, os resíduos são acondi-

Preparação e Acondicionamento   113

cionados e armazenados temporariamente em um local próximo aos pontos de geração, visando agilizar a coleta interna de cada ponto gerador, bem como agilizar o translado entre os pontos geradores. Também pode ser chamado de armazenamento intermediário. Num segundo momento, esses resíduos, já acondicionados e acumulados, são transferidos ao ponto destinado à sua apresentação para coleta externa. Normalmente esses pontos são chamados de sala, pátio, ou galpão de resíduos, e deverão obedecer às mesmas condições de acondicionamento características de cada resíduo.

No caso dos resíduos sólidos urbanos, cuja distribuição tem uma maior entropia, o acondicionamento e/ou armazenamento temporário pode ser feito através de PEVs.

Trata-se da disposição de coletores junto aos locais de geração, para que o consumidor não localizado, voluntariamente, possa fazer o descarte dos resíduos. Além de funcionar como um posto de coleta, neste caso, o PEV promove a captura dos resíduos de interesse que são provenientes de fontes de difícil identificação. A instalação desses coletores pode ser feita em grandes centros comerciais ou em locais públicos que possam comportar, de forma salubre, o armazenamento temporário de determinado resíduo, até que uma quantidade viável economicamente para a coleta e o transporte seja alcançada. Um bom exemplo é o recolhimento de pilhas e baterias.

A Tabela 2 apresenta alguns exemplos de utilização de PEV em diferentes situações.

Tabela 2 – Relação da cor do recipiente com o tipo de material

Caso	Tipo de PEV	Classificação
Resíduos de construção	Caçamba	Armazenamento temporário para coleta externa
Recicláveis (grandes instituições)	Coletores coloridos, menores e distribuídos	Segregação e armazenamento temporário para coleta interna
	Coletores coloridos, maiores e concentrados	Armazenamento temporário para coleta externa
Recicláveis nos domicílios e pequeno comércio	Cestos de resíduos separados	Segregação
	Coletores coloridos, nas calçadas	Armazenamento temporário para coleta externa
	Sacos transparentes na calçada	Armazenamento temporário para coleta externa

Os locais onde os resíduos são acumulados e armazenados temporariamente para a coleta externa devem permitir a aproximação dos veículos coletores sem dificuldades. Características como pé direito do galpão de resíduos, espaço para manobra de veículos e movimentação de carga (no caso de possuírem guindastes acoplados), bem como degraus no piso, parecem elementares, mas podem ser levados em consideração tardiamente.

REFERÊNCIAS

ABNT – Associação Brasileira de Normas Técnicas. NBR 10.007:2004 – Amostragem de resíduos sólidos.

_____. ABNT NBR 10004:2004 – Resíduos sólidos – Classificação.

_____. NBR 14725-4:2009 – Produtos químicos – Informações sobre segurança, saúde e meio ambiente. Parte 4: Ficha de informações de segurança de produtos químicos (FISPQ).

_____. NBR 13434-3:2005 – Sinalização de segurança contra incêndio e pânico. Parte 3: Requisitos e métodos de ensaio.

BRASIL. Resolução do Conselho Nacional de Meio Ambiente (CONAMA) nº 275, de 25 de abril de 2001. Estabelece o código de cores para os diferentes tipos de resíduos, a ser adotado na identificação de coletores e transportadores, bem como nas campanhas informativas para a coleta seletiva. *Diário Oficial da República Federativa do Brasil*, Brasília, DF, 19 jun. 2001, Seção 1, p. 80.

_____. Resolução do Conselho Nacional de Meio Ambiente (CONAMA) nº 313, de 29 de outubro de 2002. Dispõe sobre o inventário Nacional de Resíduos Sólidos industriais. *Diário Oficial da República Federativa do Brasil*, Brasília, DF, 22 nov. 2002, Seção 1, p. 85-91.

_____. Resolução do Conselho Nacional de Meio Ambiente (CONAMA) nº 362, de 23 de junho de 2005. Estabelece diretrizes para o recolhimento e destinação de óleo lubrificante usado ou contaminado. *Diário Oficial da República Federativa do Brasil*, Brasília, DF, 27 jun. 2005, Seção 1, p. 128-30.

9

COLETA E TRANSPORTE

Marcelle Rodrigues de Souza
Ricardo Gabbay de Souza
André Teixeira Pontes

Neste segundo macroprocesso, é iniciado o fluxo logístico reverso dos resíduos. Os processos de coleta e transporte têm como objetivo garantir que os resíduos sólidos sejam devolvidos para a sua cadeia produtiva, ou para outras cadeias produtivas.[1]

Os resíduos a serem coletados já devem ter sido armazenados sob um adequado acondicionamento. O sistema de transporte os encaminhará para beneficiamento, reaproveitamento e/ou disposição final. Apesar de envolver processos relativamente simples, a coleta e o transporte devem ser realizados segundo determinados critérios de segurança, em atendimento a uma extensa legislação vigente (sobretudo no que se refere ao transporte).

A aplicação de tudo que foi comentado no Capítulo 8 é uma precondição obrigatória para o início do macroprocesso de coleta e transporte. Isso expressa o comprometimento dos agentes envolvidos neste macroprocesso com a saúde humana, o meio ambiente e também com os custos. Afinal, tanto os erros de operação como o não cumprimento de aspectos legais podem resultar em graves acidentes e sanções legais, prejudiciais à imagem da empresa e, sobretudo, ao meio ambiente e à saúde do trabalhador.

Como nos itens anteriores, o macroprocesso coleta e transporte será desmembrado em processos separados. Isso facilita a compreensão dos processos operacionais envolvidos na logística reversa, assim como da contratação e gerenciamento das atividades desenvolvidas por funcionários administrativos ou mesmo por empresas contratadas. Cada processo será apresentando segundo suas principais características, legislação vigente aplicável e orientações normatizadas.

A Figura 1 representa as três decisões cruciais no macroprocesso de coleta e transporte.

---

[1]   Conforme preconiza a Lei nº 12.305, de 2 de agosto de 2010, que institui a Política Nacional de Resíduos Sólidos.

Figura 1 – Três decisões cruciais no macroprocesso de coleta e transporte

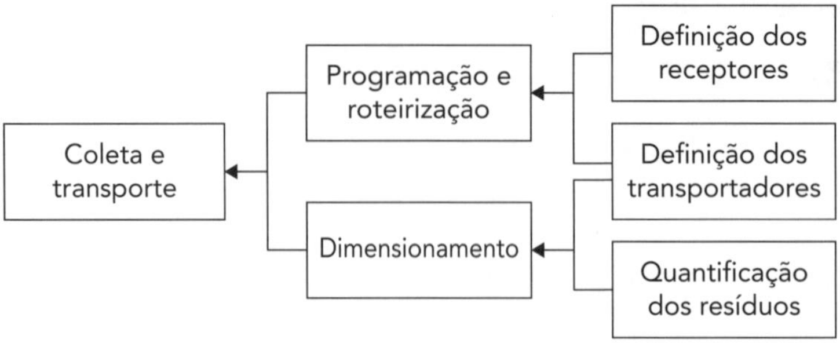

Coleta e transporte → Programação e roteirização → Definição dos receptores / Definição dos transportadores; Dimensionamento → Definição dos transportadores / Quantificação dos resíduos

QUANTIFICAÇÃO DO RESÍDUO NO GERADOR

A quantificação já foi abordada quando analisamos o dimensionamento dos coletores destinados à segregação dos resíduos. Naquele momento, a preocupação era a promoção de uma segregação correta, que poderia ser desatendida caso faltasse espaço no coletor de destino (específico para determinado resíduo já classificado). Agora, a quantificação (em massa ou em volume) será realizada com o objetivo de estabelecer uma rotina para a coleta baseada na relação entre geração e capacidade de armazenamento do gerador.

Suponhamos o caso de uma coleta de resíduos em estações, pátios ou galpões, onde os resíduos estejam acumulados em grade escala e sob acondicionamento adequado. Imaginemos uma determinada gráfica que possua um espaço de 9 m^2 num galpão coberto de 4 m de altura (logo, um volume de 36 m^3) para depositar aparas de papel e de papelão destinadas à reciclagem. Imaginemos ainda que sua capacidade de produção diária gere um volume de 7 m^3. A capacidade de armazenamento desta gráfica corresponde, portanto, a aproximadamente cinco dias; depois disso, será necessário dar um destino aos resíduos. Esse tipo de percepção e controle é o passo inicial para o planejamento da rotina de coleta nos locais de armazenamento temporário.

DEFINIÇÃO DOS RECEPTORES

Conhecido o volume do resíduo gerado em um determinado intervalo de tempo, é necessário definir quais receptores atendem ao objetivo do gerador, observando aspectos relacionados ao tipo de serviço prestado e à capacidade de processamento dos receptores.

Dando continuidade ao caso da gráfica, os receptores deverão reciclar as aparas e gerar novos papéis que possam retornar ao processo da mesma gráfica, ou serem destinados a outros fins. Mais: deverão ser capazes de processar 36 m^3 de aparas de papel e papelão a cada cinco dias. Portanto, é essencial concatenar o ritmo de produção de resíduos no gerador e a capacidade de processamento do receptor. Em muitos casos, é recomendável que haja mais de um receptor, para que a saída dos resíduos seja garantida, caso sua quantidade ultrapasse a capacidade de processamento do primeiro receptor.

Feito isso, contratos de prestação de serviço podem estabelecer uma rotina para a coleta desses resíduos. Este passo é muito importante para a garantia do sucesso de uma saída de resíduos, que deve ser periódica e organizada. Tal procedimento evita problemas relativos ao acúmulo excessivo de resíduo no gerador e o consequente armazenamento inadequado, gerando riscos quanto à preservação das características dos resíduos acumulados, além de riscos à saúde humana e ao meio ambiente.

A escolha dos receptores de resíduos envolve fatores legais. Todos devem possuir autorização para operar, concedida pelo órgão de controle ambiental, através da chamada Licença de Operação (LO). O licenciamento é feito pelos órgãos ambientais de cada estado, num processo que determina as medidas de controle ambiental, as condicionantes e o prazo da licença que autoriza a operação, adequados ao escopo de cada atividade. Digamos que a gráfica precise reciclar aparas de papel contendo resíduos de tinta. Nesse caso, o gerador deve verificar se a licença de operação do receptor permite a reciclagem de resíduos de Classe I, pois as aparas contêm resíduos de tinta e isto faz delas um resíduo perigoso, como comentado no item 8.1. Outro fator importante é a observação do prazo desta licença, que varia de empresa para empresa.

DEFINIÇÃO DOS TRANSPORTADORES

Neste item, nosso foco será a consolidação entre o fluxo de geração dos resíduos, a capacidade de carga dos transportadores e a capacidade de processamento do receptor, como mostra a Figura 1. O transporte só pode ocorrer se for viável, simultaneamente, para o gerador e para o receptor. Além disso, a quantidade de resíduo acumulado a ser transportado deve ser a maior possível, de maneira que haja um menor número de viagens, viabilizando os custos desse transporte. Deve-se estar atento às quantidades que sejam viáveis aos receptores, como comentado anteriormente.

Os melhores intervalos de coleta irão depender de características bastante particulares entre os três atores. Por exemplo, em alguns casos, o gerador não possui espaços adequados para o acúmulo de grandes quantidades destes resíduos, ou existe risco de proliferação de vetores e pragas, bem como incômodos olfativos. Nesses casos, se faz necessária uma maior flexibilidade na programação de coleta e transporte e é preciso lançar mão da utilização de veículos de menor capacidade de transporte. A vantagem desses veículos é a sua facilidade de manobra, além de poder ser usado quando não há uma pavimentação suficientemente resistente para suportar o trânsito de veículos pesados. Contudo, geralmente o uso de veículos de menor capacidade é mais oneroso. Outra desvantagem é que essas menores quantidades podem não ser suficientes para o processamento no receptor, apesar deste ainda contar com a possibilidade de recebimento de resíduos provenientes de diferentes geradores. Uma alternativa a esses problemas seria a utilização de estações de transbordo, onde se faz o translado do resíduo de um veículo coletor a outro veículo com capacidade de carga maior, que por sua vez transportará o resíduo para o receptor. O emprego dessas estações atribui maior flexibilidade ao processo de coleta e transporte, comportando-se como uma interface faz uma mediação entre os três atores aqui tratados.

A decisão sobre volume e intervalo para a realização da coleta deve ser tomada em conjunto entre os três atores, pois esta é a melhor maneira de evitar conflitos. Na logística reversa, além da conhecida relação entre contratante e contratado, ou cliente e prestador de serviço, a ideia de parceria e cooperação deve sempre estar presente.

COLETA

Uma vez definidos os três aspectos representados na Figura 1, podemos começar a tratar do processo de coleta propriamente dito. Se as opções corretas sobre quantificação de resíduos, receptores e transportadores tiverem sido feitas, os procedimentos operacionais, relativamente simples e bem conhecidos, fluirão bem. Contudo, é preciso prestar atenção às diferentes maneiras de coleta existentes, aos tipos de sistemas de trabalho e aos critérios legais e de segurança dos executores.

Os dois primeiros aspectos estão classificados segundo a ABNT NBR 13463:1995. Esta trata de resíduos sólidos urbanos, mas, por analogia, pode ser aplicada em outros casos de interesse para a logística reversa. Nela, a coleta periódica dos resíduos provenientes de limpeza e varrição de locais públicos, de resíduo domiciliar e de serviços de saúde é chamada de coleta regular, que também abrange os casos que oferecem riscos de contaminação, tais como a coleta em portos e aeroportos internacionais. Os resíduos que não são coletados pela coleta regular, tais como poda de árvores, animais mortos, móveis etc., são classificados como coleta especial. A seguir, a norma define os dois casos mais relacionados com a logística reversa: a coleta seletiva, que remove os resíduos previamente segregados pelo gerador, como comentado no Capítulo 8, e a coleta particular, aquela que lida com resíduos industriais, comerciais e provenientes de condomínios. Esta é definida pela NBR 12980:1993[2] como sendo:

> "Coleta de qualquer tipo de resíduo sólido urbano pela qual pessoas físicas ou empresas, individualmente ou em grupos limitados, executam-na ou pagam a terceiros para executá-la."

Segundo a Política Nacional de Resíduos Sólidos (PNRS), os padrões sustentáveis de produção e consumo de bens e serviços são viabilizados por um conjunto de ações que apoiam a coleta e a restituição dos resíduos sólidos ao setor empresarial. A coleta particular de resíduos previamente segregados, ou preparados e acondicionados, atende à PNRS e ainda estimula novas atividades econômicas.

Quanto aos sistemas de trabalho, a norma cita quatro tipos. Três deles envolvem o emprego do poder público municipal em diferentes formas de administração: administração direta, por autarquia ou por empresa pública. A logística reversa adota sobretudo o quarto tipo de sistema de trabalho, a terceirização, que pode ser por contrato ou por concessão. É importante deixar claro que a terceirização deve ser cuidadosamente aplicada e fiscalizada, pois não isenta o contratante de responsabilidades legais diversas. A primeira delas diz respeito a dívidas trabalhistas dos funcionários terceirizados que trabalhem nas instalações do contratante. Outras regras envolvem retenção tributária e a própria lega-

---

[2] NBR 12980:1993 – Coleta, varrição e acondicionamento de resíduos sólidos urbanos – Terminologia.

lidade da terceirização, aplicáveis às áreas da empresa definidas como atividade-meio.[3] A Lei de crimes ambientais (nº 9.605:98)[4] trata da corresponsabilidade: o gerador é responsabilizado por seus resíduos, desde as etapas de preparação e acondicionamento nas instalações da empresa até a coleta, transporte, beneficiamento, tratamento e destinação final. Ainda que algumas etapas ocorram em instalações externas, pertencentes ou não à empresa, o gerador é responsabilizado por qualquer ato de gestão inadequada, que possa gerar acidentes ou danos à saúde humana e ao meio ambiente. Essa lei também estabelece sanções com multas previstas que podem chegar a R$ 50 milhões e penas de reclusão que podem chegar a cinco anos.

Assim como os receptores precisam ser licenciados pelo órgão ambiental de cada estado para receberem e processarem determinadas classes de resíduos, o serviço de coleta também precisa ser licenciado. O órgão ambiental autoriza as empresas que provem ser capazes de coletar determinados resíduos de maneira sanitariamente adequada e segura para a saúde do trabalhador, considerando fatores compatíveis com o estado físico, classe e quantidade de resíduos a serem coletados. Em alguns casos, os próprios funcionários do gerador, ou funcionários terceirizados que atuam internamente, realizam a coleta. Em outros casos, os próprios transportadores realizam esta coleta conjuntamente com o transporte. Contudo, nem todo transportador é autorizado a realizar a coleta, ou por não possuir funcionários treinados, ou por não dispor de equipamentos de proteção individual necessários, ou ainda por não possuírem licença para operar na atividade de coleta de resíduos. Por outro lado, grandes volumes de resíduo podem estar acumulados em caçambas, tanques, pilhas etc. Nesses casos, apenas podem ser coletados por veículos com equipamentos acoplados, tais como guindastes, bombas de sucção, pás etc. Esses veículos também farão o transporte, caso haja licença específica para coleta e transporte.

A garantia da segurança da atividade de coleta compete ao Serviço Especializado em Engenharia de Segurança e em Medicina do Trabalho (SESMT), ou à Comissão Interna de Prevenção de Acidentes (CIPA), nas empresas desobrigadas de manter o SESMT. Esses grupos de trabalho devem recomendar ao empregador o uso do equipamento de proteção individual (EPI)[5] adequado ao risco existente em determinada atividade, de forma a padronizar procedimentos e comportamentos para prevenir acidentes e/ou doenças ocupacionais. O ideal é a realização da coleta sempre após a emissão de uma ordem de serviço. Esse documento tem como objetivo informar aos trabalhadores as condições de segurança e saúde às quais estão expostos durante suas atividades laborais, conforme estabelece o item 1.7 da NR-1[6] (modificado pela Portaria SIT 84/2009).

---

[3] Atividade-meio é aquela que não é inerente ao objetivo principal da empresa; trata-se de serviço necessário, mas que não tem relação direta com a atividade principal da empresa, ou seja, é um serviço não essencial. BONFIGLIOLI, José Carlos. *Trabalho temporário e terceirização de serviços*: aspectos legais e sociais. 5. ed. Ed. JobCenter do Brasil, 2011.

[4] Lei nº 9.605, de 12 de fevereiro de 1998. Dispõe sobre as sanções penais e administrativas derivadas de condutas e atividades lesivas ao meio ambiente, e dá outras providências.

[5] Vide NR-6 – Equipamento de Proteção Individual – EPI e NR-17 – Ergonomia.

[6] As Normas Regulamentadoras (NR), relativas à segurança e medicina do trabalho, são obrigatoriamente aplicadas pelas empresas privadas e públicas e pelos órgãos públicos, que possuam empregados regidos pela Consolidação das Leis do Trabalho – CLT.

No que se refere à proteção do meio ambiente e dos recursos naturais, o Programa de Prevenção de Riscos Ambientais (PPRA) estabelece como parâmetro os riscos atribuídos aos agentes físicos, químicos, e biológicos citados na NR-9.[7] De maneira geral, um PPRA visa à preservação da saúde e da integridade física dos trabalhadores, através da antecipação, reconhecimento, avaliação e consequente controle da ocorrência de riscos ambientais, existentes ou que venham a existir no ambiente de trabalho.

Voltemos ao caso da gráfica. O primeiro passo é o armazenamento sob correto acondicionamento. Imaginemos que esta segregue as embalagens contendo resíduos de solventes e tintas inutilizáveis na impressão. Uma vez segregadas, as embalagens vazias são acondicionadas primeiramente em sacos plásticos fabricados em polietileno com densidade suficiente para suportar o peso e o risco de corte ou rompimento. Esses sacos plásticos são acumulados em estantes altas, juntamente com as embalagens que contêm volumes maiores de tinta e solvente. Essas estantes estão localizadas em um depósito coberto, arejado e pavimentado, contendo lâmpadas à prova de explosão, extintores de incêndio, FISPQ e calhas que podem conduzir qualquer vazamento para um tanque adequado, para que não entre em contato com a rede de águas pluviais. O resíduo acumulado (em quantidade segura e suficiente para ser viável ao receptor e ao transportador) será então coletado e colocado em um veículo para ser transportado até o receptor. Alguns agentes de risco são identificados numa análise preliminar de risco da tarefa de coleta: impactos de objetos sobre o crânio; respingos de produtos químicos; impactos de partículas volantes nos olhos; luminosidade intensa do pátio de resíduos; radiação ultravioleta na área externa ao depósito; gases e vapores e ou material particulado; agentes cortantes e perfurantes; impactos de quedas de objetos sobre os artelhos e sobrecarga muscular. Depois de identificados os riscos, medidas de ordem geral devem ser tomadas para mitigar tais riscos. Caso essas medidas não ofereçam completa proteção contra os riscos de acidentes do trabalho ou de doenças ocupacionais, é necessário identificar os EPIs necessários (ver Capítulo 14).

O Quadro 1 traz alguns riscos que podem estar relacionados à coleta de resíduos, bem como sugere o equipamento de proteção individual destinado à proteção contra os riscos que podem ameaçar a segurança e a saúde no trabalho.

Além disso, segundo a NR 17 – norma que trata sobre análise ergonômica – é proibido exigir o transporte manual de cargas cujo peso seja suscetível de comprometer a saúde ou a segurança do trabalhador. Muitas vezes, a coleta promove a sobrecarga muscular estática ou dinâmica do pescoço, ombros, dorso e membros superiores e inferiores, como previsto na mesma Norma. Devido a este fato, o Programa de Controle Médico de Saúde Ocupacional (PCMSO), normatizado pela NR 7, deve necessariamente reconhecer e registrar os riscos identificados na análise ergonômica e no PPRA e controlá-los por intermédio de exames médicos dirigidos (psíquico, osteomuscular, vocal, visual e auditivo), admissional, periódico, demissional, mudança de função e retorno ao trabalho.

---

[7] Programa de Prevenção de Riscos Ambientais

Quadro 1 – Riscos que podem estar relacionados à coleta de resíduos

Riscos identificados	Equipamento de Proteção Individual
Impactos de objetos sobre o crânio	Capacete específico
Respingos de produtos químicos	Capuz para proteção do crânio, face e pescoço, vestimenta específica.
Impactos de partículas volantes nos olhos	Óculos para proteção e/ou protetor facial, vestimenta específica.
Luminosidade intensa	
Radiação ultravioleta	
Gases e vapores e ou material particulado	Máscara de proteção contendo filtros químicos, combinados para proteção das vias respiratórias contra gases e vapores e material particulado.
Agentes cortantes e perfurantes	Luva, manga, braçadeira etc.
Impactos de quedas de objetos sobre os artelhos	Calçado específico

Como dito anteriormente, os procedimentos operacionais relativos à coleta são simples, mas devem ser cuidadosamente padronizados após o reconhecimento dos riscos envolvidos. Um programa de treinamento periódico é indispensável para que a coleta ocorra sem danos à saúde do trabalhador e com o menor risco de ocorrência de acidentes. Para isso, os métodos de trabalho devem ser padronizados e todo trabalhador deve receber instruções satisfatórias quanto aos riscos, uso de EPIs e procedimentos que deverão ser utilizados, com o objetivo de preservar sua saúde e prevenir acidentes durante a tarefa de coleta de resíduos.

TRANSPORTE

Logo após a realização da coleta, o transporte deve ser realizado por meio de veículos equipados adequadamente, em atendimento às particularidades de cada tipo resíduo de interesse da logística reversa. Diferentemente da coleta, a regulamentação do transporte é intensa, devido à gravidade dos acidentes, principalmente com relação à propagação do dano.

A movimentação de resíduos desde os geradores até os sistemas de destinação é monitorada pelos órgãos ambientais estaduais, federal e pelo Ministério dos Transportes, através da Agência Nacional de Transportes Terrestres (ANTT). Os órgãos ambientais a avaliam com o objetivo de conhecer o panorama de geração de resíduos e implantar programas de gerenciamento destes. Já o Ministério dos Transportes avalia o grau de risco e promove ações para informar as características da carga, evitar acidente e promover mecanismos que auxiliem no combate a estes. Esse assunto é extremamente extenso e detalhado, mas a abrangência deste item se limita aos aspectos que possam ser de interesse para a logística reversa.

Com a obrigatoriedade da utilização da logística reversa por parte dos fabricantes de produtos, espera-se que o trânsito de resíduos nas rodovias e em vias urbanas se intensifique. Tal fato gera a necessidade de uma regulamentação específica, não apenas quanto aos aspectos ambientais, mas também quanto aos efeitos econômicos e sociais no ambiente urbano.

Para o transporte de resíduos sólidos, pode ser feita uma analogia com a ABNT NBR 13463:1995. Nesta norma são chamados de veículos coletores aqueles dotados de carroceria projetada para o transporte de grandes quantidades de resíduos, possuindo equipamentos para descarga de resíduos que dispensam a manipulação por parte dos funcionários. Esses veículos são classificados em duas grandes categorias: veículos coletores com caçamba simples e veículo coletor compactador. A primeira categoria é subdividida em veículo basculante e veículo coletor convencional, como mostram as Figuras 2 e 3.

Figura 2 – Veículo basculante

Fonte: <www.andrelandia.mg.gov.br>.

Figura 3 – Veículo coletor tradicional (baú)

Fonte: <www.tubarao.sc.gov.br>.

O primeiro é equipado com caçamba basculante sem cobertura, podendo estar equipado, ou não, com guindaste provido de garra para carregamento sem interferência manual. Para descarregamento, utiliza um dispositivo hidráulico, pneumático ou mecânico. Este tipo de veículo possui uma desvantagem: a possibilidade de o resíduo ser disposto pelas ruas devido à ação do vento, provocando perdas e poluição nos ambientes. O segundo tipo de veículo coletor com caçamba são os chamados convencionais, ou prefeitura, ou baú. Este veículo possui carroceria fechada, onde o carregamento é realizado através de janelas ou portas laterais e a descarga se dá por basculamento da carroceria. Nesse veículo, o resíduo permanece acondicionado, evitando que perca suas características iniciais pela ação da chuva, ou que se espalhe nas ruas pela ação do vento. A desvantagem deste tipo de carroceria é a dificuldade de organização dos resíduos no interior da caçamba e consequente manipulação do resíduo por parte dos funcionários.

A segunda categoria de veículos são os chamados veículos compactadores, que também dispõem de carroceria fechada (Figura 4).

Figura 4 – Veículo compactador

Fonte: <www.marilandia.es.gov.br>.

Estes veículos possuem um dispositivo mecânico ou hidráulico para realizar a compressão dos resíduos no interior da carroceria. As vantagens deste tipo de veículo são inúmeras. Compactadores são capazes de transportar um volume muito maior de resíduos, quando comparados com as carrocerias sem compactação. Outra vantagem é a facilidade do carregamento, que é realizado ao nível da cintura, mecanismo de ejeção que promove maior rapidez da descarga dos resíduos, além da redução de riscos ao trabalhador por não haver a necessidade de organização da carga durante o carregamento. Contudo, o uso deste tipo de veículo no caso da logística reversa não é bem-vindo em alguns casos. Esses veículos nunca devem ser usados onde a coleta seletiva não tenha sido aplicada com eficiência, nem em situações nas quais há coleta e transporte de mais de um tipo de resíduo, simultaneamente. Por exemplo, caso na etapa de segregação todos os tipos de plásticos tenham sido colocados num mesmo coletor, muito desperdício pode ocorrer. A reciclagem dessa mistura de plásticos resulta num material de menor qualidade, impedindo sua reutilização repetida. O material perde qualidade até mesmo pela simples mistura de cores, pois resultará num material escuro com aplicações muito limitadas. Compactadores devem ser usados para recolher materiais de mesma composição (por exemplo, muitos especialistas afirmam que é mais vantajoso transformar garrafas PET em outro frasco e não em outro produto, como tecido ou carpete, pois estes acabam indo para aterros sanitários, sem retornar para o seu ciclo produtivo). É preciso cuidar especialmente que não haja mistura de materiais que não podem ser reciclados (por exemplo, materiais que possuam a mesma composição original, mas tenham sido contaminados ou modificados por algum processo). A Tabela 1 apresenta alguns exemplos.

Tabela 1 – Exemplos de materiais que não podem ser reciclados

CATEGORIA	NÃO RECICLÁVEIS *(EVITAR MISTURA NO COMPACTADOR)*
METAL (LATAS)	Latas de aerossóis; latas de tinta; pilhas; latas de inseticida; latas de pesticida.
PAPEL	Papel engordurado; carbono; celofane; papel plastificado; papel parafinado (fax).
PLÁSTICO	Celofane; embalagem a vácuo; fraldas descartáveis; adesivos; embalagem engordurada; siliconizados.
VIDRO	Vidro de automóvel; vidros de janelas; pirex; espelho; tubo de TV; lâmpada; óculos; cristal; ampolas de medicamentos; vidros temperados planos ou de utensílios domésticos.

Fonte: Baseada em: <http://www.planetamelhor.com.br/>.

Caso diferentes resíduos – ainda que pertencendo a uma mesma categoria de material – possuam contaminantes ou tenham sido modificados ao serem colocados em caminhões compactadores e prensados, tudo deverá ser encaminhado a uma cooperativa para ser submetido a uma demorada separação entre a fração reciclável e a fração que deve ser enviada a aterro ou a tratamento específico.

Após definido o tipo de veículo a ser utilizado, o transporte terrestre de resíduos é especificado pela ABNT NBR 3221:2003, onde são tratadas as questões gerais. As Normas ABNT NBR 7500, NBR 7501, NBR 7503 e NBR 9735 orientam como os resíduos perigosos devem ser transportados. O transporte destes deve obedecer às regras e procedimentos estabelecidos no Decreto nº 96.044 do Ministério dos Transportes, que estabelece as condições do transporte com relação aos veículos e equipamentos, acondicionamento da carga, itinerários e locais de estacionamentos permitidos, além das atribuições ao condutor – que deverá receber treinamento específico. Estabelece também a documentação que o condutor deve portar ao circular pelas vias públicas, os procedimentos em caso de emergência, acidente ou avaria. Além disso, apresenta os deveres, obrigações e responsabilidades atribuídas ao fabricante, importador, contratante, expedidor, destinatário e transportador. A fiscalização para a observância desse regulamento, inclusive a definição das infrações complementares é de responsabilidade do Ministério dos Transportes.

É importante saber que a Convenção da Basileia entrou em vigor no início dos anos 90. Esta convenção, promovida pelo Programa das Nações Unidas para o Meio Ambiente (PNUMA), representou um marco na eliminação da destinação de resíduos perigosos dos

COLETA E TRANSPORTE **125**

países industrializados para países em desenvolvimento. Alguns registros mostram que tal prática causou inúmeros danos ambientais, pois muitas vezes os receptores não possuíam condições adequadas para armazenar ou tratar estes resíduos que, consequentemente, eram dispostos de forma inadequada, provocando impactos negativos aos recursos naturais e às populações locais.

Quanto à classificação dos resíduos a serem transportados, a Portaria nº 204 do Ministério dos Transportes define as classes ou subclasses dos resíduos, além de fornecer instruções complementares aos regulamentos dos transportes rodoviários e ferroviários de produtos perigosos. Essas instruções compreendem as respectivas recomendações gerais para o transporte e particulares para cada classe, incluindo métodos de embalagem, compatibilidade química, correta denominação do produto a ser transportados, aspectos sobre risco etc. Nesse sentido, segundo a Portaria, é promovida uma uniformidade no cumprimento das exigências regulamentares referentes à documentação e incluem critérios de classificação para produtos que não constem da Relação de Produtos Perigosos.[8]

Segundo a ABNT NBR 3221:2003 (Transporte Terrestre de Resíduos), as embalagens de resíduos devem atender ao disposto na ABNT NBR 7500 que trata sobre identificação para o transporte terrestre, manuseio, movimentação e armazenamento de produtos. Essa norma afirma que "as embalagens vazias que tenham contido produtos perigosos estão sujeitas às mesmas prescrições que as embalagens cheias, até que tenham sido descontaminadas de qualquer resíduo do conteúdo anterior, conforme o capítulo 8.2 da Portaria nº 204 do Ministério dos Transportes". A Portaria ainda trata da identificação de unidades de transportes, citando os rótulos de risco e os painéis de segurança que os veículos que transportam produtos químicos perigosos devem obrigatoriamente portar em todo território nacional. A classificação adotada por esta portaria foi desenvolvida com base no tipo de risco que apresentam e nas Recomendações para o Transporte de Produtos Perigosos das Nações Unidas (*Recommendations on the Transport of Dangerous Goods*), também presentes na ABNT NBR 7500, apresentando as classes mostradas na Figura 5.

---

[8] Recommendations on the Transport of Dangerous Goods, Manual of Tests and Criteria – das Nações Unidas (ST/SG/AC.10/11 Rev. 3).

Figura 5 – Classes de produtos perigosos para transporte

CLASSE 1   EXPLOSIVOS

SUBCLASSE 2.1   GASES INFLAMÁVEIS

CLASSE 2   SUBCLASSE 2.2   GASES NÃO INFLAMÁVEIS, NÃO TÓXICOS.

SUBCLASSE 2.3   GASES TÓXICOS

CLASSE 3   LÍQUIDOS INFLAMÁVEIS

SUBCLASSE 4.1   SÓLIDOS INFLAMÁVEIS

CLASSE 4   SUBCLASSE 4.2   SUBSTÂNCIAS SUJEITAS A COMBUSTÃO ESPONTÂNEA

SUBCLASSE 4.3   SUBSTÂNCIAS QUE, EM CONTATO COM A ÁGUA, EMITEM GASES INFLAMÁVEIS

CLASSE 5

SUBCLASSE 5.1   SUBSTÂNCIAS OXIDANTES

SUBCLASSE 5.2   PERÓXIDOS ORGÂNICOS

CLASSE 6

SUBCLASSE 6.1   SUBSTÂNCIAS TÓXICAS (VENENOSAS);

SUBCLASSE 6.2   SUBSTÂNCIAS INFECTANTES

CLASSE 7   MATERIAIS RADIOATIVOS

CLASSE 8   CORROSIVOS

CLASSE 9   SUBSTÂNCIAS PERIGOSAS DIVERSAS[9]

O painel de segurança é um retângulo padronizado de cor laranja, com números e letras pretas. Na parte superior estão grafados números que representam os riscos associados ao produto transportado de acordo com sua classe e, na inferior, encontramos o chamado "número da ONU" (Organização das Nações Unidas) referente ao produto. No nosso exemplo da gráfica, o veículo da empresa contratada (com licença de operação para

---

[9] A norma citada anteriormente orienta que a as substâncias pertencentes à classe 9 devem ser aquelas que apresentem algum tipo de risco abrangido pela Convenção da Basileia.

transporte de resíduos perigosos, ou Classe I) teria o Rótulo de Risco e Painéis de Segurança fixado no veículo conforme Figura 6.

Figura 6 – Exemplo de rótulo de risco e painéis de segurança

O número 33 no painel de segurança indica "Líquido altamente inflamável". O número 1263 corresponde a "tinta (incluindo tintas, lacas, esmaltes, tinturas, gomalacas, vernizes, polidores, enchimentos líquidos e bases líquidas para lacas) ou material relacionado com tintas (incluindo diluentes ou redutores para tintas)".

A padronização da sinalização de segurança facilita a identificação dos produtos químicos perigosos transportados e consequentemente permite melhores resultados nas ações necessárias ao controle de situações acidentais, como também orienta a ABNT NBR 7503.[10]

Além de toda a regulamentação citada até então, dispomos também de uma extensa normatização que interfere nos mecanismo que buscam a segurança dos transportes de produtos perigosos e, consequentemente, dos resíduos que os contêm. Mais abaixo, daremos um exemplo da legislação diretamente ligada ao transporte de produtos que pode dar apoio ao transporte de resíduos relacionados.

Todas as recomendações aqui citadas não esgotam as responsabilidades estabelecidas na legislação para as operações de transporte e manuseio. Aqui foram tratados apenas os pontos principais, ou os pontos de partida. É extremamente importante que o leitor tome conhecimento de toda a legislação aplicada ao seu caso. Para isso é importante visitar o *site* da ANTT (www.antt.gov.br). O transporte de resíduos deve atender à legislação ambiental específica (federal, estadual ou municipal), quando existente. Vale ainda repetir que é necessário observar a licença de operação da empresa, não apenas quanto à sua validade, mas quanto à clara permissão para transportar, ou coletar e transportar seu resíduo de interesse. Além disso, as empresas de transporte de resíduos de Classe I devem possuir veículos adequadamente identificados, equipamentos compatíveis, funcionários treinados e toda a documentação necessária às condições dos resíduos a serem transportados, de modo a garantir a integridade da operação. O contratante deve sempre checar esse aspecto, a cada serviço prestado.

Quanto aos aspectos relacionados à fiscalização por parte dos órgãos ambientais, o transporte de resíduos também deve ser acompanhado de documento de controle ambiental

---

[10] ABNT NBR 7503 – Ficha de emergência e envelope para o transporte terrestre de produtos perigosos – Características, dimensões e preenchimento.

previsto pelo órgão estadual competente. Além disso, como requisito para o controle ambiental previsto pelo órgão federal, é necessário disponibilizar as informações atualizadas sobre os tipos, estoques e destinos dos resíduos gerados, geralmente em caso de grandes geradores. Para isso, a Resolução CONAMA 06:1987 instituiu o Inventário Nacional de Resíduos Industriais, definindo os prazos e as tarefas atribuídas às empresas geradoras e ao Poder Público. Nesse sentido, 15 anos após a instituição do Inventário Nacional de Resíduos Industriais, que já havia sido reformulado em parceria com os estados, foi publicada a Resolução CONAMA nº 313:2002 (BRASIL, 2002), citada anteriormente no Capítulo 8. Essas iniciativas tiveram como objetivo organizar as informações e criar um panorama da situação dos resíduos industriais no Brasil, em especial os perigosos. O monitoramento e o controle da movimentação dos resíduos em todo o país possibilitam a gestão destes resíduos através do Plano Nacional de Resíduos Sólidos, instituído em 2010, e suas futuras revisões. No Estado do Rio de Janeiro, por exemplo, foi elaborado o Sistema de Manifesto de Resíduos, que, mediante o uso de formulário próprio, funciona como um instrumento de controle, permitindo conhecer e controlar a forma de destinação dada pelo gerador, transportador e receptor de resíduos. Outros estados também possuem seus sistemas de manifesto com o mesmo objetivo.

ALGUMAS REGULAMENTAÇÕES BRASILEIRAS DIRETAMENTE LIGADAS AO TRANSPORTE DE PRODUTOS

ABNT NBR 7500	2011	Identificação para o transporte terrestre, manuseio, movimentação e armazenamento de produtos.
ABNT NBR 7501	2011	Transporte terrestre de produtos perigosos – Terminologia
ABNT NBR 7503	2012	Transporte terrestre de produtos perigosos – Ficha de emergência e envelope – Características, dimensões e preenchimento.
ABNT NBR 9735	2012	Conjunto de equipamentos para emergências no transporte terrestre de produtos perigosos.
ABNT NBR 12235	1992	Armazenamento de resíduos sólidos perigosos – Procedimento
ABNT NBR 13221	2010	Transporte terrestre de resíduos.
ABNT NBR 14619	2009	Transporte terrestre de produtos perigosos – Incompatibilidade química.
ABNT NBR 15480	2007	Transporte rodoviário de produtos perigosos – Plano de ação de emergência (PAE) no atendimento a acidentes
Decreto 96044	1988	Regulamento para o Transporte Rodoviário de Produtos Perigosos.
Portaria IBAMA 85	1996	Toda empresa contratante de serviços de transporte de carga ou de passageiro, através de terceiros, será considerada corresponsável pela correta manutenção dos veículos contratados.

Portaria MINTER 100	1980	Emissão de fumaça por veículos movidos a óleo diesel.
Portaria MT 349	2002	Instruções para a Fiscalização do Transporte Rodoviário de Produtos Perigosos no Âmbito Nacional.
Resolução ANTT 2657	2008	Instruções Complementares ao Regulamento do Transporte Terrestre de Produtos Perigosos.
Resolução ANTT 3056	2009	Exercício da atividade de transporte rodoviário de cargas por conta de terceiros e mediante remuneração, estabelece procedimentos para inscrição e manutenção no Registro Nacional de Transportadores Rodoviários de Cargas – RNTRC.
Resolução ANTT 420	2004	Instruções Complementares ao Regulamento do Transporte Terrestre de Produtos Perigosos.
Resolução ANTT 701	2004	Altera a Resolução nº 420, de 12 de fevereiro de 2004, que aprova as Instruções Complementares ao Regulamento do Transporte Terrestre de Produtos Perigosos e seu anexo.
Resolução ANTT 3632	2011	Altera o Anexo da Resolução nº 420, de 12 de fevereiro de 2004, que aprova as Instruções Complementares ao Regulamento do Transporte Terrestre de Produtos Perigosos.
Resolução ANTT 437	2004	Registro Nacional de Transportadores Rodoviários de Carga – RNTRC.

REFERÊNCIAS

ABNT – Associação Brasileira de Normas Técnicas. ABNT NBR 3221:2003.

_____. ABNT NBR 7500: 2011. Identificação para o transporte terrestre, manuseio, movimentação e armazenamento de produtos.

_____. ABNT NBR 7501:2011. Transporte terrestre de produtos perigosos – Terminologia.

_____. ABNT NBR 7503:2012. Transporte terrestre de produtos perigosos – Ficha de emergência e envelope – Características, dimensões e preenchimento.

_____. ABNT NBR 9735:2012. Conjunto de equipamentos para emergências no transporte terrestre de produtos perigosos.

_____. ABNT NBR 12980:1993. Coleta, varrição e acondicionamento de resíduos sólidos urbanos – Terminologia.

_____. ABNT NBR 13463:1995. Coleta de resíduos sólidos.

BRASIL. Decreto nº 96.044, de 18 de maio de 1998. Aprova o Regulamento para o Transporte Rodoviário de Produtos Perigosos e dá outras providências. *Diário Oficial da República Federativa do Brasil*, Brasília, DF, 19 maio 1988.

BRASIL. Lei nº 9.605, de 12 de fevereiro de 1998. Dispõe sobre as sanções penais e administrativas derivadas de condutas e atividades lesivas ao meio ambiente, e dá outras providências. *Diário Oficial da República Federativa do Brasil*, Brasília, DF, 13 fev. 1998.

_____. Portaria do Ministério dos Transportes nº 204. Instruções Complementares aos Regulamentos dos Transportes Rodoviário e Ferroviário de Produtos Perigosos.

_____. Resolução do Conselho Nacional de Meio Ambiente (CONAMA) nº 313, de 29 de outubro de 2002. Dispõe sobre o inventário Nacional de Resíduos Sólidos industriais. *Diário Oficial da República Federativa do Brasil*, Brasília, DF, 22 nov. 2002, Seção 1, p. 85-91.

_____. Ministério do Trabalho. Portaria GM nº 3.214, de 8 de junho de 1978 – NR 01. Disposição Gerais. *Diário Oficial da República Federativa do Brasil*, Brasília, DF, 6 jul. 1978.

_____. Ministério do Trabalho. Portaria SSST nº 25, de 29 de dezembro de 1994 – NR 09. Programa de prevenção a riscos ambientais. *Diário Oficial da República Federativa do Brasil*, Brasília, DF, 30 dez. 1994.

_____. Ministério do Trabalho. Portaria SSST nº 24, de 29 de dezembro de 1994 – NR 07. Programa de controle médico de saúde ocupacional. *Diário Oficial da República Federativa do Brasil*, Brasília, DF, 30 dez. 1994.

_____. Ministério do Trabalho. Portaria MTPS nº 3.751, de 23 de novembro de 1990 – NR 17. Programa de controle médico de saúde ocupacional. *Diário Oficial da República Federativa do Brasil*, Brasília, DF, 26 nov. 1990.

10

BENEFICIAMENTO

Marcelle Rodrigues de Souza
Ricardo Gabbay de Souza

Continuando a obedecer à sequência apresentada em nossa cadeia de valor, o macroprocesso de negócio a ser tratado neste capítulo abrange diversas transformações físicas (chamadas de pré-tratamentos e tratamentos) às quais os resíduos são submetidos, com o objetivo de agregarem algum valor em sua comercialização ou destinação.

O processo de beneficiamento é aquele que mais está associado aos canais reversos. Assim como no acondicionamento, para o beneficiamento dos resíduos, a solução mais adequada pode ser uma combinação entre as opções disponíveis, ou uma única delas. Sempre que possível, o beneficiamento deve preceder os processos de encaminhamento e destinação final (abordados no próximo capítulo). Ele atende a diversos setores da indústria, atuando principalmente na transformação de um resíduo em diferentes matérias-primas, valoradas e prontas para serem devolvidas para um ciclo produtivo de uma cadeia.

O beneficiamento merece ser tratado separadamente, por dois motivos. Primeiro, ele constitui uma interface estreita entre a segregação e o encaminhamento final propriamente dito. Segundo, ele é portador do ideal (relativamente recente) de minimizar os danos causados por resíduos com componentes perigosos, como os eletroeletrônicos, através de seu desmonte.

Este item busca dividir e enquadrar as formas de beneficiamento em etapas alternativas, bem como fornecer uma breve explicação sobre cada uma delas. Para esclarecer o tipo de transformação que classificamos como beneficiamento, utilizaremos exemplos que mostrem seus diferentes tipos e particularidades. De maneira geral, esses processos podem ser convenientemente divididos em cinco etapas, apresentadas a seguir.

ETAPAS DO BENEFICIAMENTO

Como já comentamos no Capítulo 5, o processo de beneficiamento abrange as atividades de: seguir instruções para tratamento de cada tipo de resíduo; receber; avaliar e separar os materiais (por tipo e por condição de aproveitamento), podendo executar limpeza, moagem, compactação, desmanche (dependendo do tipo); armazenar temporariamente os materiais; e destinar os materiais para o destino final adequado.

Podemos afirmar que o processo possui, em geral, as fases ilustradas na Figura 1.

Figura 1 – Etapas do processo de beneficiamento

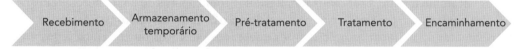

Rogers e Tibben-Lembke (1998), Leite (2003) e Vilhena (2010) enumeram algumas possibilidades para beneficiamento de resíduos de produtos e embalagens. No Capítulo 2, também exemplificamos algumas das mais comuns atividades de logística reversa. Associadas às etapas acima mencionadas, essas atividades podem constituir diversas alternativas de beneficiamento, conforme apresentadas a seguir.

RECEBIMENTO

Identificação do resíduo

É bastante semelhante à etapa de preparação e acondicionamento, detalhada no Capítulo 8; a única diferença é que desta vez o resíduo está previamente classificado como Classe I (Perigoso), Classe IIA (não perigoso – não inerte) ou Classe IIB (não perigoso – inerte), bem como segregado e acondicionado. Então por que identificá-lo? Esta etapa será necessária, pois embora o resíduo já tenha passado por um processo de segregação, muitas vezes esta é realizada de maneira pouco específica, ou pouco eficiente. Referimo-nos a, por exemplo, resíduos eletrônicos, popularmente chamados de lixo tecnológico, e-lixo ou e-waste em inglês. Tais resíduos são classificados, segundo ABNT NBR 10.004 como não inertes, que podem ser destinados a aterros industriais ou podem retornar a um ciclo produtivo após beneficiamento.

Num segundo nível, essa identificação visa a oportunidade de obtenção de materiais nobres, que podem ser separados após desmonte e encaminhados para um ciclo produtivo, com valor agregado, por se tratar de uma matéria-prima, pronta para ser reprocessada. Voltemos ao exemplo do e-lixo – um *notebook*. Caso este possua alguma avaria ou estiver tecnologicamente ultrapassado, será considerado um resíduo. Por outro lado, poderá fornecer materiais como PVC e até prata, ouro e platina. Segundo o *blog* "Faça diferente" do SEBRAE (www.facadiferente.sebrae.com.br), até 2012 espera-se que o número de computadores existentes no Brasil chegue a 100 milhões de unidades e, por isso, seu descarte tem sido foco de muitas empresas por se tratar de uma boa oportunidade de negócio.

Por fim, esta etapa envolve também alguns critérios de segurança. Em tese, os subsídios para a identificação desses critérios estão apoiados nas fases anteriores, quando foram feitas as amostragens e quando os procedimentos de coleta e transporte foram definidos, baseados na identificação dos riscos, nos cuidados necessários, procedimentos de emergência e no uso de EPIs, detalhados no Capítulo 9.

Instruções para o pré-tratamento e encaminhamento

Após a etapa de identificação, será possível definir o tipo de beneficiamento e o posterior encaminhamento a ser realizado. Resíduos como aparas de papel necessitam apenas de compactação para posterior comercialização com os recicladores. Cortes de vidro provenientes de vidraçarias precisam ser quebrados em cacos ou em grãos (após uma separação segundo suas cores) e posteriormente comercializados com as fábricas de vidro. Em outros casos, é necessário realizar lavagem; por exemplo, em garrafas PET, antes de sua moagem. No caso do e-lixo, será necessário o seu desmonte em determinados graus de especificidade, de acordo com os interesses comerciais do beneficiador. Contudo, nem todo resíduo que passa pelo beneficiamento retorna para algum ciclo produtivo. Alguns materiais poderão apresentar algum tipo de dano potencial ao meio ambiente à saúde humana e então deverão ser encaminhados para tratamento e/ou disposição final adequada. Além disso, podemos citar também os casos em que, infelizmente, parte do resíduo encontra-se contaminado, como é o caso do papel engordurado, considerado um resíduo orgânico que deve ser encaminhado para destino final. Nos casos em que o beneficiamento se apresenta como uma atividade de reparo para reuso, alguns itens podem ser condenados e considerados rejeitos, devendo também ser encaminhados para a disposição final. Existem também os casos em que o beneficiador reaproveita parte do resíduo e transfere ou vende o restante para um segundo beneficiador. Nesse caso, o computador volta a ser um bom exemplo, onde o PVC pode ser reaproveitado pelo primeiro beneficiador, e o segundo, por sua vez, possui a tecnologia para separar metais nobres e materiais tóxicos. Em uma empresa de beneficiamento, é conveniente que essas instruções sejam rotineiramente realizadas e documentadas, pois estas são importantes informações para o planejamento estratégico (ver Capítulo 6), financeiro (ver Capítulo 16), e controle operacional da produção.

ARMAZENAMENTO TEMPORÁRIO

É muito importante que os beneficiadores possuam locais adequados para a transferência e armazenamento temporário, após os procedimentos de recebimento. Nestas, os resíduos devem ser armazenados sob acondicionamento adequado, pelas mesmas razões de segurança e preservação das características dos resíduos, comentadas no Capítulo 8. Além disso, esses locais são imprescindíveis para absorver os "picos" de recebimento dos resíduos, bem como para estocar o material a ser processado no beneficiador.

É comum encontrar pátios para disposição dos resíduos, onde a exposição às intempéries sucateia os materiais. Dependendo de suas características, esses materiais podem ser sucateados de várias formas. Dentre essas formas, podemos citar a oxidação de peças metálicas. Outros fatores importantes que devem ser evitados é o acúmulo excessivo de poeira, que leva à necessidade de lavagens que poderiam ser evitadas, à formação de poças d'água e proliferação de vetores, à formação de colônias de fungos em papéis úmidos que pode levar a doenças ocupacionais etc. No caso dos resíduos perigosos, o armazenamento deve atender à Norma ABNT NBR12.235:1992. Em todo caso, é conveniente que esses pátios sejam pavimentados, cobertos e fechados lateralmente, tanto para evitar a exposição dos materiais, quanto para conferir uma menor poluição visual do local. Muitas vezes, esses locais abrigam também compactadores, antecipando a etapa de pré-tratamento propriamente dita. O motivo da compactação pode ser para aumentar a massa específica dos resíduos e aproveitar melhor o espaço.

Os veículos de transferência podem ser empilhadeiras, no caso de materiais embalados/compactados e dispostos em *pallets*, ou escavadeiras hidráulicas ou pás carregadeiras, quando os materiais estão dispostos à superfície do terreno na forma de pilhas (tais como resíduos de construção civil). A transferência ocorre tanto na descarga dos veículos de coleta, no carregamento dos veículos que levarão os resíduos para serem processados.

PRÉ-TRATAMENTO

Há diversas alternativas para o pré-tratamento dos resíduos, algumas das quais apresentaremos a seguir. Como já dissemos, estas podem ser adotadas isoladamente ou de forma combinada.

Segregação ou triagem

É imprescindível a existência dos chamados centros de triagem, quando houver viabilidade pela escala, ou mesmo pequenos locais destinados a este fim. Nessa etapa, os resíduos são minuciosamente separados para assegurar a qualidade exigida pelas indústrias recicladoras. A triagem por ela mesma é uma espécie de beneficiamento, considerando que o resultado final apresenta uma matéria-prima individualizada.

Como dito anteriormente, os resíduos chegam aos beneficiadores previamente segregados. No entanto, devido à grande heterogeneidade dos resíduos, sempre existem falhas na segregação e acondicionamento dos resíduos recolhidos, acarretando a presença de materiais indesejáveis. Sendo assim, após o resíduo ter sido identificado e as oportunidades de seu beneficiamento tenham sido reconhecidas, uma etapa presente em quase todas as formas de beneficiamento é a triagem. Os centros de triagem são constituídos por uma linha, ou uma esteira transportadora, onde os funcionários se dispõem lado a lado, reconhecendo, capturando manualmente os diferentes tipos de resíduos e os colocando em locais adequados para mantê-los separados.

Em termos de operação, as instalações de um setor de triagem realizam basicamente:

* Disposição dos resíduos em esteira transportadora.

- Triagem manual de resíduos de forma específica.
- Separação eletromagnética, por aspiração ou decantação (quando aplicável).
- Recolhimento dos resíduos triados em *big bags*, fardos, tambores, caçambas etc.

No caso do plástico, quando estes são segregados pelo gerador, são dispostos em coletores vermelhos, próprios para segregarem plásticos de todos os tipos. Contudo, para a reciclagem é muito importante que não haja mistura de materiais, pois isso acarreta em perda de qualidade e bom aspecto físico do material reciclado, como discutido no Capítulo 9. Nesse caso a triagem é uma etapa crucial para o sucesso da reciclagem do plástico. Os centros recebem artefatos fabricados a partir de polímeros e os divide em duas categorias importantes: termofixos e termoplásticos. Os termofixos não fundem mais de uma vez, impedindo sua remoldagem. Os termoplásticos podem ser reprocessados várias vezes por diferentes processos de transformação. Na triagem os termoplásticos são capturados e separados em seus diferentes tipos: poli (tereftalato de etileno), polietileno de alta densidade, poli (cloreto de vinila), polietileno de baixa densidade, polipropileno, poliestireno, poliamidas (náilon) e muitos outros. Os diferentes tipos de termoplásticos podem ser facilmente reconhecidos, pois a grande maioria dos artefatos possui um símbolo de identificação em sua superfície, conforme ilustrado na Figura 2.

Figura 2 – Símbolos de identificação dos diferentes tipos de termoplásticos

Fonte: Adaptada de: <www.compam.com.br>.

De maneira semelhante ao plástico, o papel também possui tipos diferentes e assim deve passar pela triagem. Esse caso é um pouco mais simples. Além de separar os papéis que contêm resíduo tóxico ou gordura, grampos, elásticos etc., é necessário separar o papel em dois tipos de material: o papel e o cartão ou papelão. O papelão, por exemplo, possui características que impedem seu uso para a fabricação de jornal, mas possui bom desempenho quando usado para fazer papelão canelado. Outro exemplo são as fibras do jornal, que são curtas e possuem minerais, fazendo com que este não seja suficientemente forte para certas utilidades. Quando a reciclagem trabalha com um papel mais bem triado, ocorre a redução do consumo de água e energia, além de resultar em um produto final de maior qualidade.

O vidro, um material 100% reciclável, também possui alguns critérios para a triagem. A própria indústria vidreira recebe o vidro em cacos ou grãos e lavado para reutilizar em seu processo, após separação das cores. Todos os tipos de vidros são segregados em coletores verdes, mas quando enviados para a reciclagem não devem conter cristais, pedaços de espelho, lâmpadas, porcelana, cerâmica ou vidro de automóvel. Essa ideia já foi passada pelo Capítulo 9, onde a coleta de materiais foi tratada. Contudo, mais uma vez, vale a pena comentar que a coleta seletiva possui falhas e a triagem é muito importante para a garantia do material enviado para a reciclagem.

As lâmpadas também são recicladas, mas devem ser separadas desde a origem. Por possuírem metais pesados, como o vapor de mercúrio, são capazes de afetar o meio ambiente e a saúde humana. Uma vez inalado, o mercúrio causa efeitos negativos ao sistema nervoso, conforme previsto e controlado pela Norma Regulamentadora 15 (NR-15), do Ministério do Trabalho e Emprego. Além disso, o mercúrio ocupa lugar de destaque entre as substâncias mais perigosas relacionadas pela ABNT NBR 10.004:2004. Algumas empresas extraem o mercúrio contido nas lâmpadas e retiram substâncias depositadas no interior do bulbo de vidro. O alumínio, tal como o vidro, também pode ser reciclado inúmeras vezes sem perder qualidade. A triagem também se faz presente, principalmente no caso de latas de alumínio. Nesse processo, as latas de alumínio também passam por esteira transportadora, onde outros metais são retidos por um ímã. Posteriormente, ocorre uma seleção visual, onde são separados embalagens de aerossóis. Ao final são aspiradas e as mais pesadas são mantidas e para retirada de algum possível contaminante existente em seu interior.

Em grande escala, podemos citar o caso dos resíduos de construção civil. Os critérios e procedimentos para a gestão desses resíduos são estabelecidos pela Resolução CONAMA 307:2002. Tal resolução considera que os geradores de resíduos da construção civil devem ser responsáveis pelos resíduos das atividades de construção, representando uma boa oportunidade de negócio para a logística reversa. Segundo a mesma resolução, estações de transbordo também devem funcionar como centrais de triagem para separar resíduos de construção civil. Além disso, deve haver cadastramento de áreas públicas ou privadas aptas para o armazenamento, triagem e armazenamento temporário de pequenos volumes. No art. 3º da mesma resolução são classificados os diferentes resíduos característicos da construção civil. O resíduo de construção civil possui características variadas como areia e brita, pedaços de madeira, argamassas, concretos, vigas, tijolos, plásticos, metais etc. A Classe A é a mais interessante para a logística reversa, pois compreende os resíduos reutilizáveis ou recicláveis como agregados.

Quanto ao gênero de resíduos que mais cresce no mundo, o e-lixo, os centros de triagem, na verdade, funcionam como empresas especializadas em desmontar e separar esses equipamentos, como uma primeira etapa para transformar esses produtos novamente em matéria-prima. O caso do e-lixo será tratado no item sobre o desmanche.

De maneira geral, a importância da triagem foi passada acima através de alguns exemplos. Vale reafirmar que sem a etapa de triagem, a qualidade do material enviado para reciclagem se torna duvidosa. A triagem representa a garantia do atendimento às exigências de qualidade das indústrias recicladoras, sendo um forte aliado às ações estratégicas de mercado para a logística reversa.

Redução de volume

A redução de volume também se apresenta como um pré-tratamento, pois na maioria das vezes precede a alguma outra transformação (ou seja, antes que o resíduo retorne a algum ciclo produtivo).

Uma das técnicas é a chamada compactação, utilizada por oferecer algumas vantagens durante o armazenamento e transporte dos resíduos. Como comentado anteriormente, uma vez compactados, os resíduos recebem um ganho de massa específica, ou seja, ocupam um volume menor para uma mesma massa. Tal fato se configura como uma excelente vantagem no aumento de espaço útil do local destinado à armazenagem, não apenas por permitir que uma maior quantidade de resíduos caiba num mesmo espaço, mas também por permitir que estes sejam empilhados em *pallets* organizadamente, aproveitando o espaço de forma muito mais eficiente.

Entre as vantagens com relação ao transporte, temos a facilitação do translado do resíduo compactado através de empilhadeiras. Além disso, segundo um estudo realizado por Salamoni et al. (2009), foi provado que com resíduos compactados é possível obter uma economia de três vezes no consumo de diesel utilizado para transporte de rejeitos da unidade de triagem até o aterro sanitário. Alguns veículos coletores possuem compactadores sobre o chassi (vide Capítulo 9), permitindo a compactação de resíduos de qualquer classe ou tipo no ato da coleta. Contudo, como já comentado, é conveniente que a compactação seja aplicada após a triagem. Ao contrário, muito tempo seria gasto para realizar a triagem destes resíduos.

Uma variedade de resíduos pode ser compactada separadamente; os mais comuns são latas de alumínio, garrafas PET, papel/papelão, inclusive embalagens tetra pak. Basicamente, a compactação é realizada por uma prensa hidráulica, que pode ser vertical ou horizontal, onde os resíduos são colocados em uma forma cúbica ou no formato de um paralelepípedo. Posteriormente, são prensados por um pistão hidráulico. Algumas vezes, tiras de material resistente são colocadas no entorno da forma antes da prensagem, de forma a permitir que, após a compactação do resíduo, este seja contido pela amarração destas tiras e forme uma espécie de fardo de resíduo compactado, como apresenta a Figura 3.

Figura 3 – Latas de alumínio compactadas e empilhadas sobre um pallet

Fonte: <www.imabeiberica.com>.

Outras técnicas que os autores deste livro consideram serem processos de redução de volume são a utilização de moinhos para a trituração de vidros, metais, plásticos, pneus etc. e as fragmentadoras industriais para picote de papel, antes da compactação. Estas também são maneiras de reduzir o volume dos artefatos dispostos na cadeia da logística reversa. Dessa forma, é possível facilitar não só diversos procedimentos relacionados ao armazenamento e transporte, mas também alguns procedimentos posteriores na etapa de tratamento, que veremos mais adiante.

Lavagem

A lavagem é fundamental para a viabilização do beneficiamento de determinados resíduos, especialmente as embalagens recicláveis. O conteúdo orgânico ou químico que pode remanescer no interior dessas embalagens, após coletadas, é suficiente para inviabilizar tecnicamente a reciclagem das mesmas. Ou seja, mesmo que a logística reversa esteja funcionando bem em etapas anteriores, todo o processo pode ser prejudicado devido à contaminação dos resíduos, provocando enorme desperdício de recursos. Por esse motivo, muitas organizações de logística reversa incorporam o processo de lavagem ou limpeza dos materiais, antes de promoverem o encaminhamento dos mesmos.

Basicamente, essa lavagem é feita somente com água, em quantidade suficiente para a remoção da matéria orgânica ou química. Com uma gestão adequada, o consumo de água nesta etapa pode ser ínfimo, quando comparado ao processo de produção do mesmo produto a partir de matéria-prima virgem.

No entanto, essa lavagem gera um efluente líquido, que deve ser corretamente gerenciado. Dessa forma, normalmente é necessário que as organizações possuam licenciamento ambiental para executarem essa lavagem, embora as exigências sejam simples. Normalmente, a infraestrutura necessária para tratamento dos efluentes de lavagem consiste em canais para escoamento do efluente, tanques separadores de água e óleo (SAO), e sistemas de pré-tratamento de efluentes, de forma que a água possa ser reaproveitada na lavagem, ou seja, encaminhada para as redes de esgoto ou drenagem urbana. O resíduo semissólido que remanesce nesses tanques pode ser encaminhado para aterros licenciados, ou para alguma forma de aproveitamento, dependendo de suas características químicas. Tratando-se de materiais orgânicos, há potencialidade para tratamento por compostagem, biodigestão, ou aspersão no solo.

Desmanche

As duas metas principais desse segmento são o reaproveitamento dos materiais contidos nas mercadorias descartadas e a destinação segura de resíduos complexos. A função é desmontar os produtos, peça por peça, separando cada item que será reprocessado, até chegar o mais perto possível dos componentes originais da mercadoria. Por isso, a rotina é minuciosa, cada item é separado como plástico, metal, circuitos integrados, elementos metálicos. Pós dos *tonners* passam por um processo de aspiração e são reaproveitados. Posteriormente chumbo, cromo, cádmio, mercúrio, berílio são extraídos em processos mais complexos. Outra forma de desmanche bastante comum no e-lixo é a separação de baterias, diferentes circuitos, peças, e partes recicláveis dos equipamentos. Após uma avaliação e manutenção técnica de cada um destes componentes, os mesmos podem ser comercializados ou aproveitados em novos equipamentos, através de remanufatura ou recondicionamento. Um caso interessante existente no Brasil é a Fábrica Verde, operada por moradores das favelas da Rocinha e Alemão, no Rio de Janeiro.

Uma forma mais minuciosa de executar o desmanche é a denominada de *mineração*, ou *mining* no termo original em inglês. Literalmente, isso significa recuperar elementos químicos que tenham maiores valores de mercado, como o ouro, prata, platina, titânio, irídio, cobre etc. Esse tipo de recuperação é bastante adotada para o caso do e-lixo, devido à complexidade de elementos químicos que compõem os circuitos eletrônicos. A China é uma grande referência nesta área. Além de ser a maior fornecedora mundial no mercado de metais raros (PETERS; CLIMATEWIRE, 2011) com 97% do total, este país importa resíduos eletroeletrônicos dos diversos continentes, pois grande parte dos países (dentre eles o Brasil) ainda não possui infraestrutura suficiente para a recuperação de metais raros a partir dos componentes eletrônicos. No entanto, questiona-se se os métodos usados na China para a extração desses minerais são adequados do ponto de vista ambiental, uma vez que podem envolver a utilização de produtos tóxicos, além de emissões nocivas ao meio ambiente (PETERS; CLIMATEWIRE, 2011).

TRATAMENTO

A etapa de tratamento, conforme definimos neste livro, corresponde à transformação física efetiva que é aplicada ao material, conferindo-lhe uma função própria e agregando algum valor ao mesmo. Normalmente, essas alternativas de tratamento, no caso da logística reversa, consistem em etapas de retorno do material a alguma cadeia produtiva, seja de seu produto de origem ou outro produto. No entanto, quando não há viabilidade técnica ou financeira para esse retorno, é possível aplicar tratamentos que somente reduzam os riscos associados ao resíduo, antes de sua disposição final.

Beneficiamento 141

Reparo

O reparo é a alternativa mais lógica para a logística reversa de produtos. Consiste simplesmente na correção de problemas especificados em um produto. Isso normalmente confere uma qualidade inferior àquela oferecida pelo recondicionamento ou remanufatura (KING et al., 2005). Eletrodomésticos e automóveis são bons exemplos de reparo. É bastante usual que recorramos a uma manutenção no veículo, para ajuste de óleo, motor etc., em vez de descartarmos o veículo a cada problema encontrado. O mesmo pode ocorrer com geladeiras, televisores, computadores etc.

Por outro lado, um problema que pode ser encontrado é a relação entre o custo de reparo e o custo de um produto novo. A atratividade nos preços de determinados produtos novos, associada à obsolescência daqueles já adquiridos, e ainda a dificuldade em encontrar técnicos e peças para reparo, podem forçar os consumidores a optarem pela compra do novo e descarte do antigo, em vez do reparo deste último.

Recondicionamento

O recondicionamento visa recuperar as boas condições de uso de determinado produto. Isso envolve menos trabalho que a remanufatura, mas mais trabalho que o reparo. Normalmente, requer a reconstrução ou substituição de componentes principais de um produto, a condições de funcionamento que possivelmente serão inferiores às do modelo original (KING et al., 2005).

Mais uma vez, eletrodomésticos e automóveis são bons exemplos. Nesse caso, diferentemente do simples reparo, ocorre no recondicionamento a substituição de motores, componentes elétricos etc. Em muitos casos, pode ser necessária a confecção de peças sob medida, ou seja, uma reconstrução. Aqui, podemos exemplificar com os itens de mobília. Quando ocorre um dano em um móvel, é natural que se encomende, por exemplo, uma nova peça de madeira feita sob medida, para substituir a anterior danificada. Também para o maquinário pesado pode ocorrer essa reconstrução de peças metálicas sob medida.

O recondicionamento é bastante aplicado a contêineres, bombonas plásticas e metálicas. Embora estejam expostos a avarias durante o uso e transporte, esses produtos têm bastante utilidade, e não é viável a aquisição de produtos novos a cada avaria ocorrida. Dessa forma, é comum que estes sejam recondicionados, seja para tirar amassados, cobrir furos, reconstituir ou substituir partes, para que sirvam novamente ao seu propósito.

Renovação

A renovação (*refurbish* em inglês) envolve uma agregação a mais de valor, em comparação com os processos de reparo ou recondicionamento. Trata-se não somente de retomar as boas condições de uso de um produto, mas de reequipar, embelezar. Isso pode envolver a modernização do produto, ou algum acabamento estético. Por exemplo, um computador pode ter seu processador e memórias RAM potencializados por um processo de renovação, em relação à configuração inicial do produto recebido. Um carro pode receber uma pintura e acessórios modernos, diferentes dos originais, que incorporam novas características desejáveis ao consumidor.

Remanufatura

A remanufatura é o processo industrial pelo qual os produtos usados, também chamados de núcleos, são restituídos a sua vida útil, segundo determinados padrões desejados, semelhantes aos dos produtos novos. O núcleo se refere aos produtos usados, ou a sua parte, cuja ausência impediria o processo da remanufatura. Além disso, o núcleo permite que o produto possa ser remanufaturado mais de uma vez (OIKO, 2012). Assim, este processo consiste em desmontar, substituir peças, mas manter o projeto original do produto, a partir do núcleo.

As cinco etapas-chave da remanufatura são (OIKO, 2012):

1. Desmontagem completa do produto: é importante para dar a característica de quase novo ao produto.

2. Limpeza completa de todas as partes: visa conseguir que as partes, após a desmontagem, possam alcançar as características físicas de um produto novo.

3. Inspeção e classificação de todas as partes: objetiva determinar se elas não apresentam nenhum tipo de quebra ou dano, além de identificá-las, a fim de conseguir uma melhor organização na armazenagem e maior rapidez quando forem solicitadas nas montagens. O teste das partes é fundamental e permite descartar as peças que não podem ser usadas no processos de remanufatura, e, portanto, devem ser dispostas para outros fins (reparo, recondicionamento, descarte, reciclagem, ou outra destinação final).

4. Recondicionamento das partes e/ou substituição por partes novas: é determinado o nível em que o produto pode ser remontado a fim de adquirir as condições de novo. As partes que não podem ser adequadamente restauradas devem ser substituídas por componentes novos ou canibalizadas de outros núcleos e recuperadas, para que o produto não perca sua característica de novo.

5. Remontagem do produto e testes finais: nova montagem do produto, realizada utilizando os mesmos equipamentos da montagem de um produto novo. O teste final visa assegurar que o produto remanufaturado cumpra com a similaridade de um produto novo obtendo as mesmas características e funcionalidades.

No Box 1 deste capítulo, apresentamos o sistema de remanufatura de uma empresa do setor automobilístico.

Reciclagem industrial

A reciclagem é o processo mais conhecido, dentre os que caracterizam o beneficiamento na logística reversa. Segundo a definição da NRC (1999) citada em (KING et al., 2005), a reciclagem consiste na série de atividades em que os materiais descartados são coletados, triados, processados e utilizados na produção de novos produtos. Mais especificamente, consideramos que a reciclagem ocorre no momento em que um resíduo entra em uma nova cadeia produtiva, cujos produtos finais podem ser os mais diversos. Dessa forma, o resíduo torna-se uma matéria-prima para o novo processo, em substituição às matérias virgens. Isso pode se traduzir em vantagens econômicas e de sustentabilidade. O Brasil tem sido o líder mundial na reciclagem de alumínio, já que esta alternativa provou-

-se muito mais vantajosa para a indústria, que a utilização do alumínio produzido a partir de materiais virgens. Do ponto de vista da sustentabilidade, alguns processos de reciclagem podem representar uma economia de energia que chega a 50% no caso dos plásticos.

Com relação ao plástico, normalmente sua reciclagem envolve sua transformação em produtos como: conduítes, sacos de lixo, baldes, cabides, garrafas de água sanitária e acessórios para automóveis. De acordo com o CEMPRE (2012), esta reciclagem pode ser de três tipos:

- *Primária:* regeneração de um único tipo de resina separadamente. É o principal mercado de reciclagem de plásticos no Brasil.

- *Secundária:* processamento de polímeros, misturados ou não. Há tecnologias disponíveis para este processamento, que constitui-se em um mercado emergente no Brasil (como a confecção de "madeira plástica").

- *Terciária*: aplicação de processos químicos para recuperar as resinas que compõem o resíduo plástico. Ainda não existe no Brasil.

No Quadro 1, apresentamos mais exemplos de produtos que são gerados a partir da reciclagem dos diversos resíduos. Cada um corresponde a uma cadeia produtiva, em que o resíduo é inserido como matéria-prima. Quanto mais utilidades o resíduo pode ter, maior pode ser seu valor de mercado, uma vez que ele se torna um material precioso para diversas cadeias produtivas. Isso justifica a crescente valorização do PET, um tipo de plástico bastante versátil.

Quadro 1 – Resíduos e suas possíveis cadeias de reciclagem

Resíduo	Cadeia
Embalagens longa-vida	Papel reciclado; plástico reciclado; placas e telhas
Papel de escritório	Papel
Papel ondulado	Embalagens; papel cartão
Latas de alumínio	Chapas para latas; fundição de autopeças
Latas de aço	Chapas de aço; folhas de aço para embalagens
Vidros	Embalagens de vidro; asfalto; sistemas de drenagem contra enchentes; espuma e fibra de vidro; bijuterias; tintas reflexivas
Pneus	Tapetes de automóveis; mantas para quadras esportivas; pisos industriais; borrachas de vedação; asfalto
PET	Fios de costura; forrações, tapetes e carpetes; mantas de TNT; cordas e cerdas de vassouras e escovas; filmes e chapas para boxes de banheiro; termo-formadores; formadores a vácuo; placas de trânsito; sinalização; garrafas; adesivos; tubos para esgotamento predial; cabos de vassouras; torneiras

Fonte: CEMPRE (2012).

Assim como as cadeias produtivas que podem reciclar os diferentes resíduos podem ser as mais diversas, os processos de reciclagem também podem variar bastante em cada caso.

Descontaminação

A descontaminação consiste na retirada e tratamento de componentes perigosos existentes nos diversos materiais. A presença desses contaminantes é um dos principais motivos para a exigência de logística reversa de lâmpadas mercuriais, pilhas e baterias, embalagens de óleos lubrificantes e de agrotóxicos etc., pela Política Nacional de Resíduos Sólidos. Caso haja, nestes sistemas de logística reversa, um processo de descontaminação, os resíduos descontaminados podem ser encaminhados para outras destinações ou tratamentos, como os já mencionados neste capítulo. Os próprios componentes perigosos retirados, após tratamento posterior, podem ser encaminhados para indústrias próprias que os utilizam como insumo.

Um exemplo comum de descontaminação é o que ocorre com as lâmpadas fluorescentes, em algumas (poucas) indústrias brasileiras. Após a retirada das extremidades de alumínio, os tubos são submetidos a uma limpeza, em que o mercúrio é separado do vidro. Essa limpeza pode ser através do sopro de ar, lavagem ou escovação do interior. Após a descontaminação, o vidro e alumínio podem ser encaminhados para reciclagem, enquanto o mercúrio é aproveitado na fabricação de lâmpadas, pilhas e baterias etc.

A descontaminação é também aplicada a Resíduos de Serviços de Saúde (RSS). Nesse caso, as tecnologias mais utilizadas referem-se a tratamentos térmicos de baixa temperatura, como micro-ondas e ondas de rádio de baixa frequência e esterilização a vapor em autoclaves. A esterilização de RSS também pode ser feita por agentes químicos ou por radiações ionizantes. Ainda assim, devido aos riscos associados, não se recomenda o encaminhamento desses materiais para o aproveitamento, que devem ser dispostos em células próprias de aterros sanitários, ou incinerados.

A descontaminação pode ser aplicada também em resíduos de equipamentos que utilizam Bifelinas Policloradas (PCB). A fabricação e comercialização desses equipamentos foram proibidas ela Portaria Interministerial nº 19 de 1981. Contudo, a utilização continuou sendo permitida durante a vida útil dos equipamentos, desde que sejam descartados de maneira adequada sob a responsabilidade do gerador do resíduo. Os resíduos de PCBs podem ser divididos em dois diferentes tipos: Resíduos Líquidos e Sólidos Permeáveis[1] e Resíduos Sólidos Impermeáveis.[2] Para os permeáveis, a única alternativa é a incineração. No caso dos impermeáveis, opta-se por duas possibilidades: incineração e posterior disposição em aterros industriais; e descontaminação com posterior reciclagem dos materiais. Devido às características da incineração (vide próximo item), considera-se que a descontaminação é o processo mais favorável ao meio ambiente, pois após a descontaminação os materiais são reciclados, neutralizando possíveis passivos ambientais pela disposição em

---

[1] Presente em capacitores e transformadores, óleos e solventes, entre outros resíduos contaminados por PCBs.

[2] Consiste nos materiais metálicos e cerâmicos presentes nos transformadores e capacitores contaminados com PCBs.

aterros industriais. A tecnologia de descontaminação vem sendo empregada nos países desenvolvidos há mais de 12 anos, e recentemente vem sendo disponibilizada no Brasil.[3]

> "Os processos de descontaminação de última geração ocorrem em autoclaves que operam a vácuo, onde são introduzidas as carcaças e partes ativas dos transformadores. O solvente de extração circula num sistema fechado o qual é destilado continuamente, sendo o PCB segregado na destilação enviado à incineração" (www.tecori.com.br).

A descontaminação também se aplica aos efluentes líquidos e gasosos gerados em todos os processos de gerenciamento de resíduos. Isso envolve tratamentos físico-químicos, biológicos, filtros etc.

Incineração

A incineração é uma alternativa de tratamento térmico de resíduos, ainda cercada de bastante polêmica, devido aos riscos associados às emissões atmosféricas e à disposição inadequada das cinzas geradas. No entanto, é uma solução amplamente adotada nos países desenvolvidos, especialmente devido à redução do volume de rejeitos que são encaminhados a aterros e também pelo potencial de geração de eletricidade a partir do calor e do vapor produzido.

Na verdade, a incineração somente pode ser considerada como uma etapa de logística reversa se houver produção de energia. Caso contrário, o resíduo não estaria retornando à cadeia produtiva de nenhum produto relevante à sociedade, ou seja, não se fecharia o ciclo produtivo, o que caracteriza a logística reversa.

No Brasil, a principal legislação que rege a incineração compreende: a Resolução CONAMA nº 316/2002; e a Norma ABNT NBR 11175. Os requisitos para o licenciamento ambiental são bastante rigorosos, conforme pode ser visto na referida Resolução. Nesse processo, a empresa deve comprovar, dentre outras coisas:

- Registro dos resíduos recebidos: origem, composição química, características físico-químicas, incompatibilidade com outros resíduos etc.
- Características de misturas de resíduos: composição em peso, métodos para preparação da mistura.
- Taxa de eficiência de destruição e remoção (EDR), para o principal composto orgânico perigoso (PCOP), bem como para PCBs. Ambas as taxas devem ser superiores a 99,99%.
- Registros de logística e análise dos resíduos, com a preservação de amostras a cada seis meses, para comprovações junto ao órgão ambiental estadual.

---

[3] O Grupo Francês VIVENDI Environment em conjunto com a APROCHIM, empresa francesa detentora da tecnologia de descontaminação a vácuo, desde setembro de 2001 vem oferecendo este serviço através da sua filial brasileira TECORI – Tecnologia Ecológica de Reciclagem Industrial Ltda. (http://www.tecori.com.br/pdfs/artigos).

- Temperatura de operação das câmaras (mínimo 800ºC) e tempo de residência dos gases no interior (mínimo 1 segundo).

- Cobertura da área de recebimento dos resíduos, e sistema de coleta e tratamento adequado do chorume.

- No caso de resíduos sólidos urbanos (RSU), a implementação de um programa de segregação dos resíduos, com vistas à reciclagem e incineração, com metas crescentes até alcançar 30% de segregação no quinto biênio.

- Estudos técnicos: Projeto Básico e de Detalhamento; EIA/RIMA; Análise de Risco; Plano do Teste de Queima (com todas as condições listadas no art. 36); Plano de Contingência; Plano de Emergência; Plano de Desativação do sistema (quando do encerramento das atividades).

- Existência de unidades de recepção, armazenamento, alimentação, tratamento das emissões de gases e partículas, tratamento de efluentes líquidos, tratamento das cinzas e escórias. Estes tratamentos podem ser feitos fora das instalações da usina, desde que haja licença para tal.

- Responsável técnico habilitado.

- Capacitação dos operadores.

- Existência de Plano de Inspeção e Manutenção e de Sistema de Automonitoramento.

- Monitoramento e controle dos efluentes gasosos e líquidos, com cumprimento aos Limites Máximos de Emissão.

- Controle dos resíduos sólidos, semissólidos ou pastosos pós-tratamento etc.

Coprocessamento em fornos de clínquer

O coprocessamento em fornos de clínquer para fabricação de cimento, regulamentado pela Resolução CONAMA 216/1999, é uma alternativa crescentemente adotada no Brasil para o tratamento de resíduos sólidos. Nesse caso, é considerada uma alternativa de logística reversa, uma vez que o resíduo retorna para o ciclo produtivo da energia, bem como do cimento.

Nesse caso, há também a necessidade de licenciamento e controle pelo órgão estadual, de forma que sejam evitados riscos à saúde humana e ao meio ambiente. Por esse motivo, o licenciamento destas atividades exige os seguintes estudos (art. 9º da Resolução): Estudo de Viabilidade de Queima (EVQ); Teste em Branco (funcionamento do forno sem os resíduos); Teste de Queima; e Análise de Risco. Assim como na incineração, é necessária a comprovação de EDR dos PCOPs com no mínimo 99,99%, bem como o controle das emissões atmosféricas e de efluentes líquidos, com limites predeterminados na Resolução.

Segundo dados do IBAMA (2011) apud Fernandez et al. (2011), o coprocessamento na indústria de cimento é a principal destinação atual dos pneus inservíveis no Brasil, respondendo por metade do total gerado no país. Isso se explica pelo alto potencial calorífico da borracha, o que torna este material valioso para o tratamento térmico com recuperação de energia.

Compostagem e outros processos de biodigestão de matéria orgânica

A decomposição microbiana (biodigestão) é uma alternativa de tratamento com alto potencial de aplicação no Brasil, uma vez que a fração orgânica é dominante na composição média do lixo domiciliar (cerca de 60% em massa). Além disso, pode ser aplicada também a resíduos orgânicos de atividades rurais. Nesse caso, a logística reversa ocorre quando o resíduo entra no ciclo produtivo de húmus, que é um ótimo adubo, ou mesmo de energia a partir do gás metano.

Para resíduos sólidos como restos de alimentos, poda de jardins etc., aplica-se a compostagem. O processo central consiste na decomposição aeróbia da matéria orgânica a partir de agentes biológicos microbianos (VILHENA, 2010) com produção de CO_2 e água durante o processo. Como produto oferecido pelo processo, temos o húmus, poderoso fertilizante orgânico para a agricultura. Contempla as seguintes etapas: recepção e expedição; triagem (retirada de recicláveis e materiais indesejados); compostagem (pátio); beneficiamento (peneiramento) e armazenagem. Também deve contemplar a destinação adequada de rejeitos e o tratamento de efluentes gerados no processo.

A biodigestão também pode ocorrer na ausência de oxigênio, caracterizando uma decomposição ou digestão anaeróbica. É realizada com auxílio de reatores disponíveis, comumente chamados de biodigestores, que promovem as condições ideais para nutrição, homogeneização e umidificação, garantia de ausência de oxigênio e captação de biogás produzido para posterior produção de energia. O biogás é gerado através das reações resultantes do metabolismo dos micro-organismos que ingerem a matéria orgânica na ausência do oxigênio. Caracteriza-se como uma mistura de gases, onde o metano (CH_4) está presente em maior quantidade. Quanto à geração de energia, este mesmo gás, após captado, é utilizado como combustível, pois possui elevado poder calorífico, tal como o gás natural. O biogás possui cheiro desagradável devido à presença de traços de gás sulfídrico e outros gases que possuem mau cheiro. Sua produção também ocorre naturalmente onde existe matéria orgânica e baixo teor de oxigênio. Além do biogás, o processo também fornece adubo que pode ser usado na agricultura, tal como também é fornecido por digestores aeróbios, mais aplicados para decomposição de matéria orgânica originária do esgotamento sanitário.

ENCAMINHAMENTO

Após aplicado o tratamento mais adequado para o material, este é encaminhado para sua destinação final. Este item será discutido no próximo capítulo, mas aqui podemos antecipar que esta destinação pode ser:

* doação;
* reúso;
* comercialização;
* aterro (somente para os rejeitos).

DEFINIÇÃO DO MODELO DE BENEFICIAMENTO

É possível que seja tecnicamente viável fazer diferentes combinações entre estas alternativas, para cada etapa do beneficiamento. Por exemplo, o pré-tratamento pode ser somente uma triagem, ou uma triagem seguida de limpeza e compactação do material. Da mesma forma, o tratamento pode ser somente um desmanche para revenda, ou desmanche + reciclagem, desmanche + recondicionamento etc.

Estas etapas também podem variar em função de quem as executa, pois o escopo de atuação de uma empresa pode, por exemplo, restringir-se ao pré-tratamento, e assim o encaminhamento via comercialização ou doação virá antes da etapa de tratamento. Também o armazenamento temporário (que pode ocorrer entre quaisquer etapas do beneficiamento e da logísitica reversa em geral) está sujeito às características específicas da empresa. Dessa forma, seria possível caracterizar uma diversidade de cenários para o beneficiamento de cada material durante sua logística reversa.

Naturalmente, a escolha da solução a ser adotada também varia em função da natureza do produto. Com relação aos resíduos-alvo da logística reversa, e enfocando a realidade brasileira, podemos identificar algumas técnicas e tecnologias que vêm sendo adotadas (Tabela 1).

Vale ressaltar que para alguns destes produtos, como os pneus e as pilhas e baterias, há Resoluções e Leis que regem as condições para manejo. Para pneus, há a Resolução CONAMA nº 258/1999; para pilhas e baterias, a nº 257/1999. Para lâmpadas, citam-se as leis estaduais próprias existentes na Bahia, Rio Grande do Sul e São Paulo.

Há também normas próprias para algumas das etapas de beneficiamento. Por exemplo, o armazenamento de resíduos é regido pelas Normas NBR 11174 (resíduos não perigosos) e NBR 12235 (resíduos perigosos). Dentre as atividades de tratamento, a incineração de resíduos sólidos possui norma específica – a NBR 11175:1990. Há normas para a reciclagem de resíduos específicos, como areias de fundição (NBR 15984:2011), fluidos frigoríficos (NBR 15960:2011) e os resíduos da construção civil (NBR 15114:2004). A NBR 15792:2010 estabelece um método para cálculo do índice de reciclagem de embalagens, índice este que pode ter influência importante no planejamento operacional das atividades.

Tabela 1 – Opções para beneficiamento dos resíduos-alvo da logística reversa no Brasil

Resíduo	Tipo de beneficiamento
Papel	Reúso/redução de volume/comercialização Reciclagem (limpeza + alvejamento + refinação + adição)
Plástico	Reúso/lavagem/redução de volume/comercialização Reciclagem com separação das resinas (separação + regeneração + pós-tratamento + Transformação) Reciclagem sem separação das resinas (regeneração + transformação) Incineração
Metais	Redução de volume/comercialização Reciclagem (fusão + conformação) Reciclagem (briquetagem + refusão + transformação em lingote)
Vidro	Separação + trituração Reciclagem (produção de embalagens, tijolos, microesferas, lã, fibra, bolinhas ou espuma de vidro/fritas cerâmicas/asfalto) Reuso (material abrasivo ou de enchimento/aplicações artísticas)
Pneus	Recauchutagem + reúso Reciclagem (engenharia civil/regeneração da borracha/asfalto) Incineração + geração de energia
Lâmpadas	Reciclagem (destruição + separação + descontaminação + reciclagem/reúso/comercialização) Separação por sopro + reciclagem Esmagamento + solidificação/encapsulamento Disposição em aterros
Eletro-eletrônicos	Recondicionamento + reúso/revenda Desmontagem/desmanche + reciclagem Reciclagem (desmontagem + triagem + trituração + separação + transformação)
Pilhas e baterias	Devolução Reutilização/reciclagem/disposição final Reciclagem (trituração + separação + recuperação + reciclagem)
Embalagens de produtos tóxicos	Tríplice lavagem Incineração

Fonte: Vilhena (2010); Guarnieri (2011).

Certamente, em algumas das etapas destes processos são separados materiais que constituem outro tipo de resíduo e, portanto, são encaminhados para o fluxo reverso próprio. Por exemplo, na reciclagem de eletroeletrônicos, podem ser encontrados plásticos e metais diversos, que, depois de separados, são retornados para os canais que façam seu beneficiamento. Isso também pode ocorrer com o vidro e alumínio das lâmpadas; plásticos e metais das embalagens e das pilhas e baterias.

CRITÉRIOS PARA A ESCOLHA DO BENEFICIAMENTO

A escolha do tipo de beneficiamento a ser adotado também deve obedecer a alguns critérios. Dentre estes, podemos enumerar (LEITE, 2003; MONTEIRO, 2001):

- Viabilidade técnica e orçamentária.
- Qualificação e quantidade da mão de obra.
- Caracterização, volume e grau de separação dos resíduos.
- Localização em relação às fontes geradoras.
- Impactos ambientais.
- Destinação dos produtos e subprodutos gerados.
- Legislação.
- Fatores de mercado.

BOX 1: MODELO DOS PROCESSOS DE NEGÓCIO PARA GERENCIAR A REMANUFATURA

Profª D.Sc. Olívia Toshie Oiko, Universidade Estadual de Maringá

ooiko@yahoo.com.br

No Brasil, a remanufatura está presente em poucos setores, como: máquinas, autopeças, eletrodomésticos e médico-odontológico. No setor de autopeças, cascos ou carcaças (peças usadas) de alternadores, barras de direção, embreagens, caixas de transmissão, componentes de sistemas de freio e motores são remanufaturados pelos fabricantes das peças originais ou por empresas autorizadas. Esses itens são comercializados no mercado de reposição (*aftermarket*), com a mesma garantia das peças de reposição novas. Em geral, os remanufaturados atendem às linhas de caminhões e ônibus e são direcionados para frotistas, uma vez que este tipo de cliente realiza trocas frequentes de peças e consegue avaliar racionalmente a relação custo-benefício do produto remanufaturado em relação ao novo.

Neste box apresentaremos o caso de uma empresa que produz peças originais e remanufaturadas para frotas de caminhões, ônibus e veículos agrícolas e industriais. Os produtos remanufaturados podem ser comercializados à base de troca, caso em que seu preço equivale de 60 a 70% do preço do produto novo. No caso da compra sem a troca, o valor deste produto é o mesmo que o do novo.

A seguir, serão apresentadas algumas informações sobre esta empresa.

Comercialização dos remanufaturados. A comercialização dos remanufaturados é feita pelos mesmos distribuidores que vendem peças de reposição novas. Como parte do treinamento que recebem, os distribuidores devem reunir dados sobre a base instalada[4] da sua área de atuação para estimar quando os equipamentos estarão em fim do ciclo de vida, ou seja, quando ofertar os produtos remanufaturados. Esta é uma medida baseada no princípio de que, para vender o remanufaturado, é necessário que o vendedor esteja mais presente em campo e conheça de perto os clientes.

Para auxiliar no argumento de vendas do produto remanufaturado, foi desenvolvida uma "calculadora" que compara os gastos com o produto remanufaturado em relação aos gastos com a "reforma" do equipamento usado, incluindo perda de faturamento decorrente do tempo do equipamento parado.

Obtenção dos produtos usados. Todos os produtos usados são obtidos pela empresa à base de troca via distribuidores. As carcaças desses produtos no mercado paralelo atingem valores bastante elevados porque são muito procuradas para recuperação. A empresa paga aos distribuidores um valor simbólico pela aquisição das carcaças e o frete de remessa. No caso em que o casco não seja enviado no prazo de 90 dias, uma nota complementar é cobrada do distribuidor.

Em caso de rejeição do casco, o distribuidor paga o frete de ida e volta, acrescido de um valor referente a custos administrativos e mão de obra para avaliação do produto usado, além da diferença de preço entre o produto novo e o remanufaturado à base de troca.

Devido aos prazos para devolução dos produtos usados, estima-se que para cada unidade remanufaturada comercializada é necessário ter seis cascos girando na cadeia. Quando não há cascos de determinado item, especialmente no lançamento, produtos novos podem ser vendidos como remanufaturados.

Operações de remanufatura. As operações de remanufatura ficam em prédio separado da manufatura de produtos novos. Os cascos que chegam dos distribuidores são inspecionados e encaminhados diariamente para uma empresa parceira responsável pela desmontagem das carcaças e recuperação das partes.

Os componentes separados podem ser: descartados 100%, de acordo com as especificações da engenharia; reutilizados após limpeza; ou recuperados. Os componentes que são reaproveitados diretamente eram armazenados após a limpeza. Permanecendo em estoque, eles podiam sofrer oxidação, demandando nova limpeza. Para diminuir o retrabalho, agora estes componentes são armazenados antes de passarem pela limpeza, e seguem para esta operação somente quando forem necessários para programação de montagem. Componentes recuperados

---

4 Quantidade de produtos instalados em veículos circulando e que, ao final de um ciclo de uso, constituem um volume potencial de produtos a serem substituídos por remanufaturados.

são mantidos no almoxarifado com os componentes novos, e apresentam prioridade de saída.

Durante o processo, são registrados os índices e causas do não aproveitamento dos componentes, que são mantidos para composição dos custos. Os produtos usados rejeitados em quaisquer etapas são segregados, destruídos e enviados para reciclagem. A destruição é necessária, pois um produto sem condições de recuperação pela empresa pode ser "adquirido" e "recuperado" por outra empresa, com padrões de qualidade inferiores.

Uma folha de processo acompanha a montagem do produto desde a saída dos componentes do almoxarifado. Nesta folha, cada componente utilizado é marcado como novo ou recuperado. O montador da linha de remanufaturados é bem mais experiente e conhecedor do produto e da montagem como um todo do que o montador da linha de novos e, entre outras coisas, precisa saber reconhecer se um componente está em condições de ser reaproveitado ou não.

Planejamento e controle da produção. A unidade de remanufatura faz uma programação semanal das necessidades de compras, que é agregada às das outras unidades para negociar com os fornecedores. Posteriormente, o setor de remanufaturados "compra" os itens da fábrica. A programação do MRP (sistema informatizado da empresa) utiliza como parâmetros as demandas históricas dos itens, mas pode ser modificada manualmente com base em pedidos colocados para o período, ou para inclusão de itens sem demanda histórica.

Procura-se manter produtos para pronta entrega dos itens de maior demanda. Na programação da montagem, é utilizado um quadro *kanban* contendo um setor azul que recebe cartões com as montagens programadas (com base histórica) para o mês. Outro setor, vermelho, com prioridade de execução, recebe cartões azuis atrasados ou cartões vermelhos que se referem a pedidos que não constavam na programação mensal.

O ERP (sistema informatizado) foi modificado para controlar cascos e produtos remanufaturados. Produtos e componentes antes dos processos de recuperação recebem um sufixo que os identifica como usados. Depois de recuperados, componentes ou produtos montados recebem outro sufixo. A árvore de montagem do produto remanufaturado é composta preferencialmente de componentes recuperados, mas aceita componentes novos.

Estrutura organizacional. A empresa conta com uma gerência própria para a remanufatura, que, além da estrutura da fábrica, conta com as áreas de planejamento, de compras e almoxarifado.

Aspectos ambientais. O aspecto ambiental como argumento de vendas do remanufaturado não é muito forte, visto que o público atendido não está muito sensibilizado para isso. Contudo, isso é valorizado pelos acionistas, que consideram que uma empresa ambientalmente mais responsável terá um comportamento ético como um todo.

QUESTÕES PARA DISCUSSÃO

1. O modelo de negócio para os produtos remanufaturados implantado por esta empresa poderia ser aplicado à sua organização? Que adaptações deveriam ser feitas, e por quê?

2. Que inovações sua empresa poderia trazer para o campo da remanufatura?

3. É possível mencionar outros produtos que apresentem potencial para serem remanufaturados? Considere as características do produto e seu uso, dos canais de distribuição, tipo de cliente, possibilidade ou necessidade de retorno de produtos usados ao fabricante.

4. Que outros mecanismos para obtenção de produtos usados (núcleos) poderiam ser usados para remanufatura?

REFERÊNCIAS

FERNANDEZ, J. A. B.; ROMA, J. C.; MOURA, A. M. M. *Caderno de diagnóstico*: resíduos cuja logística reversa é obrigatória. IPEA, 2011.

KING, A. M.; BURGESS, S. C.; IJOMAH, W.; MCMAHON, C. A. *Reducing waste*: repair, recondition, remanufacture or recycle? Sustainable Development, v. 14, p. 257-267, Wiley InterScience, 2005.

LEITE, P. R. *Logística reversa*: meio ambiente e competitividade. São Paulo: Pearson Prentice Hall, 2003.

MONTEIRO, J. H. P. (Coord.). Manual de gerenciamento integrado de resíduos sólidos. Rio de Janeiro: IBAM, 2001.

OIKO, O. T. *Modelo dos processos de negócio primários, de gestão e de suporte para remanufatura*. Tese (Doutorado) – Escola de Engenharia de São Carlos, Universidade de São Paulo, São Paulo.

PETERS, J.; CLIMATEWIRE. *Urban mining may help dispose of E-Waste*. Scientific American, April 22, 2011.

ROGERS, D. S.; TIBBEN-LEMBKE, R. S. *Going backwards*: reverse logistics trends and practices. University of Nevada, Reno: Center for Logistics Management, 1998.

SALAMONI, R. H.; PINHEIRO, R. J. B.; NUMMER, A. V. Processo operacional da Central de Tratamento de Resíduos da Caturrita – Santa Maria, RS, Teoria e Prática na Engenharia Civil, nº 4, p. 43-50, 2009.

VILHENA, A. (Coord.). *Lixo municipal*: manual de gerenciamento integrado. 3. ed. São Paulo: IPT/CEMPRE, 2010.

<www.cempre.org.br>. Acessado em: 6 ago. 2012.

<www.facadiferente.sebrae.com.br/2011/01/03/lixo-eletronico-lucre-e-salve-o-planeta/>.

<www.tecori.com.br>. Acessado em: 15 ago. 2012

<www.tecori.com.br/pdfs/artigos>. Acesso em: 15 ago. 2012.

11

DESTINAÇÃO FINAL

Marcelle Rodrigues de Souza
Ricardo Gabbay de Souza

As seções anteriores deste capítulo atestam claramente que o ponto de partida da logística reversa é o reconhecimento do resíduo. A identificação de seu local de geração, de sua classe e das oportunidades de negócio foi o ponto de partida de todo o percurso reverso do resíduo até um ciclo produtivo – coleta, transporte e beneficiamento – com garantia da conformidade legal, segurança e lucratividade. Apesar de buscar-se preferencialmente uma destinação que faça todo o resíduo retornar à cadeia com agregação de valor, sempre resta, inevitavelmente, algum resíduo que não pôde ser beneficiado, perdendo seu valor de utilidade – os chamados *rejeitos*. Estes devem seguir para um destino final adequado, a fim de que sejam evitados efeitos negativos ao meio ambiente e à saúde humana.

A destinação final dos rejeitos é a última ponta na cadeia reversa de um resíduo. Quando essa cadeia é um ciclo fechado, a destinação final do resíduo é algum processo dentro do próprio sistema produtivo e o resíduo se reincorpora assim à logística direta de seu gerador. Quando a cadeia é aberta, o destino do resíduo gerado por um agente econômico é um processo pertencente a outro agente da cadeia (LEITE, 2003). No entanto, em uma perspectiva mais ampla que leve em conta todos os sistemas produtivos atuantes na cadeia reversa de um resíduo, essa cadeia somente pode ser considerada aberta quando o destino final é relativo aos rejeitos, sem retorno no ciclo.

Seguindo a cadeia de processos proposta neste livro, os resíduos que chegam nesta etapa já estarão separados e beneficiados. No Capítulo 10 foram apresentadas as principais opções para encaminhamento, dos resíduos já beneficiados que permanecem na cadeia produtiva: doação, reúso, comercialização. No caso dos rejeitos, a destinação final deve ser um aterro. Tais opções serão detalhadas a seguir. Elas permitem mais do que a mera disposição final ambientalmente correta em aterros; permitem também a agregação de valor aos resíduos beneficiados e, portanto, uma oportunidade de geração de renda e de novos negócios. Infelizmente, a realidade brasileira ainda não é esta, na maioria dos casos.

O gestor pode ter que lidar com a destinação final de resíduos que não estão devidamente separados e acondicionados, muito menos beneficiados.

DESTINAÇÃO FINAL DE RESÍDUOS E REJEITOS

Conforme exposto anteriormente, a Política Nacional de Resíduos Sólidos apresenta uma sequência lógica para o gerenciamento dos resíduos, que inicia com a busca pela não geração, depois segue com redução, reutilização, reciclagem, tratamento e disposição final ambientalmente correta. A PNRS orienta que apenas os rejeitos devem seguir para a disposição final, após receber os tratamentos devidos. Os resíduos podem ser direcionados para diferentes destinações finais. Cabe ao gestor definir qual a destinação mais interessante para os seus resíduos, fazendo uso das técnicas discutidas neste livro, como forma de implantar e melhorar a sua logística reversa. Dessa forma, as tecnologias de destinação final serão separadas em dois grupos: destinação final de resíduos e destinação final de rejeitos.

DESTINAÇÃO FINAL DE RESÍDUOS

Quando um resíduo pode ser beneficiado com o recondicionamento, reciclagem etc., o destino é um ator ou um conjunto de atores que encontram valor em algum componente do resíduo, ou no próprio resíduo, após este ter sido transformado em matéria-prima. Quando o resíduo é encaminhado ao destino final, pode ser recebido por qualquer ator na sociedade que encontre valor no resíduo, na condição em que se encontra, através das seguintes opções:

Doação

Este tipo de destinação final pode envolver o retorno dos resíduos para a sua cadeia produtiva ou para outra cadeia, porém não há garantia de que isso venha a ocorrer. Neste caso, é necessário tomar cuidado com este tipo de prática, devido aos critérios de corresponsabilidade pelos resíduos. No caso das garrafas PET, um fim muito interessante pode ser a doação para fabricação de móveis de artesanato, como mostra a Figura 1.

O mesmo ocorre com diversos materiais, classificados como resíduos não perigosos. Não apenas resíduos podem ser doados, mas também produtos acabados contendo algum defeito que não comprometa o seu fim de utilização. Apesar de os produtos doados terem sido rejeitados por critérios da inspeção final do produto, essas doações podem ser feitas por seus fabricantes para instituições de caridade.

Figura 1 – Móvel fabricado com garrafas PET

Fonte: <www.dsconto.com>.

A população também pode doar os resíduos gerados nas residências. Existem maneiras de garantia de destinação correta de resíduos doados por pequenos geradores. Através de algumas iniciativas de órgãos públicos, resíduos recicláveis são recolhidos gratuitamente. No Rio de Janeiro, os resíduos recicláveis gerados nas residências (além de pilhas, bateria e eletrodomésticos) podem ser destinados à Comlurb (Companhia Municipal de Limpeza Urbana). Segundo consta no *site* deste órgão, a coleta seletiva porta a porta é realizada semanalmente, resultando no recolhimento de 6.218,97 toneladas em 2008, atendendo, atualmente, a 30% das moradias cariocas. Há também várias ações por arte dos fabricantes e iniciativa privada de modo geral, comprometidas com as questões ambientais, anteriormente à nova PNRS.

Reúso

Esta forma de destinação recebe resíduos beneficiados pelas atividades de triagem, lavagem, reparo, recondicionamento, renovação, remanufatura etc., comentados no Capítulo 10. Tais atividades consistem, de maneira geral, na correção de problemas, recuperação das boas condições de uso, reequipagem, embelezamento e, no caso específico da remanufatura, desmontagem e substituição de peças a partir do núcleo de um produto.

Dentre os produtos que podem ser reutilizados, figuram automóveis, eletroeletrônicos e eletrodomésticos. Possivelmente, as condições de funcionamento serão inferiores, mas eles ainda possuem razoável valor para novos usuários. Muitas iniciativas que promovem a inclusão digital em escolas públicas e comunidades carentes são apoiadas pela prática do reúso de computadores (Figura 2).

O reúso contribui bastante para o alongamento do ciclo de vida destes produtos, adiando sua destinação final.

Figura 2 – Reúso de microcomputadores para a inclusão digital

Fonte: <www.petproinfo.blogspot.com>.

Comercialização

Faz parte da comercialização a revenda e a venda via *outlet*.

A comercialização já foi tratada, de certa forma, no Capítulo 8, quando se abordou a identificação dos geradores de resíduos dispersos, de difícil identificação. Naquele momento, o foco era garantir fornecedores que alimentem a logística reversa, através por exemplo de bolsas de resíduos. Agora, a comercialização reaparece como oportunidade para destinação de resíduos beneficiados com obtenção de receitas. O comprador deve ter autorização para receber determinado resíduo, mas nem sempre isso significa que o resíduo será reintegrado a um processo de fabricação. Um exemplo são os resíduos de construção civil, que podem ser destinados à fabricação de tijolos modulares ou de placas pré-moldadas para finalização de fachadas, mas podem também ser usados como material para aterro, sem retorno a um processo de fabricação. Outro exemplo muito comum são os materiais recicláveis pré-tratados por cooperativas de catadores, que são comercializados para indústrias de reciclagem. Nesse caso, a comercialização é o encaminhamento em mais de uma ponta no ciclo: na transferência dos catadores para a indústria; e na venda dos produtos reciclados pela indústria.

A venda via *outlet* também foi de certa forma tratada, quando se abordou a ideia de doação. Os produtos fabricados que possuem padrão de qualidade ou acabamento inferiores aos requisitos de inspeção final podem ser comercializados com desconto, caso não tenham perdido sua utilidade.

DESTINAÇÃO FINAL DE REJEITOS

Enquanto for possível encontrar valor no resíduo (tendo ou não havido algum tipo de beneficiamento ou transformação), ele seguirá retornando à cadeia produtiva, prolongando seu ciclo de vida. No entanto, no momento em que o resíduo deixa de ter valor para qualquer agente econômico, ou não alcança um que lhe atribua valor, ele se torna um rejeito e precisa ser descartado, de forma ambientalmente adequada.

No Brasil, a forma mais tradicional de descarte de rejeitos é a disposição final em aterros sanitários. Segundo o site do CEMPRE (<http://www.cempre.org.br/ft_plastico.php>. Acesso em: 10 set. 2012), apenas 19% dos resíduos plásticos foram reciclados no Brasil em 2010. Contudo, neste mesmo ano, o Brasil esteve na nona posição mundial na reciclagem dos plásticos, atrás da Alemanha (34%), Suécia (33,2%), Bélgica (29,2%), Itália (23%), países que incineram a maior parte do plástico coletado seletivamente. Ainda segundo o mesmo *site*, os principais consumidores de resíduos plásticos no Brasil são mesmo as empresas recicladoras, que os devolvem como matéria-prima para a fabricação de artefatos plásticos. Caso não sejam reciclados, sabe-se que o principal destino dos plásticos são os aterros, onde sua degradação ocorre lentamente, mesmo quando estes são biodegradáveis ou fotodegradáveis.

É importante insistir que os locais conhecidos como lixões são uma forma inadequada de disposição final de rejeitos. Esses locais geram danos ao meio ambiente e à saúde das pessoas que buscam formas de sobrevivência através da catação de material reciclável. Atualmente, alguns municípios em todo o país já tomaram providências para eliminação destes locais. É possível citar também os chamados aterros controlados. As únicas diferenças entre um aterro controlado e os lixões é que não é permitida a entrada de pessoas e que pode existir algum tipo de controle, como a cobertura com terra ou o monitoramento do lençol freático. Esse monitoramento ocorre em alguns Estados que aceitam esta forma de destinação, em caráter temporário.

Assim como existem normas específicas sobre incineração, reciclagem etc., também existem normas que orientam a adoção de aterros como forma de destinação final de rejeitos:

- ABNT NBR10157/87 – Aterros de resíduos perigosos – Critérios para projeto, construção e operação.
- ABNT NBR13896/97 – Aterros de resíduos não perigosos – Critérios para projeto, implantação e operação.

Os locais para disposição adequada são os aterros sanitários e os aterros industriais. Os aterros sanitários se diferenciam dos aterros controlados pelo fato de haver tratamento do líquido lixiviado (chorume), resultante da decomposição dos rejeitos e altamente contaminante para o solo e a água. Dessa forma, o local é impermeabilizado, compactado e o rejeito é enterrado diariamente. Além disso, possui canaletas para coleta do chorume e envio posterior para uma Estação de Tratamento de Esgoto (ETE).

Existe uma variedade de tecnologias que podem ser adotadas nos aterros sanitários. Por exemplo, ele pode ou não ter tratamento dos gases gerados na decomposição, normalmente metano (CH_4), um dos gases de efeito estufa. Mesmo sendo normalmente drenados nos aterros sanitários, esses gases são muitas vezes queimados, gerando CO_2 e H_2O, o que, portanto, continua sendo prejudicial ao meio ambiente. No entanto, há um grande potencial em utilizar o metano para a geração de energia, o que, além de beneficiar os usuários da eletricidade gerada, também favorece a negociação de créditos de carbono. Quanto ao tratamento do chorume, ele pode ocorrer por diversas técnicas:

- Biológico:
  - Lodos ativados.
  - Lagoas aeradas.
  - Lagoas de estabilização.
  - Reator anaeróbio de fluxo ascendente (RAFA).
- Recirculação ou irrigação.
- Físico-químico:
  - Diluição.
  - Filtração.
  - Coagulação, floculação, precipitação, sedimentação.
  - Matrizes de carvão ativo.
  - Oxidação direta.
  - Evaporação direta ou forçada.
  - Lavagem do efluente líquido com ar.
  - Troca iônica, osmose reversa ou ultrafiltração (MONTEIRO, 2001; VILHENA, 2010).

Além dos rejeitos urbanos não perigosos, o aterro sanitário também pode receber alguns resíduos industriais não inertes (Classe IIB), quando é denominado Aterro Classe II.

A diferença entre os aterros sanitários e os industriais é que estes recebem rejeitos provenientes das indústrias. É possível que esses rejeitos sejam submetidos a tratamento prévio, tal como descontaminação por forno rotativo, encapsulamento etc. Esses aterros também podem ser denominados de acordo com a classe do resíduo que recebem: Aterro Industrial Classe I, Classe IIA ou Classe IIB.

REFERÊNCIAS

LEITE, P. R. *Logística reversa*: meio ambiente e competitividade. São Paulo: Pearson Prentice Hall, 2003.

MONTEIRO, J. H. P. (Coord.). *Manual de gerenciamento integrado de resíduos sólidos*. Rio de Janeiro: IBAM, 2001.

VILHENA, A. (Coord.). *Lixo municipal*: manual de gerenciamento integrado. 3. ed. São Paulo, IPT/CEMPRE, 2010.

Parte IV
PROCESSOS DE GESTÃO E DE APOIO DA LOGÍSTICA REVERSA

12

Gestão de Parcerias e Partes Interessadas

Elton Siqueira Moura

INTRODUÇÃO

Ao falarmos sobre a gestão de parcerias e, principalmente, das partes interessadas na logística reversa, inicialmente pensamos nos relacionamentos com clientes e fornecedores que a cadeia de suprimentos (*supply chain*) tem que gerenciar. No entanto, as partes interessadas no fluxo da logística reversa (vide Capítulo 3) são bem mais amplas e críticas que na cadeia de suprimentos convencional, uma vez que o envolvimento de terceiros é muito maior. No âmbito deste livro, temos mencionado o termo *stakeholders* como sinônimo de partes interessadas, pois o escopo de envolvidos é muito maior.

É fácil compreender que os *stakeholders* partícipes no fluxo da logística reversa são bem mais abrangentes, englobando: fornecedores, clientes, órgãos governamentais nas diversas instâncias (federal, estadual e municipal), ONGs (Organizações Não Governamentais), comunidades locais, catadores formais e informais etc. A definição mais corrente diz que *stakeholder* é qualquer grupo ou indivíduo que pode afetar ou ser afetado pelos objetivos da organização (ÁLVAREZ-GIL et al., 2007). A sobrevivência e o sucesso da organização dependem da forma como ela gerencia o relacionamento com estes *stakeholders* e esta é uma tarefa da gerência. Esta deverá supervisionar todas as reclamações, expectativas e perfis dos *stakeholders* e não somente o bem-estar dos acionistas (*shareholders*). No entanto, o principal contato com os *stakeholders* ocorre no nível operacional e, dessa forma, a organização precisa ter um modelo de gestão de *stakeholders* difundido ao longo de seu sistema produtivo.

O desenvolvimento e a implantação da logística reversa são pressionados pela rede de *stakeholders* que irão orbitar – ou orbitam – a organização e que possuem suas próprias reivindicações. A organização deve estar atenta às reivindicações e procurar respostas que as atendam efetivamente. A Figura 1 demonstra parte desses relacionamentos.

Figura 1 – Reivindicações dos *stakeholders* e respostas das empresas

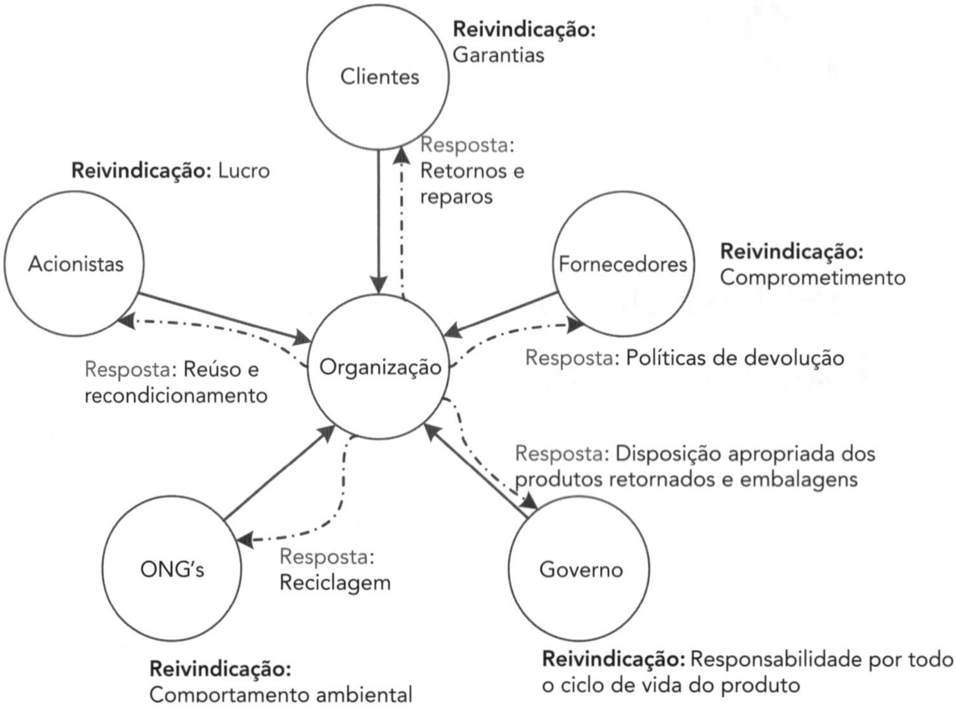

Fonte: Álvarez-Gil et al. (2007).

Na Figura 1 podem-se observar as reivindicações dos vários *stakeholders* que orbitam a organização, tendo cada um deles suas próprias reivindicações. As ONGs, por exemplo, podem reivindicar um comportamento ambiental da organização condizente com as práticas ambientalmente corretas, tendo como resposta a implantação de uma política de reciclagem. Os clientes, por sua vez, podem reivindicar que haja garantias de manutenção e disposição dos produtos comercializados, tendo como resposta a implantação de procedimentos e garantias de retornos e reparos desses produtos. Como *feedback*, a organização dá a estes *stakeholders* respostas apropriadas às suas reivindicações, na forma de estratégias ou ações.

Estudos realizados (ÁLVAREZ-GIL et al., 2007) indicam que uma combinação de fatores externos, organizacionais e individuais influenciam no sucesso da implantação da logística reversa nas empresas. As gerências têm grande responsabilidade em assegurar que as reivindicações dos *stakeholders* sejam satisfeitas (fatores externos), através de respostas adequadas propostas nas atividades da logística reversa.

Em uma visão mais moderna, podemos afirmar que a melhor gestão de partes interessadas ocorre quando os diversos *stakeholders* são envolvidos nos processos como *parceiros* da organização. Dessa forma, é necessário identificarmos os potenciais parceiros, com prioridade para os *stakeholders* mais diretamente envolvidos, ou seja, que mais influenciam ou são influenciados pela logística reversa da organização. As empresas que pensam (ou cada vez mais, necessitam) trabalhar a logística reversa têm que se conscientizar de que o termo *parceria* deve ter a conotação de comprometimento, tanto vertical (dentro da empresa e dos ramos de atuação) quanto horizontal (com os diversos *stakeholders*). Esse comprometimento envolve a comunicação constante das atividades inerentes ao processo da logística reversa.

No coração do conceito de parcerias reside a questão da proximidade do relacionamento (SLACK; CHAMBERS; JOHNSTON, 2007). As parcerias são relacionamentos muito próximos que possuem inúmeros fatores que a influenciam, a saber:

- **Compartilhar o sucesso**: ambos os parceiros trabalham juntos a fim de aumentar a quantidade total de benefícios ao invés do uso de manobras para aumentar a sua contribuição individual.

- **Expectativas em longo prazo**: parcerias de longo prazo implicam compromissos de longo prazo, mas não necessariamente permanentes.

- **Múltiplos pontos de contato**: a comunicação entre os parceiros não deve ser feita apenas através de canais formais; podem ser levadas a contento pessoalmente, em ambas as organizações.

- **Aprendizagem conjunta**: parceiros em um relacionamento possuem o compromisso de aprender da experiência e percepção das operações do outro na cadeia.

- **Poucos relacionamentos**: embora a logística reversa possua diversos *stakeholders* envolvidos no processo, as parcerias devem ser limitadas a um número não muito grande de parceiros, uma vez que a gestão dessas parcerias pode tornar difícil a gestão e o atendimento a tantos requisitos.

- **Coordenação conjunta de atividades**: devido aos poucos relacionamentos, é possível trabalhar determinadas atividades conjuntamente entre os parceiros.

- **Transparência da informação**: elemento fundamental entre os parceiros, as informações devem ser claras e constantes entre os parceiros, pois isto traz maior confiabilidade na parceria.

- **Confiança**: este é o elemento-chave em um relacionamento de parceria. As partes devem ter consciência que o relacionamento deve trazer benefícios para ambas as partes, apesar de ser o fator mais difícil de manter.

Diante do exposto, é fácil observar que a gestão de parcerias e partes interessadas é estratégica para a organização que atua ou deseja atuar na logística reversa (vide Capítulo 6). No entanto, o aumento do número de parceiros pode trazer dificuldades na gestão, além da própria concorrência entre os parceiros que podem querer atuar em nichos de outros parceiros, o que pode trazer problemas na gestão (GEUNCHAN; HYUNCHUL; HEESEOK, 2005). A Figura 2 mostra que aumentar o número de parceiros faz aumentar os canais de comunicação e os relacionamentos, dificultando a gestão.

Figura 2 – Canais de comunicação e relacionamento segundo número de parceiros

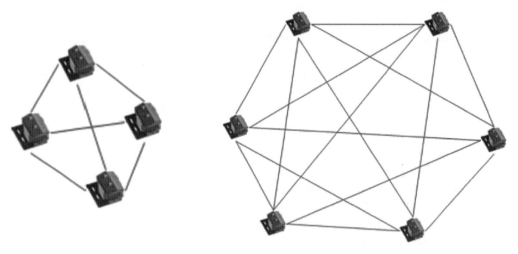

Figura 2a – Parceria com quatro parceiros   Figura 2b – Parceria com seis parceiros

O número de canais de relacionamento pode ser expresso pela fórmula: $n * (n-1)/2$, onde n é o número de parceiros. Portanto, para quatro parceiros (Figura 2a) serão seis os canais de comunicação. Se acrescermos dois parceiros (Figura 2b) o número de canais sobre para 15, exigindo mais esforço para manter as parcerias. Esse esforço torna-se ainda maior se os parceiros estiverem localizados distantes regionalmente ou globalmente, muitos trazendo consigo diferenças de idioma e cultura. Apesar desse esforço, é necessário que as parcerias sejam gerenciadas, independentemente do número de parcerias e partes interessadas, sendo que o número irá variar de acordo com o nicho de atuação da empresa. Manter um relacionamento formal e regular com estes parceiros demanda tempo e dedicação (KERZNER, 2011).

É importante lembrar que a gestão de parcerias e partes interessadas que estamos tratando neste capítulo engloba os seguintes processos operacionais da cadeia de valor descrita nesta obra: **Preparação e Acondicionamento, Coleta e Transporte, Beneficiamento, e Destinação Final**.

COMO ESTABELECER PARCERIAS?

A gestão das partes interessadas e parcerias têm tomado outra conotação durante os últimos anos (KERZNER, 2011). A visão antiga de gerenciar os relacionamentos com as partes interessadas agora tem seu foco mudado para a construção de relacionamentos para o futuro, ou para estabelecer parcerias através de acordos duradouros visando a agregação de valor e não simplesmente o lucro.

Outra mudança importante diz respeito à procura do lucro em curto prazo. Almeja-se, na visão atual, o alinhamento das atividades para estratégias de negócios em longo prazo. A questão ética nos relacionamentos e gestão das parcerias também tem tido importância nos relacionamentos. Vale lembrar que as informações devem ser claras e consistentes, e prover aos *stakeholders* importância relevante aos seus negócios.

A gestão das partes interessadas não deve ser realizada de maneira *ad-hoc*. É necessária a definição de fases e processos (Figura 3) que facilitem o trabalho dos gerentes. É uma importante atividade administrativa, e, como tal, merece uma atenção especial na forma de tratamento dos relacionamentos entre as partes (GEUNCHAN; HYUNCHUL; HEESEOK, 2005).

Figura 3 – Processos de gestão de parcerias

A primeira etapa do processo de gestão de parcerias é a **identificação de stakeholders**. O objetivo principal neste processo é identificar todas as pessoas e organizações que possuem envolvimento com os processos operacionais da cadeia de valor (Figura 4). O envolvimento pode ser direto ou indireto, formal ou informal.

Figura 4 – Formulário de registro de *stakeholders*

Registro de *Stakeholders*				
Data Elaboração:	Processo Cadeia de Valor:			
Stakeholder	Posição na organização	Informação de Contato	Tipo parceria	Ações envolvidas

É importante frisar que nem todos os *stakeholders* serão motivo de parcerias. No entanto, todos aqueles que forem afetados pela cadeia de valor devem ser registrados e ter as suas expectativas anotadas para ações estratégicas futuras. A Tabela 1 apresenta (mas não esgota) exemplos de *stakeholders* que podem estar envolvidos em cada um dos processos operacionais da cadeia de valor e os tipos de ações que podem ser desenvolvidas. Esse é um processo demorado, mas que deve ser realizado com muita atenção. É importante que o gestor de parcerias identifique aqueles *stakeholders* que poderão dar apoio aos processos da cadeia de valor, e também, aqueles que poderão influenciar outros de maneira positiva ou negativa.

Tabela 1 – Processos da cadeia de valor e *stakeholders* envolvidos

Processos	Stakeholders	Ações
Preparação e acondicionamento	Governos	Políticas, campanhas
	População	Educação e prática
	Fabricantes, importadores, distribuidores, comerciantes	Disponibilização de pontos de coleta e recipientes adequados
	Fornecedores de recipientes, contêineres etc.	Fornecimento
	Catadores formais e informais	Manuseio do material acondicionado
Coleta e transporte	Governos	Políticas, licenciamento, execução da coleta, manutenção das vias
	Comunidades locais	Comunicação de impactos como: odor, trânsito, ruídos
	Empresas de coleta	Planejamento e execução
	Equipe de coleta	Execução
	Cooperativas de catadores	Coleta seletiva, recebimento de materiais
	Empresas de beneficiamento e disposição final	Recebimento
	Agências reguladoras	Fiscalização, normas
	Fornecedores de caminhões; fabricantes, importadores, distribuidores, comerciantes.	Contratação dos serviços para resíduos de logística reversa.
Beneficiamento	Governos	Licenciamento
	Agências reguladoras	Fiscalização, normas
	Indústrias	Reciclagem, desmanche etc.
	Comerciantes	Revenda
	ONGs e associações	Aproveitamento, reúso etc.
	Catadores	Cooperativas ou informais
	Operadoras de estações de transbordo e de locais de armazenamento	Recebimento, limpeza, compactação, armazenamento
	Comunidades locais	Riscos, impactos visual, olfativos, ruídos etc.
	Fornecedores de equipamentos	Fornecimento
	Fabricantes, importadores, distribuidores, comerciantes	Contratação dos serviços para resíduos de logística reversa
Disposição final	Empresa operadora dos aterros; governos	Licenciamento
	Agências reguladoras	Normas, fiscalização etc.
	Comunidade local	Comunicação de impactos
	Fornecedores de equipamentos; fabricantes, importadores, distribuidores, comerciantes	Contratação dos serviços para resíduos de logística reversa

Além dos *stakeholders* citados na Tabela 1, há também aqueles que podem atuar em todos os processos: imprensa (divulgação, visibilidade); universidades (novas tecnologias e técnicas); associações técnicas, como a ABRELPE e o CEMPRE (diagnóstico, campanhas, ...). Mesmo na Tabela 1, vemos diversos atores que podem influenciar mais de um processo, como os governos, as comunidades locais etc.

O próximo passo após a identificação dos *stakeholders* é a **análise de stakeholders**. O objetivo desse processo é selecionar, dentre os *stakeholders* identificados, as possíveis parcerias. Para tanto, é necessário o entendimento de quais *stakeholders* são chaves, aqueles que têm influência, habilidade com os processos da cadeia de valor, autoridade para tomar decisões, e podem interromper uma parceria importante. Para esses *stakeholders* é importante que se definam estratégias para mantê-los como aliados por longo prazo.

À medida que os *stakeholders* são identificados e os contatos iniciais realizados, o gestor de parcerias já poderá ter algum entendimento sobre a influência e o quão impactante é determinado *stakeholder* na cadeia de valor. Dessa forma as estratégias de atuação já podem ser elaboradas e preenchidas para acompanhamento futuro (Figura 6).

Figura 5 – Formulário de estratégias de gerenciamento dos *stakeholders*

Estratégias de Gerenciamento dos *Stakeholders*				
Data Elaboração:		Processo Cadeia de Valor:		
Stakeholder	Envolvimento	Atuação	Avaliação do Impacto	Estratégias de atuação

O formulário de estratégias de gerenciamento dos *stakeholders* (Figura 6) não deve fazer parte de documentos públicos, pois se trata de estratégias a serem traçadas e seguidas pelo gestor. Na informação de envolvimento, o gestor deve registrar qual o grau de envolvimento que o *stakeholder* demonstra com a parceria (se alto, médio ou baixo, ou outra classificação que desejar). O gestor deve registrar a atuação do *stakeholder* na parceria, se ativa, moderada, fraca, incipiente etc.

O campo *avaliação do impacto* deve conter a avaliação do gestor quanto ao grau de poder do *stakeholder versus* o interesse na parceria. O gestor pode ainda combinar diversos aspectos de avaliação, como: grau de poder × influência nas decisões da organização, influência política federal × relação com órgãos ambientais etc. Dessa forma, a avaliação do impacto pode ser feita de forma qualitativa (alto, médio, baixo), ou quantitativa (com a aplicação de pesos).

Baseado nas informações de envolvimento, atuação e avaliação do impacto, o gestor estabelece quais as estratégias de atuação que ele terá para com o *stakeholder*.

É importante alertar que as estratégias podem mudar com o decorrer do tempo. Nem todos os *stakeholders* mantêm-se apoiando as atividades da cadeia de valor; portanto, os registros de estratégias devem ser atualizados constantemente, e devem refletir as mudanças que ocorram ao longo do tempo.

Uma vez selecionadas as possíveis parcerias, parte-se para o **engajamento dos stakeholders**. Esse processo tem como objetivo envolver os parceiros nas atividades da cadeia de valor. Para que se possam estabelecer as estratégias de engajamento dos *stakeholders* é comum utilizar-se de um *grid* (Figura 6) para a comparação do grau de envolvimento (comprometimento) nos processos da cadeia de valor com o seu nível de atuação, ou seja, a quantidade de processos em que o *stakeholder* esteja atuando.

Durante essa fase, o gestor de parcerias deverá estabelecer métricas para avaliar o desempenho das parcerias. As métricas têm como objetivo a melhoria de desempenho dos parceiros, e não pura e simplesmente o rompimento de contratos.

Figura 6 – Grid de mapeamento de *stakeholders*

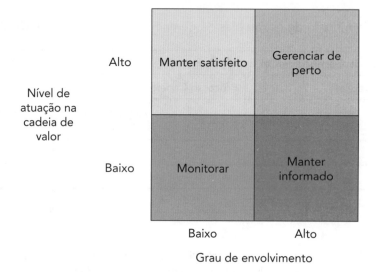

O processo **distribuição das informações** tem como objetivo a elaboração do plano de comunicação para que as informações importantes sejam distribuídas para todos os parceiros e *stakeholders* envolvidos (Figura 7). É fundamental que a informação correta seja enviada no tempo correto, para que tenha uma distribuição efetiva e eficiente, pois a identificação e a distribuição das informações são fundamentais para o sucesso das parcerias. O Capítulo 13 explica algumas técnicas para a gestão de informações.

Figura 7 – Plano de comunicação para distribuição das informações

Plano de comunicação										
	Detalhes da informação				Responsáveis por				Canal de comunicação	
Stakeholder	Conteúdo	Idioma	Motivo	Frequência	Enviar	Autorizar	Receber	Feedback?	Mídia	Formato

O preenchimento do plano de comunicação dar-se-á a partir da identificação dos *stakeholders* e das estratégias elaboradas (Figuras 5 e 6). Para cada *stakeholder* o gestor deverá preencher as seguintes informações:

i) *Stakeholder*: indivíduo ou grupo responsável pelo recebimento da informação (fornecedores de equipamentos, agências reguladoras, parceiros, líderes da comunidade local etc.).

ii) Detalhes da informação: campos com os detalhamentos da informação a ser enviada:

(1) Conteúdo: qual a informação que deve ser encaminhada (relatório de custos, atividades pendentes, produtos a serem desmontados etc.).

(2) Idioma: pode acontecer de algum *stakeholder* possuir idioma diferente.

(3) Motivo: qual a razão do envio desta informação (algumas podem estar baseadas nas estratégias adotadas, outras são convencionais).

(4) Frequência: qual a periodicidade de envio desta informação (mensal, semanal, todo dia 26 do mês subsequente, quando necessário, após reunião etc.).

iii) Responsáveis por – campos com os detalhamentos das responsabilidades de envio, autorização e recebimento:

(1) Enviar: quem será o responsável pelo envio da informação.

(2) Autorizar: a informação pode ser confidencial, sendo, portanto, necessária uma autorização legal antes do envio.

(3) Receber: quem será o receptor da informação (secretária, diretor, indiferente etc.).

(4) *Feedback?*: o receptor da mensagem deve enviar alguma notificação de recebimento da informação? Sim ou não.

iv) Canal de comunicação: qual o canal de comunicação que será utilizado para o envio da informação:

(1) Mídia: como a informação será encaminhada (através de *e-mail*, serviços particulares de entrega, correios, aviso em jornais, SAC etc.).

(2) Formato: depende da mídia (arquivo PDF, papel A4, papel ofício, anúncio 4x3, atas de reuniões etc.).

O processo **cumprimento de acordos** tem como objetivo garantir que as parcerias sejam regidas através de acordos legais e que sejam boas para ambas as partes. É nesta fase que os contratos são estabelecidos, acordados e aprovados para garantir que os processos da cadeia de valor sejam realizados a contento.

O processo de **encerramento** ocorre quando a parceria tem o seu contrato rompido, por várias razões possíveis (de comum acordo ou não). Nessa fase também são registradas todas as ações (positivas e/ou negativas) ocorridas durante a gestão da parceria. O encerramento de um contrato firmado entre as partes pode acontecer, por exemplo, devido a inovações realizadas na cadeia de valor, em que um contrato encontra-se defasado e precisa ser totalmente reformulado, pois algumas atividades foram modificadas.

EXERCÍCIO

Identifique as estratégias apresentadas no texto abaixo com o processo de gestão de parcerias. Como você adaptaria o texto ao processo? Faça o seu planejamento.

BOX 1: UM OLHAR MAIS ATENTO

Sendo um dos maiores provedores de energia nos EUA, a Duke Energy entrega gás e eletricidade a 4 milhões de consumidores todos os dias. Para atualizar a sua rede e acomodar a demanda de consumo de uma população crescente, a organização constantemente gerencia projetos de construção de linhas de transmissão e subestações. No entanto, nenhum destes projetos poderia ser realizado sem o apoio da comunidade.

"Projetos não são medidos apenas pelo sucesso técnico, como cronograma, orçamento e qualidade", diz Randy Veltri, gerente de implantação e desenvolvimento local da Duke Energy, baseado na Carolina do Norte, EUA. "O desempenho ambiental e social está cada vez mais sob escrutínio dos stakeholders externos. O aumento do conhecimento econômico e social está elevando a demanda por informação e transparência."

Para assegurar o apoio dos *stakeholders* locais para as novas linhas de transmissão, a equipe do Sr. Veltri planeja encontros formais com os membros da comunidade, entidades reguladoras, líderes locais, e qualquer um que possa ser impactado. Ele também fornece a eles uma chance de expressar preocupação com a estética ou o direito de passagem.

"Isso é mais do que bebidas e biscoitos no porão da igreja", diz Paul Kling, diretor de gerenciamento e controle de projetos do grupo de engenharia de entrega de energia da Duke Energy em Cincinnati, Ohio, EUA.

"Mas o principal objetivo é obter informação relevante da comunidade sobre fatores que podem afetar a rota selecionada", acrescenta o Sr. Veltri.

Conhecimento local

Após a equipe de localização da Duke Energy determinar a área de estudos para um projeto de linha de transmissão, dados de campo e eletrônicos são coletados e utilizados para selecionar corredores alternativos de rotas viáveis.

Esta informação nem sempre é exata, porém, as várias opções são apresentadas para o público em um *workshop* público para novas contribuições. Somente então as rotas são avaliadas e ranqueadas usando fatores ambientais e sociológicos múltiplos.

"Sempre, os *stakeholders* públicos podem nos dar informações locais mais atualizadas", diz o Sr. Veltri.

Os dados locais podem apontar para características não identificadas sobre água, cemitérios, paisagens históricas que necessitam de ajustes no projeto.

"Esta é a razão por que estas contribuições são tão importantes," acrescenta os Sr. Veltri.

Em um encontro em fevereiro, por exemplo, 130 *stakeholders* externos participaram de um *workshop* na comunidade liderada pela Duke Energy para discutir sobre um projeto de instalação de uma nova linha de transmissão. Vários participantes trouxeram informações sobre mudanças no uso do solo de uma área agrícola para o desenvolvimento de um residencial planejado – dados que não constavam do *website* da cidade.

"Nós, tipicamente, iniciamos com o que parecia ser a melhor rota para os objetivos conhecidos e evitando impactos públicos quando avaliamos no papel. Então, nós descobrimos que sempre há prioridades públicas que não foram previamente identificadas", diz o Sr. Kling. "Se nós não tivéssemos aquela informação dos membros da comunidade, esforço e tempo considerável seria gasto com o planejamento da rota da linha de transmissão a qual poderia criar objeções públicas."

Neste caso, eles foram capazes de alterar o plano do projeto antes de qualquer tempo ou dinheiro ser desperdiçado.

Tais descobertas são típicas neste tipo de projeto, o qual pode se estender sobre dezenas de milhares de distância e afetar milhares de negócios e proprietários de terras, observa o Sr. Kling.

"Este é o valor em se trabalhar com o público nos estágios de planejamento logo cedo", diz o Sr. Veltri.

Uma vez que a comunidade é informada sobre a rota selecionada, a equipe do projeto se mantém ligada aos *stakeholders* públicos para direcionar as suas necessidades e acomodar as interrupções em seus terrenos ou propriedades durante as fases de aquisição e construção. Devido ao fato de estes projetos afetarem tantas pessoas, os gerentes de projetos da organização rastreiam todos os compromissos que a equipe assumiu para assegurar que eles sejam cumpridos. O departamento desenvolveu um *website* de projetos para registrar os contatos dos proprietários, acordos de aquisição, permissões e documentos de encerramento final.

Isso ajuda a equipe do projeto a monitorar o rastreamento, mesmo, de pequenas questões que podem impactar comunidades e clientes individuais, diz o Sr. Kling. Um membro da equipe pode prometer a um proprietário de terra que a estrada que eles estão construindo não irá afetar determinada árvore no caminho.

"Esta pode ser uma pequena promessa feita durante uma conversa de 10 minutos, mas que é importante para aquele *stakeholder*", acrescenta.

E esta é uma das centenas de conversas que a equipe de projeto terá com o público.

"Nós precisamos honrar todos os compromissos, razão pela qual é tão importante registrá-la como parte do processo de gerenciamento do projeto", diz o Sr. Kling.

Entretanto, mesmo com todos os esforços para alcançar os *stakeholders* externos e atender as suas necessidades, algumas questões surgem que a equipe de projeto não havia se planejado para elas.

Fonte: Traduzido de PMNETWORK (2011).

REFERÊNCIAS

ÁLVAREZ-GIL, M. et al. Reverse logistics, stakeholders' influence, organization slack, and managers' posture. *Journal of Business Research*, v. 60, nº 5, p. 463-473, 2007. Disponível em: <http://www.sciencedirect.com/science/article/pii/S0148296306002359> Acesso em: 20 jan. 2012.

GEUNCHAN, L.; HYUNCHUL, A.; HEESEOK, L. Formulating strategies for stakeholder management: a case-based reasoning approach. *Expert Systems with Applications*, v. 28, nº 4, p. 831-840, 2005. Disponível em: <http://www.sciencedirect.com/science/article/pii/S0957417404001861>. Acesso em: 20 jan. 2012.

KERZNER, H. *Management metrics, KPIs, and dashboards*: a guide to measuring and monitoring project performance. New Jersey: John Wiley, 2011.

SLACK, N.; CHAMBERS, S.; JOHNSTON, R. *Operations management with companion website with gradetracker student access card*. 5. ed. New Jersey: Prentice Hall, 2007.

PROJECT MANAGEMENT INSTITUTE (PMI). *Um guia do conhecimento em gerenciamento de projetos*: Guia PMBOK. 4. ed. Pennsylvania, USA, 2008.

PM NETWORK: *The Professional Magazine of the Project Management Institute*. Wisconsin: Quad Graphics, v. 25, nº 9, Sept. 2011. 76 p.

13

GESTÃO DE INFORMAÇÕES NA LOGÍSTICA REVERSA

Lourenço Costa

Este Capítulo apresenta alguns aspectos do processo de gestão das informações que perpassam a cadeia da logística reversa. O processo inicia com a identificação das informações que são necessárias à logística reversa, seguida da coleta dos dados relativos ao projeto, fabricação e uso dos produtos (Figura 1). Essa coleta se estende a todas as fases do ciclo de vida dos produtos, buscando informações como: demandas; expectativas e necessidades das partes interessadas e clientes internos; quantidades de recursos disponíveis; capacidade de produção; tecnologias atuais; legislação e normas técnicas; especificações de produtos e processos; propriedades dos produtos e recursos; riscos; custos e receitas; impactos dos produtos e processos. Os dados coletados passam por uma consolidação e análise para se transformarem em informações que serão comunicadas aos atores que participam do processo, a fim de subsidiar a tomada de decisão a respeito da preparação, acondicionamento, coleta, tratamento e destinação dos produtos e materiais retornados via logística reversa.

Figura 1 – Gestão das informações da logística reversa

IDENTIFICAÇÃO DE INFORMAÇÕES NECESSÁRIAS À LOGÍSTICA REVERSA

Qualquer organização pode ser descrita em termos de fluxos, tanto de materiais como de dados (ver Capítulo 3). O fluxo de materiais ocorre entre os processos e dentro deles, e na forma de produtos acabados e serviços da organização para seus clientes. Simultaneamente, existem fluxos de dados que fornecem informações valiosas para o sistema: o *feedback* do mercado na forma de pedidos dos clientes; a reação dos clientes e informações sobre suas necessidades e desejos; informações que vêm da legislação vigente ou dos fornecedores, como especificações técnicas e procedimentos; fluxos de dados dentro da organização, que fornecem as informações em forma de programação de estoque, cronogramas de produção etc. e os pedidos da empresa para fornecedores externos. Em certo sentido, toda a organização e o mercado em que opera podem ser vistos como uma série de ligações e relacionamentos, e a eficiência operacional da organização vai depender de quão bem essas conexões forem executadas. Se o sistema puder ser criado para fluir suavemente, a um custo mínimo, então as chances de que o desempenho geral da organização seja alto são maiores. Na prática, porém, é muito comum encontrar gargalos e fraca integração entre as diferentes partes desse sistema, com consequente desempenho insatisfatório.

Quando se trata da logística reversa, a situação não é diferente. Os dados fluem através da cadeia de valor ao mesmo tempo em que os materiais são transportados entre os processos que a compõem. Para reduzir a quantidade de dados a serem coletados e diminuir o custo envolvido, o primeiro passo para a gestão de informações na logística reversa é definir quais são as informações que serão coletadas e geridas ao longo do ciclo de vida dos produtos. Tais informações devem ser significativas, no sentido de facilitar o fluxo reverso ou a destinação final dos resíduos, e podem variar em função das características de cada produto ou da organização.

Outro ponto importante a ser considerado é que os fluxos reversos envolvem um nível de incerteza considerável. Ao se definir um sistema de logística reversa, a incerteza sobre a quantidade e a qualidade dos materiais envolvidos torna-se relevante. Portanto, torna-se necessário definir a forma mais adequada para coletar os dados da logística reversa, através da adoção ou elaboração de procedimentos que indiquem claramente o local e a forma correta de coletar esses dados. Dessa forma é possível trabalhar com dados mais confiáveis e reduzir a incerteza das informações manipuladas.

Ainda no processo de identificação das informações, é preciso pensar na forma de armazenar os dados coletados, se em planilhas eletrônicas, em bancos de dados locais ou em um banco de dados gerenciado por um sistema de informação, que pode ser integrado com os outros sistemas da organização.

O Quadro 1 apresenta uma lista de informações que deveriam ser gerenciadas para auxiliar a logística reversa, categorizadas em função de suas fontes ou dos processos a que estão associadas.

Quadro 1 – Informações a serem gerenciadas na logística reversa

	Fonte de Dados (ator ou processo)	Informação
LOGÍSTICA DIRETA	Fornecedores	Disponibilidade e qualidade dos materiais constituintes.
	Projeto do produto	Materiais constituintes. Conteúdo de materiais perigosos. Posição, forma, tamanho e peso dos componentes e módulos dentro do produto. Expectativa de vida do produto. Instruções de desmontagem.
	Fabricação	Data e local de fabricação. Processos de fabricação utilizados. Conteúdos reciclados. Especificação de baterias, óleos etc. Quantidade fabricada.
	Distribuição	Frota. Roteiro. Possibilidade de usar o frete para retorno de resíduos. Pontos de distribuição. Porte das empresas. Disponibilidade de espaço para localização de coletores. Mapeamento geográfico da distribuição. Distâncias percorridas. Tipo de produto distribuído. Data e hora da distribuição. Quantidade distribuída. Quantidade danificada.
	Venda	Local de venda do produto. Tipo de produto vendido. Preço de mercado do produto. Disponibilidade de espaço para coletores. Quantidade vendida. Quantidade danificada.
USO	Consumidor	Demandas por produtos. Condições ambientais de uso do produto (temperatura, umidade, agressividade etc.). Intensidade de uso do produto. Tipo de resíduo gerado. Quantidade gerada.
LOGÍSTICA REVERSA	Preparação e acondicionamento	Quantidade e qualidade dos resíduos acondicionados. Grau de separação dos resíduos. Localização dos geradores. Localização dos coletores. Tipo de acondicionamento. Estado de conservação do coletor.

		Empresas habilitadas para coleta.
LOGÍSTICA REVERSA	Coleta e transporte	Empresas habilitadas para coleta. Requisitos contratuais das empresas. Tecnologias disponíveis. Frota. Equipe. Capacidade de coleta. Roteiro. Localização dos PEVs. Localizações atuais e alternativas dos postos de entrega, centrais de reciclagem, incineradores e recicladores. Procedimentos de coleta. Quantidade coletada. Consumo de combustível. Ocorrência de acidentes. Tempo do percurso. Depreciação dos veículos. Qualidade do trânsito, das vias. Horários de coleta.
	Beneficiamento	Tecnologias disponíveis para beneficiamento de cada tipo de resíduo. Empresas habilitadas para beneficiamento. Requisitos contratuais das empresas. Localização das empresas. Distância e tempo de percurso até as empresas. Custos de cada alternativa. Capacidade e demanda das empresas. Impactos socioambientais de cada alternativa. Empregos formais gerados nas empresas. Remuneração dos trabalhadores das empresas. Riscos aos trabalhadores. Tempo necessário para o beneficiamento. Alternativas de aproveitamento dos produtos do beneficiamento. Custos ou receitas do aproveitamento dos produtos do beneficiamento. Impactos socioambientais do aproveitamento.
	Destinação final	Alternativas tecnológicas para destinação dos rejeitos. Empresas habilitadas para destinação, sua localização e distância. Capacidade existente para destinação final nas empresas. Custos ou receitas da destinação dos rejeitos. Impactos socioambientais da destinação dos rejeitos.
	Atores externos	Legislação e normas vigentes. Novas tecnologias e procedimentos. Avaliações de desempenho das alternativas novas e atuais. Demandas de mercado. Demanda e preço de materiais e produtos recondicionados. Iniciativas no âmbito da logística reversa. Incentivos governamentais e de empresas privadas. Linhas de financiamento. Políticas ambientais. Parcerias potenciais. Oportunidades e ameaças.

A lista de informações apresentada não tem a intenção de ser definitiva. Além das informações apresentadas, podem existir outras também relevantes que se aplicam a situações e produtos específicos.

COLETA DE DADOS NA LOGÍSTICA REVERSA

O processo de coleta dos dados consiste em recolher os dados que se encontram espalhados pelos processos, departamentos, sistemas e controles existentes dentro e fora da organização. Segundo Doughton (2008), para que os dados coletados possam ser transformados em informações relevantes para a logística reversa da organização, é preciso capturá-los no nível mais baixo dos processos e torná-los acessíveis, analisáveis e passíveis de produzir ações.

Para Thomas et al. (1999), o principal obstáculo para alcançar níveis de recuperação mais aceitáveis dos produtos retornados é que as informações associadas ao produto são muitas vezes irremediavelmente perdidas após o ponto de venda. A perda progressiva de informações sobre o produto, quando este se move através de seu ciclo de vida, é ilustrada na Figura 2. Assim, quando o produto atinge o fim de sua vida útil, pouca informação está disponível para os recicladores sobre a sua identidade.

Figura 2 – Perda de informações sobre o produto

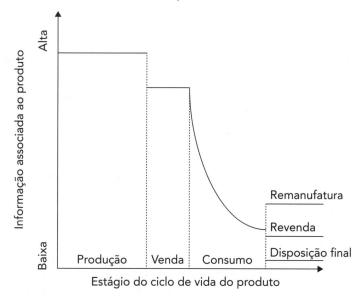

Fonte: Adaptada de Thomas et al. (1999).

Por outro lado, não podemos afirmar que o aumento da quantidade de informações melhora indefinidamente o processo de tomada de decisão, já que o desempenho deste diminui quando a quantidade de informação excede um certo ponto ideal (O'REILLY, 1980). Conforme afirmam Moody e Walsh (1999), "mais informação não é necessariamente melhor".

No entanto, podemos afirmar que, quanto mais cedo a informação for coletada no ciclo de vida do produto, maior utilidade ela poderá ter, seja na agregação de valor do produto retornado, seja na correta destinação do resíduo.

Para uma gestão eficiente dos retornos da cadeia de suprimentos, os dados relativos aos bens produzidos são essenciais. No entanto, em função de os materiais e produtos estarem distribuídos no mercado de forma altamente fragmentada, os retornos são impregnados por um alto grau de incerteza quanto a alguns de seus atributos importantes, tais como lugar de origem, tempo de chegada, tempo de processamento e qualidade do material retornado.

Zimmermann (2000) destaca que, quando se estuda um fenômeno real, as causas, os tipos e os modelos de incerteza precisam ser distinguidos. Ele enumera seis causas de incerteza, que podem ser aplicadas à logística reversa da seguinte forma:

1. **Falta de informação:** um planejador de uma linha de remanufatura de máquinas de lavar pode se deparar com a falta de informações a respeito da qualidade de chegada dos produtos.

2. **Excesso de informação (complexidade):** um técnico pode não ter tempo suficiente para interpretar o histórico completo de um computador servidor, a fim de decidir reutilizar ou não uma determinada peça.

3. **Evidências conflitantes:** um motor extensivamente usado pode mostrar excelentes resultados nos testes.

4. **Ambiguidade:** um produto classificado como "reutilizável" pode ter diferentes interpretações, quando utilizado em um processo de reuso, recondicionamento, remanufatura, ou reciclagem de materiais.

5. **Medição:** impurezas agregadas a embalagens retornadas podem influenciar na quantidade estimada do material a ser reciclado.

6. **Confiança:** a avaliação do estado de qualidade de uma peça retornada pode incluir aspectos subjetivos, desconhecidos ou não observados durante a análise.

Kokkinaki et al. (2004) fornecem algumas ações que podem reduzir a incerteza dos dados na logística reversa. Quanto ao projeto do produto, esses autores afirmam que o desenvolvimento de produtos que tenham uma grande variedade de especificações impacta negativamente na qualidade do resíduo/produto retornado produto. Por exemplo, alguns aparelhos eletrônicos podem conter uma grande variedade de tipos de peças, de modo que o processo de desmontagem, ou a destinação de peças oriundas desse processo, se torna quase impossível. O projeto modular de produtos, onde as partes funcionais podem ser reutilizadas em várias gerações do produto, se atualizações não forem necessárias, tem um impacto positivo sobre a reutilização de peças.

Em relação aos processos logísticos, eles também são influenciados por incertezas. Na fase de coleta dos resíduos, a quantidade e o tempo de retorno através de canais de coleta específicos (lojas de varejo, empresas de resíduos urbanos, empresas de manutenção etc.) podem depender de fatores não determinísticos, como comportamento do cliente e falha do produto. Como a qualidade dos produtos recolhidos pode determinar a destinação de reutilização, ela precisa ser especificada. Isso pode envolver a avaliação de dados do produto (história de uso ou reparação, especificações do produto) ou testes físicos (ver Capítulo 8). Processos de recuperação, como a desmontagem, separação, extração, reparo envolvendo materiais, peças e produtos podem ser não determinísticos em quantidade e qualidade liberadas devido à natureza dos processos físicos. Na maioria desses casos, o projeto do produto e a coleta sistemática de dados dos produtos parecem ser as medidas apropriadas para lidar com essas questões de incerteza.

Outro aspecto, citado por Kokkinaki et al. (2004), para redução das incertezas envolve o mercado. O fim de vida dos produtos depende de diversos fatores, tais como data de rescisão de contratos de arrendamento e estratégias de vendas relacionadas ao lançamento de novos produtos. Em logística reversa, o cliente é parte integrante da rede, resultando em fontes adicionais de incerteza, relacionadas com o tempo, localização, canal e qualidade dos retornos. Uma observação importante é que o comportamento do cliente nunca é totalmente autônomo. De fato, a demanda do cliente é influenciada pelos esforços de marketing e disponibilidade de produtos. Por exemplo, estratégias de venda que envolvam descontos para troca de produtos usados por novos têm um impacto significativo sobre a devolução de produtos e embalagens.

Embora seja óbvio que a incerteza é um fator complicador na gestão de processos de logística reversa, não é óbvia a forma de avaliar o valor de reduzi-la. No entanto, esse valor deve ser avaliado para apoiar decisões de investimento em sistemas de TI.

Normalmente, os meios utilizados para coleta de dados podem ser:

- formulários;
- questionários;
- *checklists*;
- medições eletrônicas;
- consulta à bibliografia:
  - dados estatísticos;
  - manuais e normas técnicas;
  - relatórios;
  - legislação;
  - trabalhos científicos; etc.

Alguns tipos de tecnologias e ferramentas existentes no mercado facilitam o acesso aos dados e tornam as informações mais precisas para aplicação na cadeia de suprimentos e, como consequência, na logística reversa. Como exemplo, podemos citar: código de barras, RFID (*Radio Frequency Identification*), ECR (*Efficient Consumer Response*), WMS (*Warehouse Management System*), CRM (*Customer Relationship Management*) e ERP (*Enterprise Resource Planning*), entre outros. Kokkinaki et al. (2004) discutem a utilização dessas ferramentas no processo de logística reversa.

Um exemplo de como um sistema de TI pode reduzir a incerteza dos dados e agregar valor ao processo de logística reversa é mostrado no Box 1.

CONSOLIDAÇÃO E ANÁLISE DAS INFORMAÇÕES NA LOGÍSTICA REVERSA

Às vezes, muitos dados, na verdade, atrapalham a tomada de decisão, simplesmente por serem em demasia. Isso ocorre especialmente quando os dados coletados permanecem isolados sem nenhum tipo de agregação ou processamento. É por isso que as ferramentas que fornecem acesso aos dados devem ter aplicações analíticas para ajudar a equipe multifuncional de logística reversa a consolidar e extrair um significado a partir dos dados. Relatórios de monitoramento, que mostram os valores atuais e o histórico dos dados, ou listas de exceções, que apresentam os dados que merecem um tratamento diferenciado, são fundamentais para analisar rapidamente uma situação. Além disso, a ferramenta de análise deve permitir aprofundar até o mais baixo nível de detalhe ou agregação, com a capacidade de caminhar em múltiplas direções.

A forma de transformar dados em ações é dando às pessoas que exercem influência na geração de retornos as ferramentas apropriadas para analisar, compreender e tomar medidas que façam a diferença no desempenho do processo.

Doughton (2008) afirma que a transformação de dados em informações que possam conduzir a ações efetivas exige mais do que apenas um objetivo, é preciso empenho e colaboração. Primeiro, deve haver um compromisso de implementar um programa de logística reversa e investir em tecnologia que permita captar, relatar e analisar os dados até o menor nível de detalhe. E, uma vez que se tenha a informação necessária, o responsável pelo programa de logística reversa deve interagir com uma equipe multifuncional para analisar essa informação. Ao colaborar com todas as áreas funcionais que têm influência nos retornos, aumenta a interação entre elas e medidas podem ser tomadas para fazer uma diferença global lucrativa para a organização.

Uma vez que os retornos dos materiais, na logística reversa, frequentemente são manipulados por terceiros, nem sempre é fácil prever a quantidade exata de material nos centros de coleta. A falta de diretrizes e informações compartilhadas torna-se barreira para a gestão eficaz dos intermediários da logística reversa. Desse modo, os retornos que são invisíveis aos sistemas de informação não são totalmente utilizados e/ou não são considerados para o planejamento das próximas operações do processo, até que esses cheguem fisicamente ao estoque, num intervalo de tempo desconhecido. Com isso, o fabricante acaba tendo que arcar com os custos e perdas envolvidos nessa espera e deixa de aproveitar oportunidades durante este período.

Zhao (2001) destaca que a falta de sistemas apoiados em tecnologia para os processos de logística reversa resulta em atrasos, custos mais elevados para as operações, invisibilidade de produtos devolvidos manipulados por terceiros, operações repetidas levando a custo adicional para o fabricante, desconhecimento e falta de atenção ao processo do parceiro. Por outro lado, Jiang et al. (2005) e Sarkis et al. (2004) apontam que um sistema de informação baseado na *web* e devidamente integrado pode interligar todos os departamentos, incluindo a logística reversa dos negócios eletrônicos, como uma rede de valor para compartilhar informação e comunicação com precisão, em tempo hábil, com rapidez e pouco esforço. Consequentemente, essas empresas poderiam gerir a logística reversa com a velocidade, precisão e comodidade, de modo a manter a maior confiabilidade, resiliência e capacidade de inovação.

COMUNICAÇÃO DAS INFORMAÇÕES NA LOGÍSTICA REVERSA

A riqueza de informações sobre um produto é algo valioso para a logística reversa, especialmente no caso de produtos personalizados. Porém, não basta coletar e processar uma montanha de dados se esses não são disponibilizados e comunicados aos atores do processo e aos tomadores de decisão. Torna-se, pois, relevante que os dados de projeto, fabricação e uso de produtos sejam armazenados e disponibilizados para os recicladores e demais atores no seu ciclo reverso. No entanto, dados de projeto de produtos customizados normalmente não estão disponíveis com facilidade, mesmo que a operação de recuperação seja realizada pelo próprio fabricante original.

Além disso, para converter os dados em ações, é preciso torná-los disponíveis não apenas àqueles atores ligados à logística reversa da organização, mas a qualquer um que possa ter alguma influência sobre os retornos. Isso inclui os processos operacionais, de armazenamento, marketing, finanças, qualidade e até de vendas. Contudo, não é preciso que todos tenham acesso aos dados em sua totalidade, mas apenas àqueles sobre os quais possam exercer alguma influência, a fim de entender como suas ações impactam no volume de retornos, ou àqueles dados que impactam na sua atuação dentro do processo.

Hoje, os sistemas informatizados de suporte para o desenvolvimento de produtos e gestão da vida útil do produto muitas vezes não consideram essas questões de forma satisfatória. Tais sistemas existentes na indústria contêm informações de configuração e informações necessárias para o projeto colaborativo de produtos e manufatura. Uma grande variedade de padrões está sendo desenvolvida para representar fórmulas de fabricação. Porém, para efeito da gestão de recuperação de produtos, isso não é suficiente porque informações substanciais ainda estão faltando, como aquelas relativas à história do produto e instruções para desmontagem. É devido a essa falta de informação que a indústria de reciclagem atual em grande parte continua manual ou semiautomática.

Nesse sentido, alguns fabricantes de produtos eletrônicos (como a HP, por exemplo) têm disponibilizado em seus *sites* da Internet procedimentos que facilitam o trabalho de empresas de reciclagem ou centros de tratamento. Esses documentos fornecem as instruções básicas para a desmontagem dos produtos, com a finalidade de remover componentes e materiais que requerem tratamento seletivo.

Rogers e Tibben-Lembke (1998) evidenciaram em sua pesquisa que a falta de infraestrutura de sistemas de informação é uma das maiores barreiras que os executivos de logística reversa enfrentam. Além disso, a enorme variedade de produtos e a complexidade envolvida na gestão de fim de vida desses produtos tornam a atividade de coletar uma ampla gama de informações uma tarefa difícil.

As consequências potenciais dessa dificuldade de coletar e disponibilizar informações são as seguintes (ROGERS; TIBBEN-LEMBKE, 1998):

- Dificuldades na identificação de produtos: conduz a problemas na classificação de fim de vida de produtos e na tomada de decisões de recuperação.

- Falta de informações sobre a composição do material disponível para reciclagem: torna difícil dispor de acordo com os requisitos legais.

- Informações insuficientes para a desmontagem (procedimentos, tecnologias etc.): conduz à ineficiente desmontagem manual.

- Estimativa imprecisa da vida residual e valor dos componentes: leva à eliminação de componentes reutilizáveis, o que representa perda de receita potencial.

- Dificuldades de planejamento: a incerteza sobre dados quantitativos e qualitativos de geração, capacidade operacional e especificações dos materiais, bem como a disponibilidade e necessidade de recursos financeiros, dificultam o planejamento das operações de logística reversa em médio e longo prazos.

A comunidade de pesquisa em logística reversa e os fabricantes de ferramentas de TI têm sido ativos no desenvolvimento de modelos e protótipos de sistemas de informação do ciclo de vida que fornecem informações necessárias para a gestão do fim de vida dos produtos. Ferramentas integradas permitem realizar atividades como gerenciamento de garantias, processamento de reclamações, gerenciamento de direitos, logística de devoluções, reparo interno e externo, revisão e restauração, gerenciamento de refugos e reciclagem. Dessa forma, as informações provenientes do ciclo de vida do produto podem agregar valor aos produtos retornados.

AGREGAÇÃO DE VALOR DA GESTÃO DAS INFORMAÇÕES

Motivos como falta de infraestrutura, custos excessivos e especialmente falta de informações necessárias, fazem com que os produtos ainda não sejam recuperados no fim de vida de uma maneira eficiente e ambientalmente amigável. A ausência de informações precisas a respeito do estado de qualidade de um produto em fim de vida torna inexata a tomada de decisão a respeito de sua destinação. Muitas vezes, somente ao desmontar o produto é que se terá a certeza do real estado de cada componente. Como o processo de desmanche manual, sem as informações necessárias para sua execução, normalmente é uma operação de custo elevado, o tomador de decisão tende a condenar o produto, destinando-o à reciclagem dos materiais constituintes, sem reaproveitamento de seus componentes, ou simplesmente à destinação final.

Nesse sentido, empresas têm investido em sistemas de monitoramento instalados na base, que, através de dispositivos instalados no próprio produto, coletam e armazenam dados da condição e configuração do produto ao longo de todo o ciclo de vida. Esses sistemas são usados para melhorias e atualizações de produtos, introdução de dispositivos periféricos, manutenção/reparação, análise e classificação de produtos em relação ao reúso no fim de sua vida útil. Um caso de utilização de um desses sistemas, desenvolvido pela empresa *Bosch*, é apresentado no Box 2.

Na área da reciclagem de embalagens descartáveis, a captação e o gerenciamento de informações, como quantidade, tipo e estado do material coletado, podem contribuir para tornar mais precisos os processos de destinação e planejamento da produção de novos produtos a partir desse material reciclado. Um exemplo disso é o que ocorre com as embalagens plásticas de óleos lubrificantes, cujas informações são coletadas, tratadas e disponibilizadas aos atores envolvidos no processo, conforme mostrado no Box 3.

Dessa forma, o processo de gestão das informações da logística reversa pode atuar como um importante instrumento de apoio à recuperação do valor dos produtos retornados, em um nível mais elevado, bem como auxiliar na redução dos impactos ambientais.

Box 1: Sistema de controle de armazenagem para gerenciamento de retornos

A empresa norte-americana *Genco ATC* projetou e desenvolveu o *R-Log*, um *software* de logística reversa que controla retornos frequentemente acoplados a armazéns especializados chamados "centros de retorno", que também são operados pela Genco. No *R-Log*, cada produto entregue a um centro de retorno é rotulado com um código de barras. Dentro do centro de retorno, cada produto é acompanhado através do seu número e é encaminhado ao contêiner e/ou área de armazenamento apropriada. O *R-Log* então seleciona uma opção de recuperação ou disposição ideal, com base nas oportunidades do canal do mercado secundário (revendedores, salvamento, caridade), custos e restrições, como a condição do produto devolvido, conteúdos perigosos ou instruções específicas do cliente.

O *R-Log* possui interface com outros sistemas de informação para facilitar o controle financeiro dos retornos, o seu impacto no planejamento e produção através de seu mecanismo de geração de relatórios. Além disso, fornece informações qualitativas e quantitativas para a gestão (conformidade no *recall*, razão do retorno, retornos por fornecedor etc.).

Após a determinação dos canais ótimos de recuperação/disposição, os produtos semelhantes são empacotados para reduzir custos de manuseio e transporte, e o sistema oferece um controle para verificar se as operações de recuperação/disposição pretendidas foram efetivamente realizadas. Devido ao uso de computadores de radiofrequência e *scanners* de código de barras, a papelada a respeito do retorno e o número de erros humanos são fortemente reduzidos.

Fonte: Kokkinaki et al. (2004).

Box 2: Sistema de monitoramento instalado na base

A empresa de equipamentos *Bosch*, associada à universidade americana *Carnegie Mellon*, desenvolveu um dispositivo denominado *Electronic Data Log* (EDL), ou Registro Eletrônico de Dados. A finalidade desse dispositivo é medir, calcular e registrar parâmetros relacionados ao uso, em motores de ferramentas elétricas. Desse modo, é possível, no final de uso de uma ferramenta, obter os valores dos parâmetros registrados para análise e classificação entre motores reutilizáveis e não reutilizáveis.

O sistema completo é composto pelos seguintes componentes:

1. Um circuito de baixo custo (EDL), que mede, compila e armazena parâmetros que indicam a degradação do motor, incluindo o número de partidas e paradas, tempo de execução acumulado do motor e sensor de informações, tais como, temperatura e consumo de energia para um tempo de

execução acumulado de aproximadamente 2.300 horas de operação. Além disso, o EDL calcula e armazena os valores de pico e média de todos os parâmetros gravados.

2. Uma interface de fácil acesso para recuperar dados de circuitos EDL sem desmontagem da ferramenta.

3. Um dispositivo eletrônico (leitor) conectado à interface para recuperar os valores de dados.

4. Um *software* de análise de dados e classificação em duas categorias principais: motores usados reutilizáveis e não reutilizáveis.

Os principais benefícios do EDL em relação ao método convencional de desmontar e testar podem ser resumidos como segue:

- Interface de fácil acesso ao EDL, que não exige a desmontagem do produto, oferece economia de custos de mão de obra para produtos não reutilizáveis.

- Recuperação fácil e rápida das informações armazenadas no EDL.

- Os dados do EDL permite reconstruir inteiramente a história do uso de um produto, o que leva à avaliação da reutilização de outros componentes além do motor.

- Os dados do EDL podem ser usados para melhorar o projeto, apoiar a pesquisa de mercado e o gerenciamento da qualidade.

O EDL considera o armazenamento dos dados no próprio produto através da inserção de um *chip*. No entanto, o uso de um novo sensor e da tecnologia de transmissão permite monitoramento *on-line* e remoto. Além disso, a capacidade de operação de redes sem fio (*wireless*) aumentou drasticamente e os custos de transação relacionados tendem a diminuir na mesma proporção. Isso permite o monitoramento *on-line* não só de produtos intensivos em capital, mas também de bens de consumo relativamente mais baratos, como carros ou televisores.

Fonte: Kokkinaki et al. (2004).

Box 3: Programa Jogue Limpo

O *Programa Jogue Limpo* é o sistema de logística reversa de embalagens plásticas de óleos lubrificantes pós-consumo, estruturado e disponibilizado pelos fabricantes, importadores e comerciantes atacadistas e varejistas de lubrificantes do Brasil.

As embalagens usadas devolvidas pelos consumidores aos canais de revenda são entregues pelos comerciantes varejistas diretamente as Centrais de Recebimento ou aos Caminhões de Recebimento Itinerantes. Nas Centrais de Recebimento as embalagens plásticas recebem um tratamento inicial possibilitando seu encaminhamento para as empresas recicladoras licenciadas.

Os sacos de embalagens devolvidas são pesados por balanças eletrônicas e os dados transmitidos *online* para o *site* do Programa Jogue Limpo (*www.programajoguelimpo.com.br*), sendo disponibilizados, por senha de acesso, às agências ambientais e aos próprios comerciantes. No ato da pesagem é emitido um comprovante que poderá ser exigido pelo órgão ambiental por ocasião do processo de licenciamento.

O Programa Jogue Limpo contrata gerenciadoras operacionais, responsáveis pela administração das diversas Centrais de Recebimento de Embalagens, e pelo Sistema de Recebimento Itinerante, composto de uma frota de caminhões especializados com alta tecnologia de segurança e controle.

Estes veículos são dotados de sistema de monitoramento e transmissão de dados *online*, permitindo o acompanhamento do veículo em suas rotas e das informações relativas às quantidades de plástico recebidas dos comerciantes visitados.

As visitas do Sistema de Recebimento Itinerante aos comerciantes pré-cadastrados são realizadas de forma programada e periódica.

Nas Centrais de Recebimento as embalagens são segregadas, drenadas e prensadas em fardos para encaminhamento às recicladoras credenciadas.

Na recicladora o material é triturado e, depois de submetido a um processo de descontaminação do óleo lubrificante residual, passa por um processo de extrusão para ser transformado em matéria-prima de novas embalagens e outros produtos plásticos, retornando à cadeia de produção.

Para que o Programa Jogue Limpo fosse devidamente gerenciado, foi desenvolvido um sistema que disponibiliza informações importadas diretamente das balanças eletrônicas, imediatamente após a pesagem, no ato da devolução das embalagens aos fabricantes, importadores e comerciantes atacadistas. Assim, é possível que as empresas associadas ao Programa e as agências ambientais visualizem periodicamente as informações disponíveis relativas às quantidades de embalagens devolvidas pelos consumidores, através dos canais de comercialização, e encaminhadas à reciclagem.

Desse modo, cria-se um ciclo virtuoso, que evita o desperdício de um material plástico derivado do petróleo, que se fosse jogado na natureza teria um período de degradação na faixa de 400 anos.

Fonte: Programa Jogue Limpo (2011).

REFERÊNCIAS

DOUGHTON, M. Reverse Logistics 101: The ABCs of Reverse Logistics Information Management. *Reverse Logistics Magazine*, v. 3, nº 5, p. 18-21, Sept./Out. 2008.

GOGGIN, K. *Modelling end-of-life product recovery*. 1998. 261p. PhD Thesis, Faculty of Engineering, National University of Ireland, Galway, Ireland.

JIANG, P.; ROSENBLOOM, B. Customer intention to return online: price perception, attribute-level performance, and satisfaction unfolding over time. *European Journal of Marketing*, v. 39, nº 1/2, p. 150-174, 2005.

KOKKINAKI A. I. et al. Information and communication technology enabling reverse logistics. In: DEKKER R. et al. (Ed.). *Reverse logistics*: quantitative models for closed-loop supply chains. Berlin: Springer, 2004. Cap. 16.

MOODY, D.; WALSH, P. Measuring the value of information: an asset valuation approach. *Proceedings of 7th European Conference on Information Systems*. Denmark, 1999.

O'REILLY, C. A. Individuals and information overload in organizations: is more necessarily better? *Academy of Management Journal*, v. 23, nº 4, p. 684-696, 1980.

PROGRAMA JOGUE LIMPO. Desenvolvido pelo Sindicato Nacional das Empresas Distribuidoras de Combustíveis e de Lubrificantes – SINDICOM. Apresenta informações a respeito do Sistema de Logística Reversa de Embalagens Plásticas de Óleos Lubrificantes. Disponível em: <http://www.programajoguelimpo.com.br/index.php> Acesso em: 22 nov. 2011.

ROGERS, D. S.; TIBBEN-LEMBKE, R. S. *Going backwards:* reverse logistics trends and practices. Reverse Logistics Executive Council, University of Nevada, 1998.

SARKIS, J.; MEADE, L. M.; TALLURI, S. E-logistics and natural environment. *Supply Chain Management: An International Journal*, v. 9, nº 4, p. 303-312, 2004.

THOMAS, V.; NECKEL, W.; WAGNER, S. Information Technology and Product Lifecycle Management. *Proceedings of IEEE International Symposium on Electronics and the Environment*, p. 54-57, May 1999.

ZHAO, H. Simulation and analysis of dealers' returns distribution strategy. *Proceedings of the Winter Simulation Conference*, p. 1109-1116, 2001.

ZIMMERMANN, H. J. An application-oriented view of modeling uncertainty. *European Journal of Operational Research*, v. 122, nº 2, p. 190-198, 2000.

14

Gestão de Riscos na Logística Reversa

Elton Siqueira Moura

INTRODUÇÃO

O risco é inerente a todo ser vivo. Pensando a organização como um sistema complexo onde os seres humanos desempenham as suas atividades e se relacionam uns aos outros e com os diversos subsistemas, vamos compreender que o risco se estende às organizações. É importante que os gestores atentem para o fato da presença dos riscos nas atividades produtivas. O sentimento das organizações quanto ao tratamento do risco pode se dar das seguintes formas (DAMODARAM, 2009):

- **Ignorando os riscos**: isto pode se dar por desconhecimento, ou por não acreditar que as ameaças possam se concretizar.
- **Blindando-se aos riscos**: as organizações podem tentar se proteger repassando os seus riscos através de seguros e derivativos, e com isto tentam se poupar das ameaças.
- **Aceitando os riscos**: entender que existem probabilidades dos riscos acontecer e se precaver, mapeando-os e tratando-os da melhor maneira possível.

O processo de globalização da economia fez com que as organizações ficassem mais suscetíveis aos riscos. A disseminação da informação via Internet e outros meios de comunicação global fez com que os consumidores se tornassem mais seletivos nas suas escolhas, reduzindo os lucros das organizações, e, consequentemente, aumentando os riscos.

O risco pode ser uma ameaça e uma oportunidade. Por essa razão, temos de adotar abordagens para minimizar as ameaças e maximizar as oportunidades. Ao assumirmos que existem os dois lados (positivo e negativo), podemos analisar os ganhos e perdas inerentes às atividades.

O ser humano toma diferentes atitudes de acordo com a combinação de perigo e de oportunidade. O grau de aversão varia de acordo com cada ser humano. Assim, como quem se encontra no comando dos processos das organizações são seres humanos, pode-se presumir que esta aversão seja repassada também aos comandos mais altos das organizações. Esse fato explica, de certa maneira, o tratamento (ou não) da gestão de riscos pelas organizações.

DAMODARAM (2009) estabelece dez princípios básicos da gestão de riscos aos quais os gestores deverão ficar atentos:

- **Primeiro**: nossos maiores riscos se originam em lugares onde menos se espera, e assumem formas que não previmos. A essência da correta gestão do risco consiste em desenvolver a capacidade de diminuir o seu impacto e seguir em frente quando nos vemos confrontados com o inesperado.

- **Segundo**: o risco é uma mescla de possibilidades de ganhos e de possibilidades de perdas. A boa gestão do risco não diz respeito a buscar ou evitar o risco, mas a manter o correto equilíbrio entre as duas escolhas.

- **Terceiro**: a gestão do risco é uma empreitada do ser humano e um sistema de gestão de riscos será tão bom quanto o são as pessoas que o manejam.

- **Quarto**: para administrarmos o risco da maneira correta, é preciso adotar a perspectiva correta sobre ele e manter consistência com ela, ao longo do processo. Em outras palavras, se decidirmos enxergar o risco com os olhos dos investidores na empresa, avaliaremos o fenômeno de forma diferente e teremos de nos comportar de acordo.

- **Quinto**: para escolhermos a ferramenta correta para identificar e avaliar o risco, temos de entender o que essas ferramentas têm em comum, o que elas fazem de diferente umas das outras, e como empregar os resultados gerados por cada uma delas.

- **Sexto**: as ferramentas utilizadas para identificar e avaliar o risco e os resultados desse diagnóstico é que devem ser adaptadas ao processo de tomada de decisão, não o contrário.

- **Sétimo**: proteger-se contra riscos não passa de uma pequena parcela no processo de gestão. A determinação de quais os riscos que deveriam ter proteção, quais não e quais devam ser usados como vantagem da empresa é um aspecto-chave para o sucesso da gestão de risco.

- **Oitavo**: para administrarmos o risco da maneira correta, precisamos entender as alavancas que determinam o valor de um negócio.

- **Nono**: a gestão correta do risco é a essência da prática correta dos negócios e é responsabilidade de todos.

- **Décimo**: para termos sucesso na gestão de riscos, temos de disseminá-la na organização por meio de sua cultura e através de toda a sua estrutura.

Quanto maiores os nichos de atuação das organizações, maior a exposição ao risco. Diante de questões associadas à sustentabilidade, e, mais especificamente, à logística reversa, as organizações se veem diante de mais um elemento estratégico a ser avaliado e, consequentemente, mais expostas se tornam ao risco. Uma boa gestão do risco irá apoiar a organização na tomada de decisão.

O QUE É GESTÃO DE RISCOS?

A gestão de riscos é uma forma organizada de identificar, analisar e medir os riscos, além de desenvolver, selecionar e gerenciar as opções de respostas para seu controle. Essas atividades precisam ocorrer de forma integrada com as outras áreas da organização, sendo delegado ao gestor de riscos o poder de tomada de decisões, sem a necessidade da verticalização das ações (KERZNER, 2006).

As empresas menos avessas aos riscos e que procuram diversificar sua carteira de investimentos são as que possuem maior valor para os investidores (DAMODARAM, 2009).

Os setores da economia que mais se utilizam da gestão de risco em suas atividades são o financeiro e o de seguros. Nenhuma decisão estratégica ou de negócio é realizada sem antes realizar um gerenciamento de riscos, mais precisamente, uma análise financeira dos riscos.

Em geral, a maneira como a organização explora os riscos dá a medida para os investidores aplicarem seus recursos, ou não, na organização. Esta pode se beneficiar da gestão de riscos através de premissas básicas (Figura 1): informação de qualidade, velocidade de resposta aos riscos, lições aprendidas, bom fluxo de caixa, qualidade dos recursos humanos, flexibilidade da organização.

Figura 1 – Premissas da gestão de riscos

A **informação de qualidade** pode ser um diferencial em relação à concorrência. A informação antecipada sobre novas tecnologias sustentáveis, novos processos produtivos sustentáveis, eventos mundiais que estão ocorrendo, novas pesquisas sendo desenvolvidas na academia e nos centros de pesquisa pode ser utilizada para explorar as oportunidades e mitigar as ameaças. No entanto, deve-se ficar atento ao excesso de informações ou à falta dela, que pode direcionar por um caminho errado gerando opções de respostas incoerentes ou sem consistência. É importante ter uma equipe capaz de realizar uma triagem destas informações. A gestão de informações na logística reversa é abordada no Capítulo 13.

A **velocidade de resposta ao risco** é fator preponderante na gestão de riscos e está intimamente ligada com a informação de qualidade. Quando a organização não possui planos de prevenção e resposta aos riscos (planos de mitigação[1] e contingência) bem elaborados, todas as suas ações diante da ameaça podem ser inócuas. A velocidade e a resposta adequada diante da crise fortalecem a organização perante os diversos *stakeholders*.

As **lições aprendidas** são fundamentais para a elaboração de um bom plano de resposta ao risco. A experiência e o conhecimento registrados são ativos das organizações. As organizações que melhor saem das crises são aquelas que possuem os profissionais mais experientes, que tomam decisões com rapidez e qualidade.

Dispor de um saldo favorável no **fluxo de caixa** permite que as organizações sejam mais ou menos ousadas, podendo ser fator de sucesso diante de crises.

A **qualidade dos recursos humanos** é fundamental na gestão de riscos e, também, está diretamente ligada às demais premissas. O capital humano experiente utiliza, além de seu conhecimento, as lições aprendidas e informações de qualidade para a elaboração de um bom plano de respostas aos riscos.

A **flexibilidade da organização** em atender às demandas de mercado é uma premissa importante na gestão de riscos. A capacidade de, rapidamente, modificar processos de produção, marketing e operação faz com que a organização possa assumir maiores riscos e ter vantagens competitivas. Essas práticas se mostram comuns na indústria automobilística, de computadores, entre outras.

A gestão de risco deve ser uma prática adotada em todos os níveis da estrutura organizacional, desde o nível operacional até o estratégico, e as premissas apresentadas devem ser consideradas. A gestão de riscos, por fim, deve fortalecer o valor da organização.

RISCOS SOCIAIS, AMBIENTAIS E ECONÔMICOS DA LOGÍSTICA REVERSA

As organizações devem estabelecer as suas políticas de avaliação de riscos definindo padrões, diretrizes, normas e métricas que deverão ser aplicadas à gestão estratégica de

---

[1] O conceito de mitigação utilizado neste texto refere-se ao descrito pelo PMI (Project Management Institute): uma ação adotada antecipadamente para reduzir a probabilidade e/ou impacto de um risco ocorrer no projeto e que, geralmente, é mais eficaz do que tentar reparar o dano depois de o risco ter ocorrido.

riscos. Essas definições irão auxiliar os gestores de risco a nortear os processos de análise qualitativa e quantitativa, dessa forma criando padrões para toda a organização.

Os processos de negócio da logística reversa possuem atividades sistematizadas – assim como outras áreas de negócios – e precisam ser tratadas com certo nível de comprometimento devido aos riscos envolvidos: danos à saúde, impactos ao meio ambiente (em caso de acidentes ou destinação final inapropriada), prejuízos à qualidade de vida, entre outros.

As organizações devem criar as suas próprias escalas de impactos para auxiliar os gestores de riscos, e os participantes nas discussões, na classificação e priorização dos riscos. Essas escalas representam a medida do quanto a organização é predisposta em aceitar ou não riscos. A sensibilidade da organização pode ser evidenciada através da Tabela 1 (apenas como exemplo), que representa as escalas de impactos dos riscos nos processos de negócio, nas três principais dimensões da logística reversa (ambiental, social e econômica).

A criação desta tabela deve preceder o processo de "Realizar Análise Qualitativa dos Riscos" e irá facilitar muito a análise de riscos, pois cria um padrão, que pode ser mudado à medida em que a empresa se sinta mais ou menos vulnerável às ações internas e externas. As mudanças da tabela também podem registrar um histórico de tolerância de riscos da organização, retratando, dessa forma, o perfil dos gestores.

Tabela 1 – Matriz de escalas de impactos de riscos nos processos de negócio da logística reversa

ESCALAS DE IMPACTO DOS RISCOS NOS PROCESSOS DE NEGÓCIO DA LOGÍSTICA REVERSA				
Dimensões	**Escalas relativas ou numéricas utilizadas**			
	Baixo/2	**Moderado/5**	**Severo/7**	**Catastrófico/10**
Ambiental	Sem ameaças ambientais significantes	Ameaça de poucos prejuízos ao ecossistema, recursos naturais ou população	Ameaças de prejuízo significante aos ecossistemas, recursos naturais e/ou população	Ameaça de fortes prejuízos aos ecossistemas, recursos naturais e população
Social	Não afeta a qualidade de vida	Ameaça de pequenas alterações na qualidade de vida	Ameaça de fortes prejuízos à qualidade de vida	Ameaça de prejuízos incomensuráveis à qualidade de vida
Econômica	Diminui em menos de 10% a relação receitas/despesas	Diminui entre 10-20% a relação receitas/despesas	Diminui entre 20-40% a relação receitas/despesas	Diminui em mais de 40% a relação receitas/despesas

COMO FAZER A GESTÃO DE RISCOS NA LOGÍSTICA REVERSA?

As organizações devem definir a sua própria metodologia de gestão de riscos, estabelecendo os processos necessários às atividades de identificação, análise e respostas aos riscos. Para auxiliar os gestores a definir sua metodologia, faremos uso das boas práticas em gestão de projetos estabelecidos no Guia de Boas Práticas em Gerenciamento de Projetos (PMBOK – *Project Management Body of Knowledge*) do PMI (*Project Management Institute*).

O conceito da gestão de riscos em projetos, definidos pelo PMBOK, pode ser aplicado à gestão de riscos em logística reversa, possibilitando o estabelecimento de processos de planejamento, identificação, análises, planejamento de respostas, monitoramento e controle de riscos. Os riscos tratados pelo PMBOK não se limitam aos riscos negativos (aqueles tratados como ameaças), mas também aos riscos positivos (aqueles tratados como oportunidades).

De acordo com o PMI (*PROJECT MANAGEMENT INSTITUTE*, 2008) os objetivos do gerenciamento de riscos em projeto são:

"aumentar a probabilidade e o impacto dos eventos positivos e reduzir a probabilidade e o impacto dos eventos negativos no projeto".

De posse do conceito de gestão de risco, podemos aplicá-lo à gestão da logística reversa, especificamente no fluxo de resíduos em seus processos de negócio (ver Capítulo 3).

Aliada ao PMBOK será aplicada parte da metodologia proposta por Fernández-Sánchez e Rodríguez-López (2010). A proposta dos autores é apresentar uma metodologia para selecionar indicadores, os quais seriam desenvolvidos por todos os *stakeholders*. Da metodologia proposta aproveitamos as técnicas utilizadas para selecionar os indicadores (parte delas propostas como ferramentas e técnicas pelo PMI (2008)), as quais serão aplicadas na identificação de riscos e a EAS (Estrutura Analítica Sustentável ampliada) resultante da classificação de indicadores (ver Figura 4).

Os primeiros processos da gestão de riscos na logística reversa encontram-se definidos na Figura 2. Os processos estão divididos em dois grupos: planejamento da gestão de riscos na logística reversa e planejamento detalhado de riscos.

Figura 2 – Grupos de planejamento de riscos

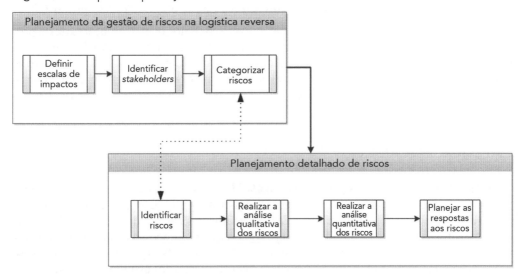

DEFINIR ESCALAS DE IMPACTOS

Este processo tem como saída a matriz de escalas de impactos de riscos nos processos de negócio da logística reversa, já discutida anteriormente. Não se trata de pré-requisito para o processo identificar *stakeholders*, mas é fundamental para os processos do grupo de planejamento detalhado do risco.

Para se obter as escalas relativas e numéricas, os gestores de riscos devem se reunir com os principais *stakeholders* e especialistas e avaliar o quão suscetíveis estão aos riscos da logística reversa. As escalas não devem ser definidas apenas pelo gestor de riscos, pois a definição pode incorporar avaliações pessoais. O consenso é fundamental para que a escala de impacto dos riscos retrate o mais fielmente a cultura da empresa, se é mais ou menos empreendedora, ou seja, se é mais ou menos tolerante aos riscos.

IDENTIFICAR *STAKEHOLDERS*

Como o ciclo da logística reversa envolve múltiplos interessados (*stakeholders*) no processo, e possui vários pontos de riscos, é importante identificar e envolver TODAS as principais partes interessadas em todo o planejamento da gestão de riscos. O envolvimento faz com que todos se sintam parte importante do processo.

As partes interessadas identificadas podem ser pessoas (usuários finais, chefes de departamentos etc.) e organizações (clientes, fornecedores, órgãos fiscalização, comunidades, ONGs etc.). Uma vez identificadas, deve-se analisar quais terão maior relevância no processo de logística reversa, e convidá-las a participar na equipe da gestão de riscos.

Outros *stakeholders* (especialistas dentro e fora da organização, consultorias etc.) podem, também, ser convidados (a gestão de partes interessadas é abordada no Capítulo 12).

Existem ditados que nos ajudam a pensar nos riscos e nos principais atores deste processo: *"o que os olhos não veem o coração não sente"* ou *"o risco está no olho de quem o vê"*. Esses ditados nos indicam a importância daqueles que conhecem as suas atividades e, portanto, conhecem os riscos inerentes a elas, devendo por sua vez participar ativamente em todo o processo da gestão de riscos.

CATEGORIZAR RISCOS

Uma vez identificados os principais *stakeholders*, o gestor deverá selecionar aqueles que serão os maiores impactados no fluxo da logística reversa, e, se possível, convidá-los para que possam participar da criação das estruturas básicas de identificação de riscos. Essas estruturas irão facilitar a identificação dos riscos no processo posterior. Muitas vezes, estas estruturas já estão criadas e estabelecidas dentro da organização, ficando esse processo apenas com o propósito de avaliação e consolidação dos elementos que compõem a estrutura e adição de novas categorias.

As saídas geradas neste processo foram divididas em duas estruturas: Estrutura Analítica de Riscos (EAR) e Estrutura Analítica Sustentável (EAS).

A EAR tem um caráter organizacional (Figura 3). Ela auxilia na identificação de riscos inerentes às atividades operacionais da organização. Por exemplo, em uma atividade de segregação de resíduos, podemos identificar riscos externos como: a não entrega do equipamento de segregação em tempo hábil (subcontratadas e fornecedores), ou estar sendo feito em um período em que as chuvas torrenciais podem atrapalhar a segregação (condições climáticas).

A EAS tem um caráter baseado na sustentabilidade e serve de apoio à identificação de riscos (ameaças e oportunidades) ligados à sustentabilidade (Figura 4). As estruturas (EAR e EAS) podem ser mescladas em uma única, no entanto, a separação permanece por questões didáticas. A mesclagem se dá incorporando uma nova categoria no nível 1 da EAR, entre as categorias organizacional e gerenciamento de projeto. Esta nova categoria poderia ser denominada sustentabilidade.

Figura 3 – Estrutura analítica de riscos (EAR)

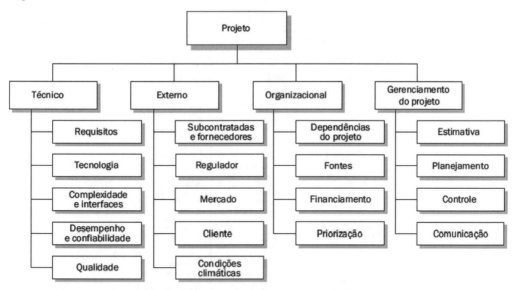

A estrutura analítica dos riscos (EAR) lista as categorias e subcategorias das quais riscos podem existir em um projeto típico. Diferentes EARs serão apropriadas para diferentes tipos de projetos e organizações. Um benefício desta abordagem é relembrar os participantes de um exercício de identificação de riscos a respeito das muitas fontes a partir das quais podem surgir riscos.

Fonte: PMBOK (*Project Management Body of Knowledge*).

A EAS pode ser expandida para identificar maiores níveis de categorização. Fernández-Sánchez e Rodríguez-López (2010) apresentam (Figura 4) a classificação da EAS expandida voltada para a área de construção civil, mas que pode ser adaptada para outros tipos de organizações. Essa estrutura não é estanque; novas categorias podem ser adicionadas ou removidas da estrutura.

Figura 4 – Estrutura analítica sustentável (EAS) expandida

Fonte: Fernández-Sánchez e Rodríguez-López (2010).

IDENTIFICAR RISCOS

O risco não pode ser gerenciado se não puder ser identificado. Essa é uma premissa da gestão de riscos. Todos os riscos que tenham alguma probabilidade de ocorrer e que possam impactar os processos devem ser identificados.

Baseado nas estruturas criadas a partir do processo Categorizar Riscos (EAR e EAS), as equipes de gestão de riscos deverão se reunir para identificar os possíveis riscos existentes nos processos, sejam da logística direta ou da logística reversa.

A primeira atividade neste processo é a identificação de ameaças e a de oportunidades, que podem ser realizadas simultaneamente, ou em momentos distintos. Conforme a metodologia proposta por Fernández-Sánchez e Rodríguez-López (2010), o processo de identificação pode fazer uso das seguintes técnicas e ferramentas:

- **Revisão da documentação**: esta diz respeito à seleção de documentações (referências técnico-científicas e legislação) e uma revisão estruturada desses documentos para se identificar possíveis riscos.

- **Compilação de informações provenientes de *surveys***: outra técnica que pode ser utilizada para capturar informações, e pontos de vista, dos *stakeholders* envolvidos. Os *surveys* devem ser aplicados aos principais *stakeholders* identificados no processo identificar *stakeholders*.

- **Compilação de informações provenientes de entrevistas**: os especialistas podem ser entrevistados, assim como os demais *stakeholders*. Essas entrevistas devem ser pré-formatadas utilizando técnicas específicas, e geram informações adicionais.

- ***Brainstorming***: técnica bastante utilizada para levantamento de informações, e tem como objetivo obter o máximo possível de informações sobre ameaças e oportunidades junto aos participantes selecionados. Normalmente, diferentes ideias surgem nesses encontros.

- **Comparação com outras áreas e ferramentas existentes**: o objetivo nesta técnica é estudar e avaliar experiências em outras áreas ou organizações que façam logística reversa.

- **Análise por listas de verificação**: baseada em informações históricas e lições aprendidas registradas pelas equipes em processos semelhantes. Mas pode-se utilizar tanto a EAR quanto a EAS para se identificar riscos.

- **Técnicas de diagramação**: o objetivo é utilizar técnicas consagradas utilizando diagramas para identificar riscos, tais como: diagrama causa e efeito, *flowcharts*, diagrama de atividades, BPM (*Business Process Management*) etc.

Todas as técnicas descritas acima podem ser utilizadas, ou apenas algumas delas. Cada uma das técnicas nos leva à criação de listas distintas de riscos. Cada lista é independente, não influenciando umas às outras, apesar de riscos semelhantes poderem ser encontrados. Dessa forma, teremos sete listas de riscos distintos.

Depois de identificados, os riscos devem ser classificados de acordo com as categorias definidas na EAR e EAS. Alguns riscos identificados permitirão uma atualização nas EAR e EAS.

Figura 5 – Registro de riscos identificados

Nº Risco	EAR/EAS	Descrição do Risco (Causa e Efeito)	Análise Qualitativa								Ação de Mitigação
			Prob.	Impacto			Severidade			Priorização	
				Social	Ambiental	Econômico	Social	Ambiental	Econômico		
1	Qualidade	Segregação indevida do resíduo									
2	Segurança	Vazamento de óleo combustível durante o transporte do gerador até a unidade de tratamento gerando contaminação do meio ambiente									

O processo "Identificar Riscos" gera como saída o relatório de riscos, conforme modelo apresentado na Figura 5. Nesta fase, apenas os três primeiros campos da Figura serão preenchidos. No entanto, à medida que a equipe de avaliação de riscos se torna mais capacitada, o processo de análise qualitativa pode ser feito simultaneamente. Atenção deve ser dada à forma como se descrevem os riscos, pois estes devem ser bastante claros, com poucos termos técnicos para que os *stakeholders* possam melhor compreender. A descrição deve conter em sua especificação a causa e o efeito (consequência) do risco.

É importante que se classifique o risco utilizando a EAR e/ou EAS para que equipes diferenciadas e especializadas possam se ater aos riscos sob suas responsabilidades, que serão identificadas no processo de planejar as respostas aos riscos.

REALIZAR ANÁLISE QUALITATIVA DOS RISCOS

Uma vez que os riscos estejam identificados e classificados, torna-se importante a análise desses riscos para que possamos priorizá-los. A priorização auxilia os gestores a focar nos riscos mais impactantes. O processo de análise qualitativa dos riscos tem como objetivo a priorização dos riscos identificados para que possamos analisar adequadamente quais riscos são mais impactantes no negócio, e permitir um adequado planejamento das respostas aos riscos (PMI, 2008).

A priorização permite, ainda, que a organização direcione os seus esforços de mitigação e contingenciamento nas atividades que mais impactam o fluxo da logística reversa, bem como identificando as restrições operacionais (financeiras, trabalho, aquisição etc.) existentes.

Cada risco registrado (Figura 5) deve ter a sua probabilidade de ocorrência e os impactos causados nas três esferas da sustentabilidade (social, ambiental e econômico) identificados. Para auxiliar na mensuração, as matrizes de probabilidade e impacto (modelos representados pelas Figuras 6 e 7) podem traduzir o grau de risco que as organizações desejam assumir.

Figura 6 – Modelo 1 da matriz de probabilidade × impacto

Probabilidade	Peso	Grau de severidade			
Muito provável	10	20	50	70	100
Provável	7	14	35	49	70
Possível	5	10	25	35	50
Improvável	2	4	10	14	20
	Peso	2	5	7	10
	Impacto	Baixo	Moderado	Severo	Catastrófico

Figura 7 – Modelo 2 da matriz de probabilidade × impacto

Probabilidade	Grau de Severidade				
0,90	0,05	0,09	0,18	0,36	0,72
0,70	0,04	0,07	0,14	0,28	0,56
0,50	0,03	0,05	0,10	0,20	0,40
0,30	0,02	0,03	0,06	0,12	0,24
0,10	0,01	0,01	0,02	0,04	0,08
Impacto	0,05	0,10	0,20	0,40	0,80

As matrizes de probabilidade e impacto permitem a classificação dos riscos quanto a sua severidade – riscos com alta (cor vermelha ou maior tonalidade de cinza), média (amarela ou baixa tonalidade de cinza) ou baixa severidade (cor verde ou média tonalidade de cinza). O modelo a ser utilizado deve ser estabelecido pela organização indicando qual o seu nível de aversão aos riscos.

As escalas utilizadas para as probabilidades e impactos podem ser obtidas a partir de reuniões com os principais *stakeholders* especialistas na área de riscos em logística reversa. Para tornar os valores mais confiáveis, podem-se utilizar séries históricas (caso existam) baseadas em processos e projetos anteriores.

A equipe de gestão de riscos analisará a probabilidade e os impactos causados nos três aspectos da sustentabilidade (social, ambiental e econômica) de ocorrência do risco (Figura 8). Uma vez que os campos estejam preenchidos, o grau de severidade será calculado para cada aspecto da sustentabilidade.

Essas avaliações serão feitas para cada um dos riscos identificados. Depois de calculados os graus de severidade, a equipe deverá priorizar cada um dos riscos. A priorização depende da severidade, mas também da estratégia de gestão da organização, pois algumas poderão priorizar as severidades sociais, outras a ambiental e outras a econômica. A priorização é sensível à gestão organizacional.

Uma vez priorizados os riscos, a equipe poderá definir as ações para a mitigação das ameaças, ou seja, propor ações para que o risco não aconteça ou, no caso de oportunidades, que a probabilidade de ocorrência aumente. No exemplo da Figura 8, apenas ameaças foram identificadas. No caso de identificação de oportunidades, pode-se acrescentar um campo no formulário indicando o tipo de risco, ou criar relatório específico para tratamento das oportunidades.

Figura 8 – Registro de riscos com o resultado da análise qualitativa

Nº Risco	EAR/EAS	Descrição do Risco (Causa e Efeito)	Análise Qualitativa								Ação de Mitigação
			Prob.	Impacto			Severidade			Priorização	
				Social	Ambiental	Econômico	Social	Ambiental	Econômico		
1	Qualidade	Segregação indevida do resíduo	30	5	7	10	150	210	300	1	
2	Segurança	Vazamento de óleo combustível durante o transporte do gerador até a unidade de tratamento gerando contaminação do meio ambiente	5	5	10	2	25	50	10	2	

REALIZAR ANÁLISE QUANTITATIVA DOS RISCOS

A análise qualitativa é uma boa ferramenta para classificar e priorizar os riscos das atividades da logística reversa. Verifica-se na análise qualitativa uma subjetividade que não permite a medição do impacto financeiro nessas atividades. No entanto, para fins de elaboração de relatórios de mitigação e contingência, apenas a análise qualitativa é suficiente.

A realização da análise quantitativa de riscos depende, em grande parte, do grau de maturidade da gestão financeira que a organização apresenta. As organizações que atuam nas áreas de finanças e seguros, geralmente, não apenas fazem análise qualitativa de riscos, mas também a análise quantitativa. A análise quantitativa utiliza elementos numéricos valorados para dar mais precisão ao grau de riscos das atividades. No entanto, para a maior parte das organizações, realizar apenas a análise qualitativa já demonstra o nível de maturidade da organização.

O resultado da análise quantitativa apresenta o custo (probabilidade × impacto) de cada risco, e, por conseguinte, de toda cadeia da logística reversa, auxiliando o gestor de riscos a avaliar o quanto de impacto financeiro poderia comprometer o processo da logística reversa. Realizar a análise quantitativa de riscos pode tornar maior o custo da logística reversa, porém as atividades tornam-se mais seguras. Neste livro não descreveremos o processo de análise quantitativa de riscos. Para maiores informações, ver Damodaram, 2009 ou Salles Jr. et al.

PLANEJAR AS RESPOSTAS AOS RISCOS

O processo de Planejar as respostas aos riscos tem como objetivo desenvolver um conjunto de ações com vistas à maximização de oportunidades e minimização das ameaças. Essas ações devem estar em consonância com a sensibilidade aos riscos dos *stakeholders*, principalmente quando esses riscos atingem os custos das operações, a qualidade dos produtos produzidos e os recursos (humanos e naturais) envolvidos.

As respostas planejadas neste processo devem estar de acordo com a priorização produzida no processo de análise qualitativa, e acordada por todos os envolvidos nos processos. Muitas discussões devem ser realizadas para se encontrar a melhor opção de resposta que atenda cada um dos riscos.

Durante as discussões sobre as melhores estratégias de resposta aos riscos, os envolvidos podem estar diante das seguintes escolhas:

1. No caso dos riscos negativos, ou ameaças, os envolvidos no planejamento das respostas poderão: **eliminar** (remover totalmente a ameaça), **transferir** (mover a responsabilidade para um terceiro), **mitigar** (redução da probabilidade e/ou impacto do evento de risco – Figura 9) e **aceitar** (o risco não pode ser eliminado ou não há estratégia para responder o risco).

2. No caso dos riscos positivos, ou oportunidades, os envolvidos no planejamento das respostas poderão: **explorar** (caso se deseje que o risco aconteça), **compartilhar** (transferir o risco para a exploração por um terceiro que tenha mais capacidade de exploração dos benefícios), **melhorar** (aumentar a probabilidade e/ou impactos positivos de uma oportunidade) e **aceitar** (aproveitá-la sem a necessidade de persegui-la).

Figura 9 – Registros de riscos com ações de mitigação

Nº Risco	EAR/EAS	Descrição do Risco (Causa e Efeito)	Análise Qualitativa								Ação de Mitigação
			Prob.	Impacto			Severidade			Priorização	
				Social	Ambiental	Econômico	Social	Ambiental	Econômico		
1	Qualidade	Segregação indevida do resíduo	30	5	7	10	150	210	300	1	Treinamento dos operadores de triagem dos resíduos e modernização dos equipamentos e técnicas de triagem. Conscientização dos geradores de resíduos.
2	Segurança	Vazamento de óleo combustível durante o transporte do gerador até a unidade de tratamento gerando contaminação do meio ambiente	5	5	10	2	25	50	10	2	Fiscalização periódica dos veículos de transporte e acondicionamento do óleo em recipiente de qualidade.

Como as respostas aos riscos podem afetar diversos processos na logística reversa, o gestor de risco deve estar atento, entre outras, a:

- Alteração de custos nos processos da logística reversa e na cadeia produtiva direta.
- Atribuir responsabilidades de monitoramento e controle dos riscos (proprietários dos riscos), principalmente referentes àqueles voltados aos recursos naturais.
- Modificações em contratos já ou a serem estabelecidos.
- Projetos que, porventura, possam estar sendo executados ou em planejamento.
- Manter total sintonia com a gestão financeira da organização quanto ao estabelecimento de reservas contingenciais para tratamento dos riscos.
- Manter total sintonia com a equipe de gestão da qualidade da organização.

As ações mitigatórias têm como objetivo a redução da probabilidade ou do impacto de um evento de risco até um limite aceitável. Em geral, é mais eficaz a mitigação do que o contingenciamento, ou seja, prevenir que remediar. Uma vez estabelecidas as ações mitigatórias, devem ser definidas as ações contingenciais para cada risco identificado. As contingências demonstram as ações que devem ser tomadas para quando a mitigação não for suficiente, ou seja, mesmo com todo o esforço para minimizar a probabilidade de ocorrência de risco, ainda assim ele ocorreu.

As ações contingenciais podem estar acompanhadas por ações compensatórias ou ações para tratamento de riscos residuais de um determinado risco (Figura 10).

Figura 10 – Ações de contingenciamento de riscos

Nº Risco	EAR/EAS	Descrição do Risco (Causa e Efeito)	Responsável	Ação de Contingência	Ações Compensatórias
1	Qualidade	Segregação indevida do resíduo	José da Silva	Informar-se, junto aos recebedores ou pessoal interno, sobre a presença de resíduos perigosos no lote. Orientar a destinação correta dos mesmos, descartando, caso confirmada esta presença, o possível aproveitamento de materiais no lote mal segregado.	Contratação de serviços de coleta de resíduos junto ao recebedor. Substituição do lote por outro segregado adequadamente sem acréscimo de custos.
2	Segurança	Vazamento de óleo combustível durante o transporte do gerador até a unidade de tratamento gerando contaminação do meio ambiente	Mariângela Ribeiro Nunes	Isolar local do acidente; comunicar autoridades; retirar o óleo combustível derramado; analisar possibilidade de impacto no ecossistema do entorno.	Caso não seja possível a retirada do óleo derramado, deve ser prevista a adoção de medidas compensatórias para os eventuais danos ambientais causados aos ecossistemas atingidos, além de priorizada a imediata limpeza dos mesmos. Estas compensações envolvem ainda, como se verá nas medidas previstas para o meio antrópico, indenizações e apoio específico à comunidade pesqueira eventualmente atingida, além do ressarcimento dos eventuais prejuízos do setor ligado ao turismo. Outras medidas compensatórias poderão ser previstas após avaliação da extensão dos prejuízos a estas atividades produtivas, bem como em função daqueles provocados ao meio ambiente.

COMO MONITORAR E CONTROLAR OS RISCOS?

Os objetivos principais do processo de monitoramento e controle dos riscos são:

- Estar atento aos riscos identificados.
- Monitorar os riscos residuais.
- Identificar novos riscos que porventura possam surgir.
- Garantir que as respostas aos riscos sejam executadas no momento certo e avaliar sua efetividade.

O responsável pelo monitoramento pode não ser aquele que identificou o risco – o "proprietário" do risco – e ajudou a definir as ações de contingenciamento. Nesse caso, ambos devem se reunir invariavelmente para avaliar desvios no monitoramento.

Para que a gestão de riscos obtenha êxito, além de um planejamento adequado, é necessário que o monitoramento e o controle sejam efetivamente realizados.

A Figura 11 apresenta o fluxo do processo de monitoramento e controle de riscos. Situações de disparo no processo de monitoramento farão ativar o processo de controle das respostas aos riscos, o qual reage invocando o contingenciamento e, caso necessário, modificando o plano de riscos. Todo o processo de comunicação com os *stakeholders* é ativado. Entre algumas ações da auditoria, temos:

- Identificar se as ações ainda são efetivas para o tratamento dos riscos identificados.
- Verificar se as ações tomadas (Figura 12) estão coerentes com as ações de contingência.

Figura 11 – Representação do monitoramento e controle de riscos

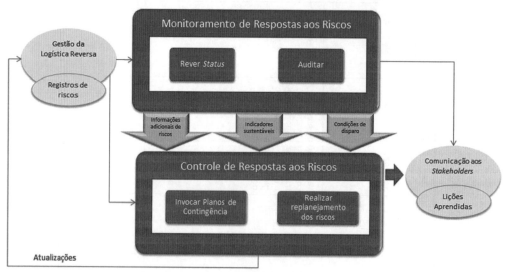

Fonte: *Practice Standard for Project Risk Management.*

Figura 12 – Relatório de monitoramento e controle de riscos

Nº Risco	EAR/EAS	Descrição do Risco (Causa e Efeito)	Responsável	Ação de Contingência	Ações Compensatórias	Data da Ocorrência	Custo da Reação	Ação(es) tomada(s)	Comentários
1	Qualidade	Segregação indevida do resíduo	José da Silva	Informar-se, junto aos recebedores ou pessoal interno, sobre a presença de resíduos perigosos no lote. Orientar a destinação correta dos mesmos, descartando, caso confirmada esta presença, o possível aproveitamento de materiais no lote mal segregado.	Contratação de serviços de coleta de resíduos junto ao recebedor. Substituição do lote por outro segregado adequadamente sem acréscimo de custos.				
2	Segurança	Vazamento de óleo combustível durante o transporte do gerador até a unidade de tratamento gerando contaminação do meio ambiente	Mariângela Ribeiro Nunes	Isolar local do acidente; comunicar autoridades; retirar o óleo combustível derramado; analisar possibilidade de impacto no ecossistema do entorno.					

Para cada risco registrado, ou conjunto de riscos, condições de disparo (*triggers*) devem ser definidas para que indiquem a iminência da ocorrência do risco. O disparo alerta o(s) responsável(is) pelo monitoramento para que invoque o plano de contingência. Indicadores de sustentabilidade podem fazer parte do conjunto de disparadores de riscos.

Ao término das auditorias e das revisões de *status*, relatórios devem ser enviados aos *stakeholders,* e relatos do tratamento devem ser registrados como lições aprendidas. Os *stakeholders* também devem ser alertados quando houver acionamento dos planos de contingência e o replanejamento de riscos. Pode ser necessário atualizar (ou reavaliar) os processos da gestão da logística reversa, caso o replanejamento de riscos e a utilização do plano de contingência sejam acionados.

REFERÊNCIAS

DAMODARAN, A. *Gestão estratégica do risco*: uma referência para a tomada de riscos empresariais. Porto Alegre: Bookman, 2009.

FERNÁNDEZ-SÁNCHEZ, G.; RODRÍGUEZ-LÓPEZ, F. A methodology to identify sustainability indicators in construction Project management – Application to infrastructure projects in Spain. *Ecological Indicators*, v. 11, nº 6, p. 1193-1201, 2010.

KERZNER, H. *Gestão de projetos*: as melhores práticas. 2. ed. Porto Alegre: Bookman, 2006.

PMI (PROJECT MANAGEMENT INSTITUTE). *Um guia do conhecimento em gerenciamento de projetos*: Guia PMBOK. 4. ed. Pennsylvania, USA, 2008.

SALLES JR., C. A. C. et al. *Gerenciamento de riscos em projetos*. Rio de Janeiro: FGV, 2007.

15

DESENVOLVIMENTO DE PRODUTOS

Julio César Benalcázar Chum
André Teixeira Pontes

O desafio de migrar para uma economia verde exige o desenvolvimento de bens e serviços mais sustentáveis e isso não pode deixar de considerar a logística reversa. Além disso, as próprias organizações dedicadas à logística reversa podem desenvolver novos produtos: uma cooperativa de catadores, por exemplo, pode decidir expandir os seus serviços para uma nova classe de materiais, ou decidir beneficiar os materiais catados.

O desenvolvimento de produtos é uma atividade que altera ou complementa as estratégias de negócio das organizações por meio de melhorias nos bens e serviços hoje oferecidos, ou por meio da criação de novos bens e serviços, eventualmente inovadores. Mais exatamente, ele é um processo constituído por um conjunto de atividades destinadas a elaborar especificações de projeto e de produção dos bens ou serviços (ROZENFELD et al., 2006).

Qualquer organização tenta se diferenciar das concorrentes desenvolvendo produtos com melhor desempenho técnico, ambiental, econômico-financeiro ou social. Segundo Wheelwright e Clark (1992), três fatores guiam o desenvolvimento de novos produtos:

- Intensa competitividade internacional: o número de competidores de classe mundial passou de menos de cinco para mais de 20, nos 30 anos posteriores a 1960.

- Demandas de mercado fragmentadas: os consumidores estão mais atentos a fatores como desempenho e confiabilidade e demandam produtos adequados às suas necessidades particulares.

- Diversidade e rápida mudança de tecnologias: o crescimento do conhecimento tecnológico e científico tem criado novas opções para atendimento das demandas e diversidades do mercado.

Segundo Rozenfeld et al. (2006), o processo de desenvolvimento de produtos (PDP) focava-se inicialmente na elaboração de informações sobre especificações de um produto, sobre como produzi-lo e sobre sua disponibilização para a manufatura. Atualmente, o escopo do PDP é muito mais abrangente: ele traduz o conhecimento sobre as necessidades do mercado, oportunidades tecnológicas, estratégias etc. e o transforma em informações para a produção, distribuição, uso, manutenção e descarte, considerando todo o ciclo de vida. O PDP pode ser avaliado por meio de indicadores como qualidade, custo, produtividade do processo e tempo total de desenvolvimento, contribuição com a rentabilidade, crescimento, imagem e participação no mercado.

O desenvolvimento de produtos sustentáveis, especificamente, é um objetivo estratégico de organizações que buscam aumentar a sua competitividade no cenário de migração para uma economia mais verde. No que se refere à logística reversa, além dos fatores listados por Wheelwright e Clark, podemos citar também:

- Responsabilidade compartilhada ao longo do ciclo de vida: a Política Nacional de Resíduos Sólidos torna corresponsáveis todos os atores envolvidos com os resíduos, ao longo do ciclo de vida dos produtos.

- Sustentabilidade: o desenvolvimento de produtos deve ser vinculado às três dimensões da sustentabilidade (ambiental, social e econômica).

O escopo e a lógica do PDP são igualmente aplicados no contexto da logística reversa. Uma central de triagem pode utilizar o PDP para implantar novas formas de beneficiamento, recolhimento de novos materiais etc.. Da mesma forma, o PDP pode facilitar a logística reversa de organizações interessadas em melhor desempenho ambiental, por exemplo propondo um *design* que facilite a desmontagem e reciclagem, ou que diminua a quantidade de material, ou ainda com um sistema de coleta eficiente.

MODELO PARA DESENVOLVIMENTO DE PRODUTOS SUSTENTÁVEIS

É importante ter um modelo de referência que sistematize o desenvolvimento de produtos dentro das premissas de que o PDP será transparente para todas as partes interessadas e de que ele considerará a perspectiva da sustentabilidade. A fim de atender essa necessidade, o modelo SAGE-DPS (Desenvolvimento de Produtos Sustentáveis) lança mão da gestão do ciclo de vida (discutida no Capítulo 1) para avaliar os impactos das atividades organizacionais nas três dimensões da sustentabilidade (CHUM, 2010). Este modelo traz à tona o reflexo dessas três dimensões no PDP e, assim, se adequa aos requerimentos da logística reversa, servindo de estrutura conceitual para as organizações que objetivam:

- Considerar especificações e requisitos técnicos, ambientais, sociais e econômicos no desenvolvimento de produtos.

- Identificar os elementos críticos, do ponto de vista da sustentabilidade, que o desenvolvimento de produtos deve considerar em cada fase.

- Gerar e analisar informações consistentes e relevantes para a tomada de decisões no que tange ao desenvolvimento de produtos sustentáveis envolvendo as partes interessadas.

Figura 1 – Modelo SAGE-DPS para o desenvolvimento de produtos sustentáveis

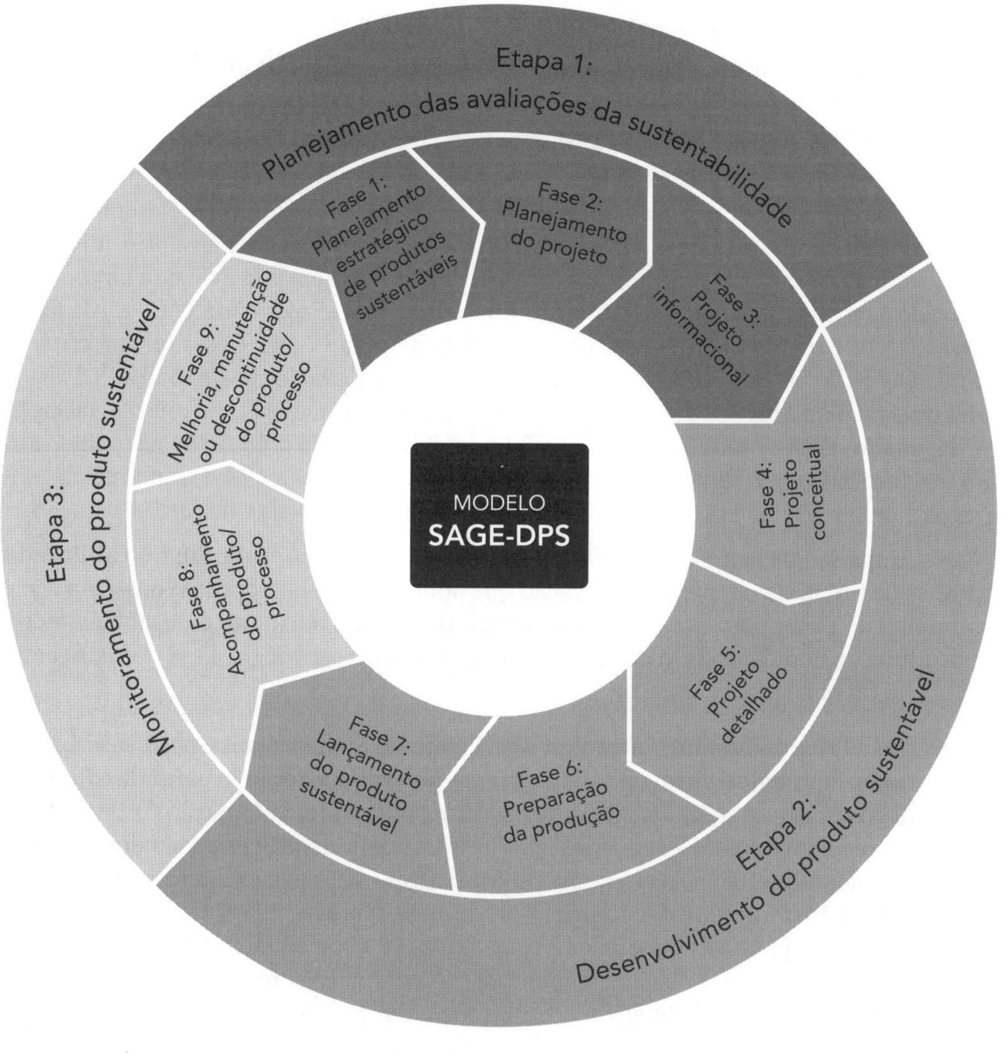

Fonte: CHUM (2010).

- Fornecer, de maneira integrada, informações sobre cada fase do desenvolvimento de produtos, a fim de analisar os impactos nas demais fases do ciclo de vida.
- Influenciar na cadeia produtiva por meio da disseminação de informações dos produtos e do pensamento de ciclo de vida.
- O modelo se divide em três grandes etapas, representadas na Figura 1:
- Etapa 1: Planejamento das Avaliações da Sustentabilidade, desdobrada em três fases: Fase 1, Planejamento Estratégico de Produtos Sustentáveis; Fase 2, Planejamento do Projeto; Fase 3, Projeto Informacional.

- Etapa 2: Desenvolvimento do Produto Sustentável, que se divide em quatro fases: Fase 4, Projeto Conceitual; Fase 5, Projeto Detalhado; Fase 6, Preparação da Produção; Fase 7, Lançamento do Produto Sustentável.

- Etapa 3: Monitoramento do Produto Sustentável, dividida em duas fases: Fase 8, Acompanhamento do Produto/Processo, e Fase 9, Melhoria, Manutenção ou Descontinuidade do Produto/Processo.

O modelo segue uma lógica cíclica que sugere uma contínua revisão dos produtos desenvolvidos por uma organização, principalmente no que se refere ao seu desempenho da sustentabilidade. Ele propõe uma visão integrada e de interdependência entre as etapas e as respectivas fases, a fim de garantir que a informação de uma seja avaliada na próxima, utilizando ferramentas como a Avaliação Ambiental do Ciclo de Vida (ACV), Avaliação Social do Ciclo de Vida (ASCV) e Custeio do Ciclo de Vida (CCV). Dessa forma, critérios de avaliação da sustentabilidade poderão ser incorporados ao longo de todo o PDP. Isto é fundamental para a logística reversa, pois contribui com uma melhoria no reúso, reciclagem ou destinação de um produto. No desenvolvimento de um novo produto ou na melhoria de um produto existente, deve-se pensar, por exemplo, em como facilitar a sua reciclagem, graças a uma baixa diversidade de materiais, ademais recicláveis e de fácil separação.

Na Etapa 1, que se refere ao **Planejamento das Avaliações da Sustentabilidade**, parte-se da premissa de que a organização que adota o modelo proposto considera a sustentabilidade como parte da estratégia corporativa e que, portanto, o desenvolvimento de produtos sustentáveis é um dos desdobramentos dessa estratégia. Essa primeira etapa inclui três fases de planejamento:

- Fase 1: **Planejamento Estratégico de Produtos Sustentáveis** – nesta fase é elaborada uma análise estratégica do ambiente (interno e externo) a partir das diretrizes e dos objetivos definidos na estratégia corporativa (vide Capítulo 6). Avaliam-se os recursos disponíveis (tecnologias limpas, matérias-primas com menor impacto ambiental e eficiência energética). Consideram-se as partes interessadas que participarão do desenvolvimento do produto sustentável. Identificam-se, de forma macro, os possíveis benefícios e impactos para a sociedade. Elaboram-se estimativas de possíveis impactos ambientais, do ponto de vista da produção, consumo, armazenagem, distribuição e destinação, assim como do potencial para beneficiamento pela logística reversa. Podem ser estimados também os custos que o fabricante terá com pesquisas de mercado e desenvolvimento de produtos, dos custos dos consumidores como energia, manutenção, reparo, infraestrutura e reparo, que podem ser estimados com base nas características do produto e na interação com as partes interessadas. Deve-se também fazer uma estimativa sobre os custos do recolhimento deste produto, do beneficiamento (caso exista) e da destinação final. Como resultado desta fase, tem-se o portfólio de produtos sustentáveis a desenvolver. Poderiam fazer parte de um portfólio de produtos da logística reversa: melhorias socioambientais em produtos existentes, como o *ecodesign* para diminuir a quantidade de materiais, melhorar a eficiência energética e facilitar a separação das partes para reciclagem ou reaproveitamento; desenvolvimento de novos produtos que incorporem todos estes princípios de sustentabilidade; recolhimento de um novo tipo de material, para reaproveitamento ou reciclagem na empresa ou para beneficiamento e venda; nova forma de beneficiamento de materiais recolhidos, gerando novos produtos.

- Fase 2: **Planejamento do Projeto Sustentável** – esta fase consiste na elaboração de um plano de projeto para cada um dos produtos existentes no portfólio. No plano devem constar os riscos relacionados com a complexidade tecnológica e o grau de inexperiência, além dos riscos ambientais e sociais. Esses riscos devem ser avaliados junto às partes interessadas, a fim de delinear ações de contingência. Essas informações do plano serão utilizadas em fases posteriores como diretrizes para as avaliações da sustentabilidade.

- Fase 3: **Projeto Informacional** – parte dos requisitos dos clientes identificados nas pesquisas de mercado e do plano do projeto aprovado anteriormente. Nesta fase a equipe de desenvolvimento deve definir os requisitos iniciais do produto (técnicos, ambientais, sociais e econômicos). Devem ser usadas ferramentas de avaliação sustentável do ciclo de vida, como ACV, ASCV e CCV. Estas auxiliam na definição e na mensuração de indicadores de desempenho da sustentabilidade do produto. Como resultado desta fase, temos as análises realizadas por meio das ferramentas de avaliação citadas anteriormente, gerando uma matriz de relacionamento de requisitos (técnicos, ambientais, sociais e econômico-financeiros) e categorias de impactos (ambientais, sociais e econômicos).

A Etapa 2 trata do **Desenvolvimento do Produto Sustentável**, especificamente das ferramentas de avaliação da sustentabilidade aplicadas no processo de desenvolvimento de produtos: utilização das ferramentas para avaliação ambiental (ACV), avaliação social (ASCV) e avaliação de externalidades e do custeio do ciclo de vida (CCV). Esta etapa se desdobra em quatro fases:

- Fase 4: **Projeto Conceitual** – ilustra a ideia do produto para soluções próximas daquelas esperadas. No caso de uma empresa de logística reversa, o produto pode ser o resíduo limpo e/ou compactado ou triturado, *pallets* de plástico etc. Identificam-se as possíveis tecnologias e as características dos materiais a serem utilizados. Definem-se as funcionalidades do produto sustentável, em termos de qualidade, segurança, estética e demais características que o produto deve apresentar segundo os requisitos e especificações dos clientes. Elabora-se a modelagem inicial do ciclo de vida do produto (ou da fase do ciclo de vida a partir da geração e coleta do resíduo – *gate to grave*) considerando as dimensões da sustentabilidade. Com isso, elaboram-se diferentes cenários comparativos entre as tecnologias e os materiais, com o auxílio das ferramentas da gestão do ciclo de vida (ACV, ASCV, CCV). Escolhe-se o cenário ótimo e definem-se os fornecedores e parceiros que possam colaborar com o desenvolvimento do produto sustentável por meio de materiais e tecnologias adequadas.

- Fase 5: **Projeto Detalhado** – elabora-se a remodelagem do ciclo de vida do produto, com base no cenário escolhido. Em seguida, a equipe de desenvolvimento detalha os requisitos até definir as especificações (técnicas, ambientais, sociais e econômicas) do produto, além de definir as quantidades e demais especificidades dos materiais a serem utilizados. Logo, são detalhados os sistemas, subsistemas e componentes que, junto com os materiais, fazem parte da estrutura do produto. Elabora-se o projeto da embalagem (ou forma de enfardamento, ensacamento etc.), a qual deve considerar também os aspectos ambientais, sociais e técnicos, visando a melhor distribuição, conservação, e manutenção do produto sustentável, assim como o descarte desta embalagem após o uso. É importante que os fornecedores e parceiros sejam desenvolvidos, a fim de garantir o fornecimento dos principais equipamentos e materiais, além de projetar os processos de fabricação e de montagem, os quais também devem ser discutidos junto às partes interessadas, fornecedores e parceiros. Constrói-se um protótipo funcional do produto com a lista de componentes com base no cenário escolhido. Criam-se novos cenários e avaliam-se os impactos do protótipo por meio das ferramentas de avaliação da sustentabilidade (ACV, ASCV e CCV). Com isso, caso necessário, são feitos ajustes no protótipo funcional. Finalmente, elabora-se, com participação das partes interessadas, um modelo preliminar do macroprocesso de fabricação, desenhando as principais operações a serem executadas para a produção do produto.

- Fase 6: **Preparação da Produção** – desenvolve-se o processo de fabricação e a certificação do produto. Devem-se considerar os resultados das avaliações da sustentabilidade realizadas nas fases anteriores. A partir disso, definem-se as especificações do processo (como produzir, em quais instalações etc.). Finalmente, com o produto e o processo aprovados, inicia-se a fabricação do produto sustentável em escala comercial.

- Fase 7: **Lançamento do Produto** – trata de aspectos comerciais que devem ser abordados do ponto de vista da sustentabilidade. O processo de distribuição do produto é modelado, junto com a equipe de desenvolvimento, marketing e as partes interessadas. O processo de distribuição pode ser o gerador de outros impactos, dependendo das necessidades para transportar e se deslocar até disponibilizar o produto para os clientes finais. Para esse processo devem ser realizadas avaliações da sustentabilidade específicas, diferentemente das avaliações do processo de desenvolvimento de produtos, porém considerando os resultados das avaliações da sustentabilidade realizadas anteriormente. Elabora-se uma campanha de marketing para o lançamento do produto que comunique aos consumidores, de forma transparente, as características do produto sustentável, seus impactos (positivos e negativos) durante o desenvolvimento, os possíveis impactos causados pelo uso ou descarte, assim como também os benefícios obtidos do ponto de vista social, ambiental e econômico.

Na Etapa 3, denominada Monitoramento do Produto Sustentável, é feita a avaliação do desempenho do produto do ponto de vista da sustentabilidade, assim como de decisões sobre a melhoria e manutenção do produto ou a descontinuidade deste. Ela consiste em:

- Fase 8: **Acompanhamento do Produto Sustentável** – após um dado período de permanência do produto no mercado, coletam-se dados sobre o comportamento (técnico, ambiental, social e econômico) do produto. As partes interessadas que, paralelamente, acompanham esse comportamento, também devem ser consultadas. Realizam-se, junto às partes interessadas, novas avaliações da sustentabilidade por meio da aplicação das ferramentas de ACV, CCV e ASCV, a fim de identificar e analisar os impactos causados pelo produto no meio ambiente, na sociedade e na economia. Elaboram-se análises comparativas dos impactos reais, positivos e negativos, com os impactos previstos nas avaliações da sustentabilidade realizadas durante a Etapa 2. Como resultado obtém-se um diagnóstico do desempenho do produto.

* Fase 9: **Melhoria, Manutenção ou Descontinuidade do Produto** – consiste na proposição de melhorias do produto, do ponto de vista da sustentabilidade, isto é, considerando as três dimensões simultaneamente. Para isso, verificam-se os impactos que o produto gerou durante e após a sua comercialização. A partir de dados reais do comportamento do produto no mercado, elaboram-se novas avaliações da sustentabilidade utilizando ACV, ASCV e CCV. Dessa forma, deve se observar se os impactos foram maiores do que os esperados ou se o produto teve um desempenho (técnico, ambiental, social e econômico) dentro das especificações definidas nas fases anteriores. Classificam-se os impactos e identificam-se aqueles que podem ser melhorados ou aqueles que podem determinar uma decisão de descontinuar o produto, isto é, impactos que extrapolem a capacidade da organização responsável pelo desenvolvimento do produto melhorá-los.

A logística reversa é uma fase crucial no ciclo de vida de um produto. Para organizações envolvidas com ela, um modelo de referência que oriente o desenvolvimento de produtos é particularmente interessante, uma vez que suas atividades normalmente envolvem mão de obra menos qualificada. Ainda que não seja possível utilizar toda a sofisticação proposta pelo modelo proposto (como a realização de estudos de ACV, ASCV e CCV), o direcionamento e a organização do raciocínio, por si, são ajudas valiosas para essas organizações, inclusive para agregarem valor ao serviço ou produto que oferecem.

REFERÊNCIAS

CHUM, J. C. B. *Gestão de processo de desenvolvimento de produtos e a gestão do ciclo de vida*: proposta de um modelo para o desenvolvimento de produtos sustentáveis. Dissertação de M.Sc., COPPE/UFRJ, Rio de Janeiro, RJ, Brasil, 2010.

ROZENFELD, H.; FORCELLINI, F. A.; AMARAL, D. C.; TOLEDO, J. C. D.; SILVA, S. L. D.; ALLIPRANDINI, D. H.; SCALICE, R. K. *Gestão de desenvolvimento de produtos*: uma referência para a melhoria do processo. São Paulo: Saraiva, 2006.

WHEELWRIGHT, S. C.; CLARK, K. B. *Revolutionizing product development*: quantum leaps in speed, efficiency, and quality. New York: The Free Press, 1992.

16

GESTÃO CONTÁBIL-FINANCEIRA E ORÇAMENTÁRIA

Fabrício Molica de Mendonça
Carlos Eduardo D. de C. Infante

A VISÃO ECONÔMICA DA LOGÍSTICA REVERSA

O objetivo econômico-financeiro da logística reversa de pós-consumo é gerar a potencialidade de melhores resultados financeiros graças a economias nas operações, como as de: (a) comercialização do bem de segunda mão na condição em que se apresenta, como é o caso do mercado de veículos usados; (b) remanufatura do bem ou de parte do bem, como é o caso do mercado de motores de veículos e o mercado de servidores de centrais de computadores; (c) reaproveitamento de materiais constituintes dos bens de pós-consumo como materiais usados para substituir insumos primários, na fabricação de outros produtos, como é o caso da sucata metálica que entra na fabricação do aço, do artefato de plástico na indústria de transformação do plástico, do óleo de soja usado na fabricação de sabão, biodiesel e massa de vidro etc.

No geral, tais economias são resultantes de preços menores obtidos na comercialização de produtos usados e de matérias-primas secundárias ou recicladas, reintegradas ao ciclo produtivo; da redução no consumo de insumos energéticos; de prováveis reduções nos investimentos exigidos pelas operações que utilizam matérias-primas secundárias, em vez de primárias; da redução do desgaste de máquinas e equipamentos usados para a transformação de produtos a partir de materiais já usados, em virtude da economia de energia gasta para essa transformação etc.

Desse modo, a gestão contábil-financeira e orçamentária tem grande contribuição para o sucesso econômico-financeiro da logística reversa, uma vez que, por meio do tratamento de informações provenientes de todos os setores da empresa, consegue gerar relatórios capazes de auxiliar os setores de planejamento, controle, avaliação e operação da logística reversa na tomada de decisão.

A gestão contábil-financeira e orçamentária está voltada para o planejamento, acompanhamento e o controle financeiro das atividades de logística reversa de uma organização. No geral, abrange as atividades de:

- Registrar os fatos contábeis relacionados com a logística reversa e gerar relatórios contábeis tradicionais.

- Transformar dados contábeis e financeiros em informações necessárias para auxiliar o processo de tomada de decisões em logística reversa.

- Elaborar orçamentos capazes de antecipar o comportamento das receitas, custos, despesas e investimentos, relacionados com as atividades de logística reversa.

- Elaborar estudos de viabilidade econômico-financeira de alternativas de logística reversa, com foco em aumento de receita, incentivos fiscais e/ou redução de custos, e, ainda, que auxiliem na escolha de alternativas de logística reversa a serem adotadas com vistas a otimizar resultados e processos.

- Delinear indicadores de análise econômico-financeira das atividades de logística reversa.

Dentro de uma visão de processo, a gestão contábil-financeira e orçamentária da logística reversa demanda dados contábeis, dados financeiros e dados para a projeção, provenientes de todos os setores da empresa. Por meio de pessoas, *software*, *hardware* e arquivos disponíveis, torna-se possível trabalhar os dados com base em normas, princípios contábeis e modelos financeiros e de apresentação de orçamentos. Como resultados, ou saídas, surgem os relatórios contábeis, relatórios financeiros, orçamentos, análise de viabilidade econômico-financeira etc. (Figura 1).

Figura 1 – O macroprocesso gestão contábil-financeira e orçamentária

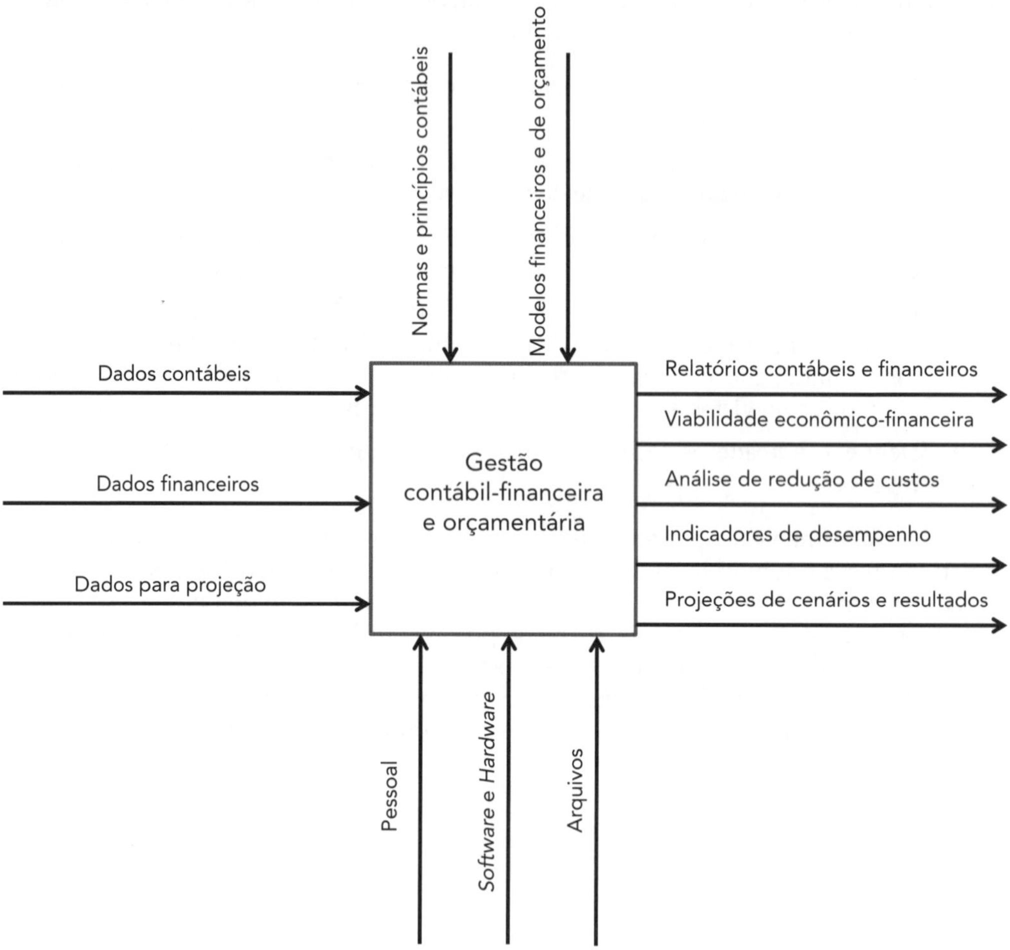

REGISTRO DE FATOS CONTÁBEIS RELACIONADOS COM A LOGÍSTICA REVERSA

A contabilidade, em qualquer organização, sempre foi responsável pelo acúmulo, registro e guarda de todos os fatos contábeis que afetam o patrimônio de uma empresa. A contabilidade acumula esses registros em cinco demonstrativos financeiros-contábeis essenciais, considerados fontes de dados para os diversos setores da empresa. São eles: Balanço Patrimonial, Demonstração do Resultado do Exercício, Demonstração do Fluxo de Caixa, Demonstração das Origens e Aplicações de Recursos e Demonstrações de Mutações do Patrimônio Líquido.

A exigência legal para a apresentação desses demonstrativos depende do tipo de enquadramento contábil-fiscal da empresa e é extensivo a todos os setores da economia. Ou seja, dependendo do tipo de enquadramento, uma empresa pode ser obrigada a elaborar e publicar todos os cinco demonstrativos apresentados, como pode também não ser obrigada a desenvolver nenhum deles, como é o caso de microempresas optantes pelo Simples. Como a atividade de logística reversa pode ser realizada por empresas com configurações diferentes, tamanhos diferentes e, até mesmo, por meio de acordos entre empresas de enquadramentos diferentes, o detalhamento desse assunto fugiria do escopo do livro. Por isso, recomenda-se que, para maiores informações, sejam consultados livros na área de contabilidade geral e contabilidade fiscal.

No entanto, aqui é importante que o leitor conheça e compreenda a função do Balanço Patrimonial e da Demonstração de Resultados, uma vez que a base da estrutura de informações financeiras voltadas para a gestão está contida nesses dois demonstrativos, conforme mostram os estudos de Padoveze e Taranto (2009). Desse modo, recomenda-se que uma empresa, mesmo não sendo obrigada a elaborar e/ou publicar tais demonstrativos, mantenham esses dois em sua base de informações.

O Balanço Patrimonial é o demonstrativo contábil que tem como finalidade mostrar a posição econômica e financeira da empresa em dado momento. Apresenta de forma ordenada os Ativos (valores monetários guardados em caixa e bancos, estoques, contas a receber, máquinas, equipamentos, utensílios, veículos, terrenos etc.), passivos (obrigações com fornecedores, com o governo, créditos e financiamentos conseguidos pela empresa) e Patrimônio Líquido (recursos dos proprietários e os lucros reinvestidos na empresa).

A Demonstração de Resultado consiste em um relatório que mostra as operações realizadas pela empresa em um determinado período. Nela são registradas as receitas ou faturamentos com vendas, os custos dessas vendas, as despesas gerais da empresa, os impostos e tributos pagos e, consequentemente, o lucro ou o prejuízo do período.

Tais demonstrativos serão mais bem trabalhados na parte da elaboração do orçamento empresarial, aplicado a empresas de logística reversa.

TRANSFORMAÇÃO DE DADOS CONTÁBEIS E FINANCEIROS EM INFORMAÇÕES VOLTADAS PARA A TOMADA DE DECISÕES EM LOGÍSTICA REVERSA

A transformação de dados contábeis e financeiros em informações ocorre a todo momento nas organizações. Tais informações podem auxiliar uma tomada de decisão em relação ao planejamento de um negócio ou no continuar de um negócio já em andamento; a uma mudança de estratégia; no aproveitamento de uma oportunidade de negócio e, até mesmo, no abandono de uma ação já iniciada.

Geralmente, os gestores devem ter definido, em sua estratégia, o escopo da logística reversa e, em cima desse escopo, definido as tecnologias adequadas e os recursos que serão demandados para o seu desenvolvimento (planejamento operacional). A partir de então, os dados são transformados em informações relevantes para que se possam fazer as devidas simulações e estudar as alternativas necessárias para a criação de cenários que contemplem os problemas a serem estudados. A partir da criação desses cenários, o sistema é capaz de gerar informações para a realização de análise contábil-financeira, voltada para a tomada de decisões, conforme é mostrado por meio da Figura 2.

Figura 2 – Síntese da análise financeira

Sem a pretensão de esgotar o assunto, uma empresa de logística reversa, por exemplo, poderia fazer uso das informações geradas pelo setor de gestão contábil-financeira e orçamentária para auxiliá-las em algumas situações, tais como:

a) **Análise da diferença de preços entre os materiais primários e secundários**

Na rede de distribuição da logística reversa, o preço do material reciclado será formado pelos custos e lucros das diversas etapas de comercialização ao longo da cadeia reversa, desde a primeira posse do pós-consumo até sua reintegração ao ciclo produtivo, tais como a coleta, o transporte, o armazenamento, o beneficiamento etc. (LEITE, 2006). Em cada etapa, os impostos e subsídios estão incluídos nesses custos.

Na etapa de coleta o Preço de vendas ao sucateiro ($Ps1$) é formado pelo somatório entre o custo da posse (Cp), o custo de beneficiamento inicial (Cb) e o lucro do coletor (Lc) (Fórmula 13.1).

$$Ps1 + Cp + Cb + Lc \qquad (13.1)$$

Na etapa do sucateiro, o Preço de venda do sucateiro ($Ps2$) é formado pelo somatório entre o Preço de venda ao sucateiro, o custo próprio do sucateiro (Cs) e o lucro do sucateiro (Ls) (Fórmula 13.2).

$$Ps2 = Ps1 + Cs + Ls \qquad (13.2)$$

Na etapa de reciclagem, o Preço de venda do reciclador ($Ps3$) é formado pelo somatório entre o preço de venda do sucateiro, o custo próprio do reciclador (Cr) e o lucro do reciclador (Lr) (Fórmula 13.3).

$$Ps3 = Ps2 + Cr + Lr \qquad (13.3)$$

Percebe-se, então que, quanto mais longa é a cadeia reversa e quanto maior o número de atravessadores, maior é a importância do preço como um indicador de controle, visto que:

- o preço do material reciclado deve manter-se abaixo da matéria-prima que substitui, fazendo com que desperte interesse por seu uso;

- o próprio mercado já estipula uma diferença percentual entre os preços do material virgem e do material reciclado, fazendo com que os preços do material reciclado variem em função das variações do preço da matéria-prima que substitui. Para Penman e Stock (1995), essa diferença é, em média, de 25% e as exceções a essa regra se deveriam a eventuais subsídios, que se constituiriam de fatores não diretamente econômicos, mas propulsores de estruturação desses sistemas de logística reversa;

- as dificuldades de coleta ou de tratamento do resíduo acabam onerando muito o preço das etapas de produção, inviabilizando o negócio e a estratégia de logística reversa adotada;

- o preço acaba interferindo no uso de cadeias mais ou menos fragmentadas, no fluxo mais ou menos integrado e na consolidação de parcerias entre empresas, órgãos públicos, cooperativas etc.

b) Análise do impacto da substituição de matérias-primas virgens por recicladas na quantidade de energia gasta

O processo de fabricação original do material a ser reciclado já empregou essa energia, ou parte dela. o retorno desse material ao ciclo produtivo, na maioria das vezes, acaba provocando uma redução no valor da energia necessária para a sua transformação.

- O alumínio, por exemplo, caracteriza-se por um consumo muito alto de energia elétrica em sua fabricação. Há grande economia de energia quando se utiliza alumínio secundário ou reciclado para produzir alumínio novo. De acordo com dados da ABA (Associação Brasileira do Alumínio), a produção de alumínio primário consome 15 kWh/kg de energia elétrica, enquanto a fundição do alumínio para a obtenção dos lingotes reciclados consome 0,75 kWh/kg, ou seja, há uma economia de 95% em energia elétrica. Os valores dessas economias são expressivos e justificam em grande parte o sucesso das cadeias reversas desse material. Aliás, os resíduos de quase todos os materiais metálicos já incorporam graus expressivos de energia elétrica (LEITE, 2006).

c) Análise do impacto do uso de materiais reciclados ou já usados no desgaste de ativos usados para transformar material em produto

A necessidade de um menor consumo de energia para transformar matérias-primas recicladas em produtos acabados acaba reduzindo o desgaste do imobilizado e, consequentemente, aumenta a sua vida útil, retardando novos investimentos.

- Uma fábrica de telas para TVs, por exemplo, possuía, como um de seus equipamentos-chave, um forno que operava em temperaturas entre 1.200° C e 1.600° C para transformar matéria-prima em produto acabado. Com o uso de matéria-prima reciclada (cacos de telas de computador e de TV), o uso de temperaturas abaixo de 1.000° C fez com que a vida útil de um forno subisse de oito para dez anos (MIGUEZ, 2010).

d) Análise do volume de recursos empregados em fábricas de matérias-primas primárias e recicladas

Geralmente, os investimentos em fábricas de matérias-primas recicladas é menor do que em fábricas de matérias-primas virgens, tornando-se, portanto, fonte de economia de custos importantes.

- Uma fábrica de alumínio, por exemplo, custa em torno de 5 mil dólares por tonelada produzida, enquanto o investimento em uma fábrica de reciclagem é da ordem de 350 dólares por tonelada produzida (LEITE, 2006).

O PLANEJAMENTO FINANCEIRO DA LOGÍSTICA REVERSA DENTRO DA ÓTICA ORÇAMENTÁRIA

Outra função do setor de gestão contábil-financeira e orçamentária da logística reversa consiste na elaboração do planejamento financeiro. Esse planejamento permite avaliar as decisões financeiras e seus impactos por meio de projeções das demonstrações financeiras e do fluxo de caixa. O planejamento financeiro ganha força quando é baseado em um orçamento empresarial.

Dentre as várias definições para o orçamento, Padoveze e Taranto (2009) o definem como o ato de colocar à frente aquilo que está acontecendo hoje. É a expressão quantitativa de um plano de ação, que se caracteriza como um modelo de programação de atividades.

Na elaboração do orçamento, a empresa deve refletir detalhadamente, por um lado, quanto de recursos próprios e de terceiros utilizará para financiar suas operações e, por outro lado, como tais fundos serão aplicados nas atividades operacionais e não operacionais como compra de materiais, pagamento de salários, compra de equipamentos, aquisição de prédios e terrenos etc. (MOREIRA, 2008).

Na logística reversa, o planejamento financeiro pode estar relacionado com o planejamento de uma empresa que tenha como foco a logística reversa qualquer, envolvendo uma ou mais etapas da cadeia logística – coleta, transporte, transformação e distribuição – ou o planejamento da área de logística reversa de uma empresa qualquer que busca tratar internamente os seus próprios resíduos e seus produtos pós-consumo.

O processo orçamentário, assim como em qualquer empresa, inicia-se com a previsão de vendas. Com base nessa previsão, elabora-se a Programação da Produção daquilo que se pretende fabricar ou vender, denominado plano de produção. A partir do plano de produção, programa-se o tamanho do estoque de materiais necessários e a quantidade de materiais a ser adquiridos, a quantidade de mão de obra necessária e os gastos indiretos de fabricação. Por meio dessas informações, é possível fazer a estimativa do Custo do Produto Vendido (CPV) e a estimativa das despesas envolvidas.

Como consequência dessa previsão, é possível levantar a Demonstração do Resultado do Exercício projetada. Tal demonstração, juntamente com os planos de financiamento a longo prazo (que está relacionado com o volume de financiamentos para serem pagos por um período superior a um ano), de investimento de capital (ou seja, aplicação de capital em ativos relacionados com a atividade, como por exemplo, a aquisição ou substituição de novos maquinários) e de orçamento de caixa (que está relacionado com o levantamento das entradas e saídas de dinheiro), é possível a projeção do Balanço Patrimonial.

Para a elaboração do orçamento, os gestores devem ter claro o funcionamento da organização. Por exemplo, na logística reversa, para a elaboração do orçamento é importante que esteja claro: (a) se a empresa é uma especialista em logística reversa, como é o caso de uma empresa especialista em transformar óleo de soja em biodiesel ou sabão; (b) se a empresa possui apenas um setor voltado para atender suas necessidades e obrigações para com a logística reversa, como é o caso da indústria de móveis que pode fazer o tratamento do resíduo de madeira; (c) se a empresa desempenha atividades intermediárias, como é o caso de um operador logístico, voltado para a captação de resíduos, beneficiamento e distribuição etc.

Outro ponto importante que deve ser considerado, quando se trata de uma empresa de logística reversa, está relacionado com a própria previsão de vendas, considerada o motor inicial do planejamento orçamentário. Na maioria das empresas, a receita de vendas parte da demanda de mercado, ou seja, o plano de marketing dita o volume que será vendido, para que se possa organizar todas as demais etapas. Na logística reversa, muitas vezes, essa demanda está associada à capacidade de produção e, até mesmo, à disponibilidade de materiais para serem coletados. Por exemplo, em um estudo realizado em Copacabana, voltado para a análise da implantação de uma usina de biocombustível, a partir do uso do óleo de soja usado, percebeu-se que a Receita de Vendas estava condicionada ao volume do óleo disponível em hotéis, bares e restaurantes que seria de 600 litros/dia (MENDONÇA; SOUZA; VALLE, 2009).

Percebe-se então que, apesar de existir uma sequência de etapas que se inicia com a previsão de vendas e termina com a projeção do balanço, a elaboração do orçamento varia de empresa para empresa, especialmente no tocante à necessidade de informação e aos níveis de detalhamento. O fundamental é que seja possível, ao final do orçamento, visualizar a engrenagem existente entre diferentes peças que compõem o orçamento empresarial, tais como Demonstração de Resultados, Fluxo de Caixa, Balanço e Relações de

Compras do Imobilizado, e que representam a base para o sistema de controle financeiro da empresa.

A elaboração dessas peças requer o desenvolvimento de um mecanismo para a coleta de dados, e que esses dados sejam transformados em informações de fácil interpretação para o gestor e o tomador de decisões. Tais peças acabam convergindo para a projeção da Demonstração do Resultado e do Balanço Patrimonial, conforme é mostrado na Figura 3.

Figura 3 – Síntese do mecanismo orçamentário

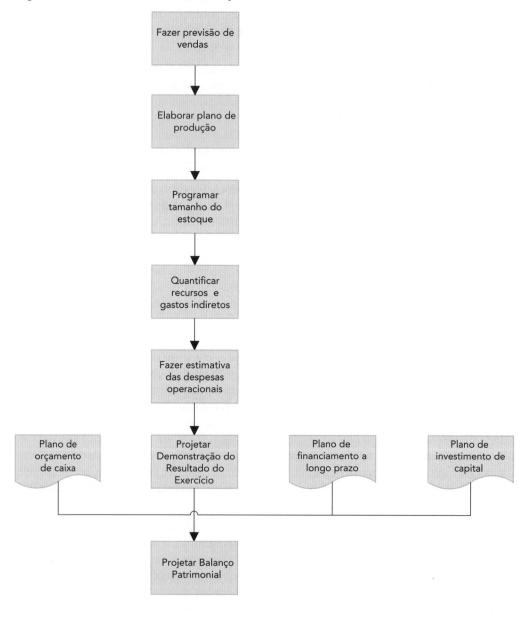

ANÁLISE DA VIABILIDADE ECONÔMICA DE INVESTIMENTO EM LOGÍSTICA REVERSA

A análise dos retornos econômico-financeiros é feita por meio da aplicação das técnicas Valor Presente Líquido (VPL) e Taxa Interna de Retorno (TIR). Esses indicadores servem tanto para auxiliar as decisões de aceitar ou rejeitar projetos de investimento em logística reversa, quanto para mostrar benefícios econômico-financeiros das propostas apresentadas.

O Valor Presente Líquido (VPL) é a diferença monetária entre o valor atual de retorno e o investimento inicial, de modo que todos os fluxos de caixa são medidos em termos monetários atuais. O VPL é obtido pela Fórmula 3.4:

$$VPL = FC_0 + \sum_{j=1}^{n} \frac{FCj}{(1+i)^n} \qquad (3.4)$$

Em que:

FC_0 = Valor do investimento inicial, lançado com o valor negativo;

FC_j = Entradas de caixa;

i = custo de capital da empresa;

n = tempo.

Se o VPL > 0, significa que o projeto apresentará retorno econômico-financeiro, mostrando uma situação vantajosa para a empresa. Caso contrário, significa para a empresa um retrocesso em recuperar o investimento inicial para um dado custo de capital. Projetos de investimento com expectativa de retorno negativos, no geral, são rejeitados porque o que se recupera é menor do que o investimento que é feito no negócio (GITMAN, 2010). As empresas de logística reversa devem buscar obter esse retorno econômico-financeiro, como qualquer outra empresa. No entanto, há casos em que, por um lado, o retorno de investimento não pode ser conseguido, em virtude da necessidade de investimentos no negócio e o fluxo de caixa gerado pelo negócio. Por outro lado, o negócio tem que existir. Nesse caso, a análise pode ser complementada pela análise da viabilidade operacional do projeto, que será vista no próximo subitem.

Já a taxa Interna de Retorno (TIR) é um índice relativo que mede a rentabilidade do investimento por unidade de tempo. É a taxa que torna o Valor Presente Líquido (VPL) de um fluxo de caixa igual a zero. O cálculo da TIR pode ser dado pela Fórmula 3.5.

$$TIR \Rightarrow \quad = FC + \sum \frac{FCj}{(1 \quad)} \qquad (3.5)$$

Em que:

FC_0 = Valor do investimento inicial, lançado com o valor negativo;

FC_j = Entradas de caixa;

i = TIR;

n = tempo.

A TIR representará a taxa de retorno sobre o investimento inicial. Neste caso, a TIR deve ser comparada com o custo de capital da empresa. Se a TIR for maior que o custo de capital, significa que o projeto proporcionou ganhos acima do custo de capital, apresentando situação vantajosa no projeto.

A Figura 4 mostra, de forma sucinta, a análise da viabilidade econômica de investimento em logística reversa.

Figura 4 – Síntese da viabilidade econômica

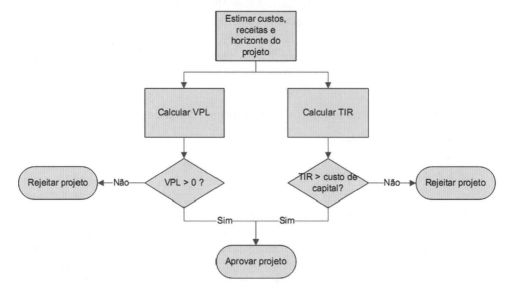

ANÁLISE DA VIABILIDADE OPERACIONAL

A análise da viabilidade operacional de um negócio está relacionada com os resultados positivos em relação ao lucro, sem a necessidade de verificar se esse resultado foi suficiente para cobrir o investimento inicial. Dessa forma, pode-se dizer que um projeto possui viabilidade operacional quando as receitas produzidas por ele forem capazes de cobrir os custos de funcionamento.

Esse tipo de análise pode ser empregado em projetos em que o investimento inicial é bancado por fontes de financiamento denominadas de "fundos perdidos". Nesse caso, não há exigência pelo retorno do investimento empregado, e sim pela sustentação do negócio ao longo do tempo.

Esse é o caso, por exemplo, de prefeituras que doam terrenos e infraestrutura para uma associação de catadores de papel e de resíduos se instalar. A preocupação se concentra na utilidade do serviço para a população, na mudança do comportamento do cidadão, na redução do volume de resíduos, na melhoria do meio ambiente e no aumento do emprego e da renda. No entanto, é necessário que o empreendimento funcione por si só, apresentando uma situação em que as receitas sejam suficientes para cobrir todos os custos e, ainda, apresente resultado positivo para ser reinvestimento. Projetos que não apresentam viabilidade operacional não garantem a sustentação do negócio ao longo do tempo e, portanto, devem ser rejeitados, conforme mostra a Figura 5.

Figura 5 – Síntese da viabilidade operacional

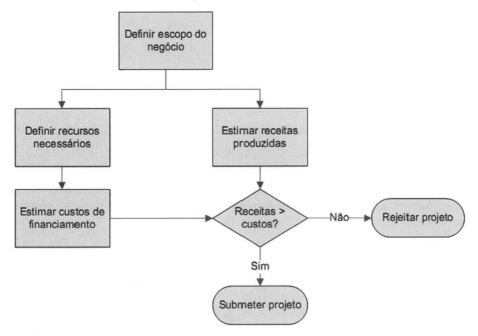

Cabe ressaltar que, em muitos casos, um negócio que nos primeiros anos apresenta meramente uma viabilidade operacional pode, com o passar dos anos, apresentar viabilidade econômica e até mesmo atrair investidores para o negócio, bem como propagadores da ideia para outras cidades e regiões. Voltando ao caso da associação de catadores de papel, o investimento doado pela prefeitura aos catadores pode provocar no curto prazo viabilidade operacional. Com o tempo, em virtude de uma gestão adequada e do reconhecimento por parte da sociedade, tal empreendimento pode apresentar resultados maiores do que o esperado. A forma de conduzir o negócio pode favorecer um futuro retorno sobre o investimento.

QUESTÕES PARA DISCUSSÃO

1. Discuta a importância do objetivo econômico-financeiro da logística reversa no pós--consumo.
2. Qual a contribuição principal da gestão contábil e orçamentária na logística reversa?

3. Quais informações geradas pelo setor de gestão contábil-financeira que auxiliam nas situações rotineiras da logística reversa?

4. Qual a importância do planejamento financeiro na logística reversa?

5. Que relações a análise de viabilidade operacional pode realizar a fim de contribuir para uma gestão eficaz na logística reversa?

REFERÊNCIAS

ASSAF NETO, A.; MARTINS, E. *Administração financeira*: as finanças das empresas sob condições inflacionárias. São Paulo: Atlas, 1996. 550 p.

ASSAF NETO, A.; SILVA, C. A. T. *Administração do capital de giro*. São Paulo: Atlas, 1994. 210 p.

GITMAN, L. J. *Princípios de administração financeira*. Porto Alegre: Bookman, 2010.

MENDONÇA, F. M.; SOUZA, D. P.; VALLE, R. Análise econômico-financeira da estratégia de logística reversa para o aproveitamento de óleos vegetais usados na produção de biodiesel. *Inovação Gestão Produção*, v. 1, p. 28-37, 2009.

LEITE, P. R. *Logística reversa:* meio ambiente e competitividade. São Paulo: Pearson Prentice Hall, 2006.

MIGUEZ, E. C.; MENDONÇA, F. M.; VALLE, R. Impactos ambientais, sociais e financeiros de uma política de logística reversa adotada por uma fábrica de televisão – um estudo de caso. *Revista Produção Online*, v. Extra, p. 1-15, 2007.

MIGUEZ, E. C. *Logística reversa como solução para o problema do lixo eletrônico*: benefícios ambientais e financeiros. Rio de Janeiro: Qualitymark, 2010.

MOREIRA, J. C. *Orçamento empresarial*: manual de elaboração. São Paulo: Atlas, 2008.

PADOVEZE, C.; TARANTO, F. *Orçamento empresarial*: novos conceitos e técnicas. São Paulo: Prentice Hall, 2009.

PENMAN, Ivy; STOCK, James R. Environmental issues in logistics. In: *Contemporary issues in logistics*, 1995.

Box 1: O MECANISMO ORÇAMENTÁRIO APLICADO À ATIVIDADE DE LOGÍSTICA REVERSA DE UMA EMPRESA ESPECIALIZADA NA TRANSFORMAÇÃO DE ÓLEO DE SOJA USADO EM BIODIESEL

Para demonstrar a aplicação desse mecanismo orçamentário na logística reversa, buscou-se desenvolver um modelo de orçamento em uma empresa hipotética produtora de biodiesel a partir de óleo de soja usado, que iniciará suas atividades no próximo ano. O desenvolvimento do orçamento será acompanhado de uma análise mais específica da logística reversa. A partir desse modelo, é possível fazer adaptações para a logística reversa de outros setores e atividades.

Imagine que a planta dessa empresa tenha sido projetada para uma capacidade de produção de uma batelada de 150 litros de óleo, a cada duas horas, que, considerando-se 80% de eficiência do processo produtivo, resultam em 120 litros de Biodiesel e 25,4 litros de glicerina. Suponha, para efeitos de exercício, que o biodiesel tenha um preço de venda de R$ 2,00 o litro e a glicerina tenha um preço de venda igual a R$ 0,10.

Para simplificar a compreensão, o modelo será desenvolvido por meio da sequência de peças.

1 Orçamento de vendas

Esse orçamento busca a previsão da receita de vendas do próximo período, com base na quantidade a ser vendida e dos preços estimados. A empresa trabalha com uma capacidade de 150 litros de óleo por batelada, a cada duas horas. Isso proporcionaria uma produção de 600 litros a cada turno de 8 horas, 1.200 litros a cada turno de 16 horas e 1.800 litros a cada turno de 24 horas. Em virtude do limite de captação de óleo, naquele espaço, de óleo de 1.200 litros/dia, a empresa consegue trabalhar em dois turnos de 8 horas/dia.

Partindo do princípio de que a empresa pretende vender toda a produção, considerando a capacidade de captação de óleo de soja de 1.200 litros/ano, a eficiência produtiva de 80%, o tempo de operação diário usado de 16 horas por dia, durante 25 dias no mês, durante 12 meses por ano. O volume de vendas anual projetado é de 288.000 litros de biodiesel ao preço de R$ 2,00 e de 61.056 litros de glicerina ao preço de R$ 0,10 por ano, o orçamento de vendas pode ser representado por meio da Tabela 1.

Tabela 1 – Levantamento das receitas de vendas brutas de biodiesel e glicerina no ano

Produto	Quantidade	Preço de venda	Vendas Totais
Biodiesel (l)	288000	2,00	576.000,00
Glicerina (l)	61056	0,10	6.105,60
		Total	582.105,60

2 Orçamento de produção

Esse orçamento busca levantar a necessidade de produção para o período de orçamento, com base no orçamento de vendas. Nesse caso específico, supondo que a empresa consegue vender toda a produção e que a quantidade vendida esteja vinculada à capacidade de captação de óleo nos bares, hotéis e restaurantes locais, bem como nas residências, a empresa não tem trabalhado com estoques. Considerando a capacidade de captação de óleo de soja de 1.200 litros/ano e a inexistência de estoque inicial e final de produtos acabados, o orçamento da produção pode ser obtido por meio da Tabela 2.

Tabela 2 – Levantamento do volume de produção de biodiesel e glicerina no ano

Discriminação	Produtos	
	Biodiesel (l)	Glicerina (l)
Vendas Planejadas	288000	61056
Estoque Final de Produtos Acabados	0	0
Total	288000	61056
(–) Estoque Inicial de Produtos Acabados	0	0
Unidades a Produzir	288000	61056

A partir das informações de produção, é possível programar o orçamento de materiais.

3 Orçamento de materiais necessários

Esse orçamento visa o levantamento das necessidades de materiais usados na produção e o valor da aquisição e utilização desses materiais denominados matéria-prima ou insumo necessário para a produção. No caso estudado, os materiais diretos necessários para produzir cada batelada de produtos são: 20 kW de eletricidade, 150 litros de óleo usado de cozinha, 1,8 litros de catalizador e 30 litros de álcool. O óleo usado de cozinha é coletado por cooperativas de trabalho, que receberão uma remuneração de R$ 0,10 por litro entregue.

A Tabela 3 apresenta o cálculo do material direto total por batelada de produção e por ano. O custo com material direto de cada batelada é igual a R$ 67,87.

Tabela 3 – Levantamento do custo variável por batelada de 150 litros de óleo de cozinha processados

Insumos	Quantidade	Preço unit.	Total p/ bat.	Total p/ ano
Eletricidade (kW)	20	0,25	5,00	12.000,00
Óleo de cozinha (litros)	150	0,10	15,00	36.000,00
Catalisador (litros)	1,8	1,41	2,54	6.091,00
Álcool (litros)	30	1,51	45,33	108.800,00
Total			67,87	162.891,00

Fonte: Dados da pesquisa.

4 Orçamento de mão de obra

Esse orçamento visa levantar o recurso mão de obra a ser usada na produção dos bens ou serviços, que fazem parte do orçamento de produção. No caso estudado o valor mensal da mão de obra e encargos é igual a R$ 8.000,00, equivalente a um montante de R$ 96.000,00 anuais.

5 Orçamento de custos indiretos de fabricação

Esse orçamento busca registrar a quantidade de recursos não diretamente ligados com a produção que será usada para que se viabilize o orçamento de produção. No caso, os custos indiretos anuais foram agrupados na Tabela 4.

Tabela 4 – Levantamento dos custos fixos mensal e anual, em reais, de uma planta com capacidade de processamento de 1.200 litros de óleo/dia

Itens de custos fixos	Mensal	Anual
Serviços de manutenção	320,00	3.840,00
Materiais de manutenção	1.000,00	12.000,00
Seguros	1.000,00	12.000,00
Análise da qualidade da matéria-prima	2.500,00	30.000,00
Demais gastos gerais de fabricação e de distribuição	1.800,00	21.600,00
Total	14.620,00	175.440,00

6 Orçamento do custo dos produtos vendidos

Esse orçamento busca agrupar as informações até então levantadas em um único orçamento, mostrando o custo dos produtos vendidos, conforme mostra a Tabela 5.

Tabela 5 – Levantamento do custo do produto vendido no período

	Demonstrativo – R$	
Materiais diretos usados	162.891,00	(peça 3)
(+) Mão de Obra	96.000,00	(peça 4)
(+) Custos Indiretos de Fabricação	79.440,00	(peça 5)
(=) Total dos Custos de Fabricação	338.331,00	
(+) Estoque inicial de produtos acabados	–	–
(–) Estoque final de produtos acabados	–	–
(=) Custo do produto vendido	338.331,00	

7 Orçamento das despesas operacionais

O orçamento de despesas operacionais busca prever as despesas administrativas e de vendas para o próximo período. No geral, essas despesas estão relacionadas com: comissões sobre vendas, publicidade, gastos com viagens, salários de escritório, contas de telefone e outros. No caso apresentado, supõe-se que tais despesas serão de 50.400,00 no ano.

8 Orçamento da Demonstração de Resultado

Esse orçamento tem por finalidade apurar o resultado do exercício orçado. A própria sequência dos orçamentos anteriores acaba desembocando na Demonstração do Resultado do exercício, conforme mostra a Tabela 6. O único elemento diferente que surge nesse orçamento é o Imposto de Renda. Nesse caso, o Imposto de Renda dado foi de R$ 65.339,10, para não ter que apresentar com maior rigor a legislação do Imposto de Renda para Pessoa Jurídica.

Tabela 6 – Levantamento da Demonstração do Resultado do período orçado

Receita de Vendas	582.105,60	Peça 1
(–) Custo do produto vendido	362.331,00	Peça 6
(=) Lucro Bruto	219.774,60	
(–) Despesas Administrativas e de vendas	50.400,00	Peça 7
(=) Lucro Líquido Antes do I.R.	169.374,60	
(–) Imposto de Renda	57.587,36	
(=) Lucro Líquido	111.787,24	

9 Orçamento de compra de imobilizado

Quando há previsão de compra de imobilizado é necessário o registro dessa compra, para que possa acrescentar nos ativos da empresa. Geralmente, o orçamento de compra de imobilizado está relacionado com um projeto de análise de investimentos em orçamento de capital. No caso hipotético estudado, como a empresa irá iniciar suas atividades, o orçamento atual deve apresentar a compra do imobilizado. O projeto de análise de investimentos será desenvolvido no tópico seguinte.

O ativo não circulante adquirido é composto de estrutura metálica, tanques de armazenamento, reator principal, reator de catálise, tanque decantador, destilador, bombas hidráulicas, canalizações, sistema elétrico, sistema de automação, equipamentos de medidas, equipamentos de controle de qualidade, filtro tipo *bag*. A compra desses ativos é igual a R$ 240.000,00.

10 Plano de financiamento

O valor do ativo não circulante da empresa é igual a 240.000,00. Desse valor, 80% (192.000,00) é financiado com recursos de terceiros de longo prazo e 20% (48.000,00) com recursos próprios.

Além desses recursos, o investimento em capital de giro, considerando os prazos médios de duplicatas a receber, de estocagem e de duplicatas a pagar iguais a 30 dias, será igual a R$ 22.043,59, obtidos pelo volume necessário de investimentos em duplicatas a receber (49.851,62) somados com o investimento necessário em estoque igual a zero e subtraindo os investimentos em duplicatas a pagar igual a 27.808,03, conforme mostra a Fórmula 13.4:

$$NCDG = IDR + IE - BDP \qquad (1)$$

Em que:

- NCDG = Necessidade de capital de giro.

- IDR = Investimento em duplicatas a receber, que pode ser obtido por meio da multiplicação da receita média diária (receita anual/número de dias do ano) pelo prazo médio de recebimento.

- IE = Investimento em Estoques, que pode ser obtido por meio da multiplicação do custo médio diário (custo total/número de dias do ano) pelo prazo médio de estocagem.

- BDP = Benefícios obtidos em duplicatas a pagar, que pode ser obtido por meio da multiplicação dos benefícios médios diários de contas a pagar (custo anual/número de dias do ano) pelo prazo médio de pagamento.

11 Fluxo de caixa estimado

Esse demonstrativo visa dar uma noção do comportamento das entradas e saídas de caixa da empresa ao longo do período orçado. A importância de tal demonstrativo está relacionada ao fato de que as saídas de caixa nem sempre são acompanhadas pelas entradas. Por isso, é importante que se tenha um volume de dinheiro para cobrir esses períodos. No exemplo desenvolvido, o saldo inicial de caixa é igual ao volume do capital de giro, uma vez que a empresa está iniciando suas atividades (Tabela 7).

Tabela 7 – Levantamento do fluxo de caixa trimestral para um período de um ano

Discriminação	Trimestres				Total do ano
	Primeiro	Segundo	Terceiro	Quarto	
Saldo Inicial de Caixa	22.044	74.654	109.987	145.320	**22.044**
Mais entradas:					
Recebimento de Clientes	133.399	144.516	144.516	144.516	**566.947**
Total	155.443	219.170	254.503	289.836	**588.990**
Menos Saídas					
Materiais	27.149	40.723	40.723	40.723	**149.317**
Outros Custos e Despesas	29.640	44.460	44.460	44.460	**163.020**
Folha de Pagamento	24.000	24.000	24.000	24.000	**96.000**
Total	80.789	109.183	109.183	109.183	**408.337**
Saldo de Caixa	74.654	109.987	145.320	180.653	**180.653**

12 Balanço final estimado

Essa peça tem por finalidade resumir em um único demonstrativo o resultado dos diversos orçamentos desenvolvidos dentro de uma sequência lógica de raciocínio e trabalho coletivo. A Tabela 8 apresenta o Balanço Final estimado.

GESTÃO CONTÁBIL-FINANCEIRA E ORÇAMENTÁRIA **237**

Tabela 8 – Balanço Patrimonial, resultante das operações da empresa para o período de um ano

ATIVO		PASSIVO	
CIRCULANTE		**CIRCULANTE**	
Disponibilidades		Contas a pagar	26.437,84
Caixa e Bancos	180.653,44	Imposto de renda a pagar	49.427,36
Contas a Receber	**15.159,00**	**Total do Circulante**	75.865,20
Matéria-Prima	–		
Produto Acabado	–	Financiamentos	168.000
Total do Ativo Circulante	195.812,44		
ATIVO NÃO CIRCULANTE		**PATRIMÔNIO LÍQUIDO**	
Imobilizado	240.000,00	Capital	48.000,00
Depreciação	(48.000,00)	Reserva de lucros	95.947,24
		Total do Patrimônio Líquido	143.947,24
Total Ativo não circulante	192.000,00		
TOTAL DO ATIVO	387.812,44	**TOTAL DO PASSIVO**	387.812,44

BOX 2: A OPERAÇÃO REVERSA DE UMA GRANDE EMPRESA FABRICANTE DE TELAS E TUBOS DE TELEVISÃO

O setor de fabricação de televisores é interessante para se estudar a logística reversa, pois permite que seja feita uma análise geral das atividades de uma maneira bem simples. O tubo de raio catódico ou CRT, por exemplo, é um *display* baseado em uma tecnologia onde uma imagem é criada através de um bombardeamento controlado de elétrons em uma superfície plana coberta com substâncias fosforescentes. Esse CRT é formado pela tela, pelo cone, pelo canhão de elétrons e pelas ligas metálicas que prendem os componentes. O componente principal do CRT é um tubo de vidro com um canhão de elétrons montados na parte final, estreita, e uma ampla área plana, oposta ao canhão, que forma a tela. O canhão dispara elétrons que são, então, refletidos por magnetos para, seletivamente, atingir diferentes partes da tela, que têm camadas fosforescentes que brilham em cores diferentes quando tocados. Uma máscara de buracos logo atrás da tela permite controle apropriado do processo de imagem.

A tela e o cone, usados para a fabricação do CRT possuem substâncias químicas. Essas substâncias entram desde o início do processo de fabricação desses componentes. A tela contém bário e estrôncio e o cone contém chumbo – que é importado do México na forma de granulado, uma vez que o chumbo bruto pode trazer danos às pessoas que o manuseiam no percurso. Todas essas substâncias são prejudiciais à saúde das pessoas que manuseiam esses produtos durante o processo de fabricação e, ainda, quando descartados de forma incorreta, trazem danos ao meio ambiente.

O modelo de logística reversa adotado

Telas e cones eram produzidos de modo verticalizado, ou seja, a empresa operava internamente todo o processo produtivo, desde a aquisição de matéria-prima básica para a produção dos componentes, até o processo de vendas e comercialização do produto acabado. As telas eram produzidas numa fábrica em Mauá e os cones numa fábrica em Suzano. No momento da pesquisa, cada fábrica produzia em seus fornos 9,9 milhões de unidades, o que representa uma produção diária de 180 toneladas de tela e de 130 toneladas de cone.

O processo de produção envolvia uma perda média de 15% de peso bruto, em ambos os produtos. Geralmente, essa perda ocorria na fase de corte do vidro (ainda na forma pastosa), ou na fase de polimento. Se o volume total dessa perda fosse enviado como lixo para descarte, o impacto ambiental seria muito significativo: 46,50 toneladas/dia de resíduos danosos ao meio ambiente, dos quais 27 toneladas/dia provenientes da tela e 19,5 toneladas/dia provenientes do cone.

Como forma de reduzir o volume de descarte, a empresa solicitou testes de reaproveitamento dos resíduos de vidro por meio de reutilização no processo produtivo. A operação mostrou-se viável, uma vez que foi possível obter a mesma quantidade de telas e cones, sem perda dos padrões de qualidade. A composição para telas era de 75% de cacos associados a 25% de matéria-prima virgem. A composição para cones era de 92,5% de cacos associados a 7,5% de matéria prima virgem (Tabela 1).

Tabela 1 – Composição da matéria-prima para a produção de telas e cones

Itens	Telas	Cone
Cacos ou resíduos	75%	92,5%
Matéria-prima virgem	25%	7,5%
Total	100%	100%
Volume diário produção (ton.)	180	130

Fonte: Elaboração própria.

O ganho em termos de sustentabilidade ambiental era duplo: redução do descarte pelo uso de resíduos na produção e redução do recurso a matérias-primas virgens.

Entretanto, a produção diária de resíduos era baixa, diante da capacidade dos fornos e do volume necessário para a composição da matéria-prima. O problema então se inverteu: de um excesso de resíduos, passou-se a ter uma falta. Para solucioná-lo, a empresa desenvolveu estratégias para captar cacos oriundos de telas e cones, seja de televisores, seja de monitores de computador. Com isso, ela criou um modelo de produção inédito, baseado em logística reversa. A Figura 1 representa o macroprocesso de produção. Retalhos de vidro oriundos do próprio processo produtivo, associados a cacos provenientes de telas e cones de computadores e televisores usados, passaram a ser compostos com matéria-prima virgem para a fabricação de telas e cones.

Figura 1 – Fluxo de entradas e saídas do processo de produção de telas e cones

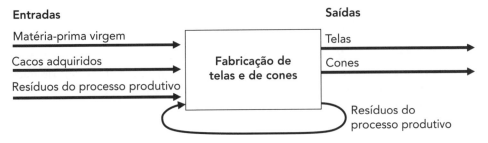

Fonte: Dados da pesquisa.

As possíveis fontes de fornecimento de cacos eram três:
- grandes organizações estruturadas para o envio de peças descartadas;
- oficinas de conserto de televisões e monitores, que não têm estrutura suficiente para o envio dos equipamentos e necessitam, portanto, de ajuda para o transporte;
- importação, principalmente de empresas americanas e europeias que recebem apoio de seus governos para darem uma destinação adequada para estes produtos, como o envio para um fabricante do material.

A terceira opção predominou. Em 2006, o volume de importação de cacos de vidro chegou a 40 mil toneladas. Todo o material coletado passava por um processo de descontaminação. Seguia-se uma separação entre elementos orgânicos, metais, não metais, etiquetas e plásticos. O vidro era lavado e depois tinha suas propriedades analisadas no laboratório, pois as especificações desses vidros podiam ser diferentes das requisitadas para a inserção deles como matéria-prima. Caso isso ocorresse, era feita uma adição ou subtração de substâncias, para adequação às exigências de composição da matéria-prima. Nesse processo havia, geralmente, 5% de perda de material.

Benefícios trazidos pela utilização de cacos de vidros para a fabricação de telas e cones

Os benefícios gerados, decorrentes da utilização de "cacos" na produção de telas e cones de televisores, podem ser divididos em três grupos de benefícios: ambientais, sociais e econômicos.

Benefícios ambientais

Os benefícios ambientais são traduzidos:

a) Na economia de recursos minerais, uma vez que o vidro é composto de diversas substâncias minerais – areia de quartzo, carbonato de potássio, barrilha e feldspato de potássio, entre outros – que, com o reaproveitamento, uma grande quantidade desses recursos é poupada, evitando, também, os impactos decorrentes da extração destes minerais.

b) Na diminuição de processos químicos que agridem o meio ambiente, uma vez que, durante a fabricação do vidro, ocorrem vários processos químicos e manipulações de substâncias perigosas que agridem o meio ambiente, tais como a barrilha, a sílica, o chumbo, o bário e o estrôncio.

c) Na redução de materiais nos aterros sanitários, uma vez que os tubos, cones e telas de televisão e monitores, por conterem substâncias químicas, não podem ser descartados em qualquer local, pois muitas destas substâncias são perigosas para a saúde.

d) Na criação de alternativas de logística reversa para outras empresas, uma vez que, com a utilização de cacos para a composição da matéria-prima, empresas produtoras e/ou usuárias de computadores poderão contar com essa forma de destinação de seus produtos após o uso.

Benefícios sociais

A manipulação de algumas matérias-primas utilizadas na fabricação dos vidros é prejudicial à saúde daquele que trabalha no transporte, no controle de qualidade e na produção dos bens finais, em virtude da possível ingestão, inalação, contato com a pele e contato com os olhos. O contato com essas substâncias pode causar desde alterações nas glândulas de secreção de muco até doenças mais graves como fibrose e câncer. Com a utilização de "cacos" para a produção de telas e cones, a nova forma que essas substâncias se encontram – aprisionadas nos cacos – reduz o risco de contaminação pelo trabalhador. Esse pode ser considerado um benefício social da utilização de "cacos" para a composição da matéria-prima.

Benefícios econômicos

A utilização de cacos pode trazer dois tipos de benefícios econômicos. O primeiro está relacionado com o aumento da vida útil do forno e o segundo está relacionado com o incremento do retorno de investimento, provocado pela redução do custo de matéria-prima e de energia elétrica.

Aumento do tempo de vida útil dos fornos

Ambas as fábricas possuem um forno cada. Cada forno mede 100 m² e trabalha com uma temperatura média entre 1.200° C e 1.600° C. Para a construção de um forno novo são necessários investimentos no valor de US$ 8 milhões. Como o tempo de vida útil de cada forno é de oito anos, consegue-se, por meio de reformas, que custam em média US$ 5 milhões, prolongar a vida por períodos iguais. Nessas reformas são trocadas todas as partes internas dos fornos e, ainda, parte do refratário.

Com a utilização de "cacos" para a composição da matéria-prima, os fornos podem trabalhar com uma temperatura mais baixa, refletindo nos gastos com energia elétrica e ainda no aumento em dois anos no tempo de vida útil de cada forno. Dado o valor do forno, o acréscimo na vida útil é bastante significativo, pois com a utilização de cacos para a composição da matéria-prima, a cada nova reforma, economiza-se o valor de um forno novo.

Aumento no retorno sobre o investimento

A utilização de "cacos" na composição de matéria-prima para a fabricação de cacos e cones tem apresentado reduções de custos de 30%, considerando a redução do custo da matéria-prima somado com o custo da energia elétrica nos fornos. Essa redução do custo de matéria-prima e energia tem um efeito de redução no custo do componente final tela em 2,71% e no componente final cone em 3,34%. Esse fato ocorre porque os demais custos de produção permanecem os mesmos e, ainda, há aumento de custos relacionados com transporte de cacos, com laboratório de análise e com o processo de limpeza e adequação dos cacos.

Para demonstrar o impacto dessa redução de custos sobre o retorno da empresa, sem expor dados julgados confidenciais, optou-se por confrontar o investimento inicial em fornos com os ganhos provenientes da redução de custos da matéria-prima, por um período de dez anos, considerando o custo de capital igual a 18,5% ao ano. Todos os valores foram traduzidos para o Real. Utilizando-se da cotação do dólar igual a R$ 2,13 – conforme PTAX de 19/3/2007 – o investimento inicial foi igual a R$ 17.040.000,00, o que representa o valor de um forno novo. O custo dos componentes Tela e Cone, com a utilização da matéria-prima virgem e com a utilização de "cacos" para a composição de matéria-prima é mostrado na Tabela 2.

Tabela 2 – Custos dos componentes tela e cone em reais

Itens	Tela	Cone
Custo unitário com a utilização apenas de Matéria--prima virgem	60,00	50,00
Custo unitário com a utilização da composição de matéria-prima virgem com cacos	58,37	48,33
Redução do custo unitário	1,63	1,67
Volume anual de produção em unidades	9.900.000	9.900.000
Redução de custos por ano	16.097.400,00	16.533.000,00

Com a redução do custo dos componentes de cada fábrica, os resultados obtidos antes do Imposto de Renda são incrementados em R$ 16.097.400,00 para o componente tela e R$ 16.533.000,00 para o componente cone. Em virtude desse acréscimo de resultados, a empresa aumentará a sua contribuição para o Imposto de Renda em 5.473.116,00 e 5.621.220,00, para os componentes tela e cone, respectivamente. A alíquota desse imposto é de 34%, conforme informações obtidas junto à contabilidade dessas empresas.

A partir desses dados, pôde-se estruturar o fluxo de caixa para a análise. Como as fábricas de tela e cone localizam-se em cidades diferentes, cada uma delas possui um forno. Por isso, foram estruturados dois fluxos de caixa, conforme mostram as Tabelas 3 e 4.

Tabela 3 – Levantamento do fluxo de caixa, em reais, para análise do componente tela

Ano	0	1	2	...	10
Entrada de caixa incremental	−17.040.000,00	16.097.400,00	16.097.400,00		16.097.400,00
(−) Imposto incremental (34%)		5.473.116,00	5.473.116,00		5.473.116,00
(=) Fluxo de caixa incremental	−17.040.000,00	10.624.284,00	10.624.284,00		10.624.284,00

Fonte: Elaboração própria a partir dos dados fornecidos.

Tabela 4 – Levantamento do fluxo de caixa, em reais, para análise do componente cone

Ano	0	1	2	...	10
Entrada de caixa incremental	−17.040.000,00	16.533.000,00	16.533.000,00		16.533.000,00
(−) Imposto incremental (34%)		5.621.220,00	5.621.220,00		5.621.220,00
(=) Fluxo de caixa incremental	−17.040.000,00	10.911.780,00	10.911.780,00		10.911.780,00

Cabe ressaltar que o ano 0 (zero) é considerado o ano em que foi feito o desembolso inicial em fornos, por isso é representado com o sinal negativo. A partir do ano 1, ocorrem as entradas de caixa, que neste caso são representadas pela redução dos custos dos componentes tela e cone.

A análise dos retornos econômico-financeiros foi feita por meio da aplicação das técnicas Valor Presente Líquido (VPL) e Taxa Interna de Retorno (TIR), adaptadas ao caso específico. Essa adaptação ocorreu, uma vez que não foi o propósito desta pesquisa auxiliar decisões em relação à aceitação ou rejeição de projetos e sim de mostrar benefícios econômico-financeiros oriundos da utilização de cacos para a composição de matéria-prima para a produção de tela e cone.

Neste caso específico, se o VPL > 0, significará que apenas a redução provocada pela utilização de cacos para a composição da matéria-prima foi suficiente para cobrir o investimento em um forno e, ainda, sobraram recursos. Isso mostra uma situação muito vantajosa para a empresa. A TIR representará a taxa de retorno sobre o investimento inicial, proporcionada apenas pela redução do custo dos componentes tela e cone, em virtude da utilização de cacos para a composição da matéria-prima.

Aplicando-se as fórmulas do VPL e da TIR aos fluxos de caixa dos componentes tela e cone, obteve-se, para a produção de telas, um VPL de R$ 29.870.289,14 e uma TIR de 62% e, para a produção de cones, um VPL de R$ 31.139.694,26 e uma TIR de 64%. Esses resultados mostram as vantagens que a empresa está obtendo com a redução do custo da matéria-prima na produção dos componentes tela e cone.

Fonte: Adaptado de Miguez, Mendonça e Valle (2008).

17

Gestão da Infraestrutura da Logística Reversa

Fabrício Molica de Mendonça
Carlos Eduardo D. de C. Infante

O MACROPROCESSO "GESTÃO DA INFRAESTRUTURA DA LOGÍSTICA REVERSA"

O macroprocesso denominado "Gestão da infraestrutura da logística reversa" tem por finalidade garantir o funcionamento da infraestrutura necessária ao bom desempenho das operações de logística reversa (LR), executadas pelas organizações de forma responsável, respeitando os requisitos legais e proporcionando o bem-estar funcional e a preservação do patrimônio.

No geral, este macroprocesso, conforme é mostrado na Figura 1, abrange os processos de: Programação de Aquisições (máquinas, equipamentos, insumos etc.); Aquisições; Acompanhamento de Contratos (parceria, terceirização, coleta, cessão e de negociação de resíduos); Gerenciamento de Bens Móveis (máquinas, equipamentos, veículos); Gerenciamento de Estoques (Material de consumo, resíduos para transformação e transformados etc.); Gerenciamento de Transportes; Gerenciamento de Bens Imóveis (centrais de coleta, centrais de triagens, centros de beneficiamento, aterros etc.); Expedição de Materiais (resíduos, materiais estocados, materiais transformados); Gerenciamento dos Serviços de Infraestrutura.

Figura 1 – Gestão da infraestrutura em logística reversa

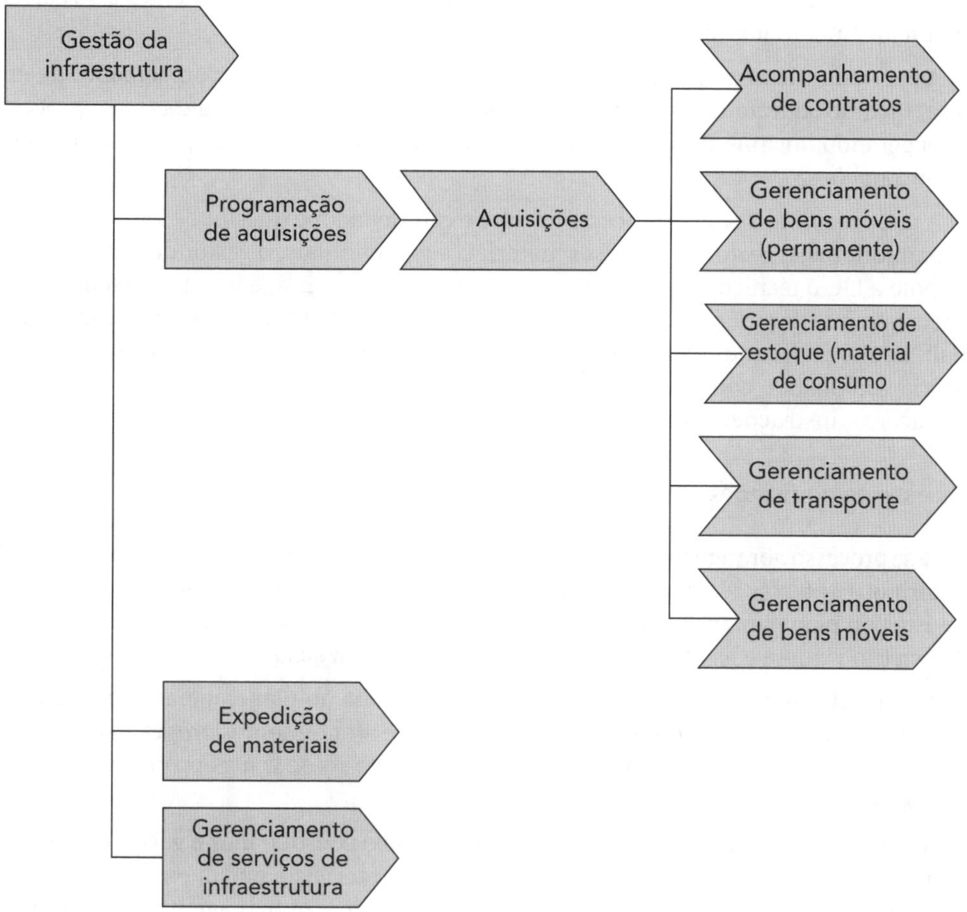

DESCRIÇÃO DOS PROCESSOS REFERENTES AO MACROPROCESSO DE GESTÃO DA INFRAESTRUTURA DA LOGÍSTICA REVERSA

Processo programação de aquisições

Esse processo tem por finalidade tornar mais rápida e menos onerosa a aquisição prevista no planejamento organizacional. Envolve a programação de todas as aquisições para a organização, tais como: (a) imóveis para a instalação de centrais de coleta, de triagens, de beneficiamento de resíduos e, até mesmo, de aterros; (b) máquinas, equipamentos e veículos necessários para o trabalho de logística reversa; (c) materiais de consumo, insumos, resíduos; (d) serviços terceirizados e prestações de serviços, continuadas ou não, usados desde a coleta de resíduos até a distribuição dos produtos aos clientes ou o correto acondicionamento nos aterros.

As entradas desse processo são as demandas identificadas no planejamento da empresa, quando se trata de uma empresa de logística reversa. Como saídas, esse processo acaba gerando documentos contendo agenda, cronogramas de aquisições e cronograma de contratações.

A responsabilidade desse processo envolve o coordenador e o gestor de logística reversa, os compradores, o gestor de recursos materiais e patrimoniais, o gestor de infraestrutura de apoio a LR, o técnico de orçamento e finanças e os demais agentes que desempenham papéis que interferem nesse processo. Quando se trata de uma empresa que tem como finalidade as atividades de logística reversa, adquirindo resíduos e transformando-os, a própria gerência de compras pode assumir essa responsabilidade, respeitando todas as legislações e instruções normativas relacionadas ao assunto.

Processo de aquisições

Esse processo abrange as atividades de aquisição de bens e serviços. Tem por finalidade adquirir ou contratar recursos materiais e serviços necessários à realização das atividades previstas no planejamento operacional da logística reversa da organização, respeitando a legislação vigente e as instruções normativas da organização.

As entradas desse processo, no geral, correspondem ao planejamento de aquisições de imóveis, máquinas e equipamentos, contratações e atendimentos programados no planejamento das aquisições e demais solicitações. Como saída, há as próprias aquisições solicitadas.

No geral, a responsabilidade do processo envolve o coordenador e gestor de logística reversa; o gestor de compras, o gestor de recursos materiais e patrimoniais, o gestor de infraestrutura de apoio a LR, o comprador, o almoxarife e outros agentes que desempenham papel funcional mais adequado.

Acompanhamento de contratos

Esse processo tem por finalidade assegurar a execução e o cumprimento dos termos contratuais, atendendo a legislação vigente e segundo os critérios de qualidade e de desempenho. Abrange as atividades de acompanhamento dos contratos celebrados junto a fornecedores, prestadores de serviços, terceirizados e clientes, no tocante à contratação de estrutura física para funcionamento de centrais de coleta, de triagens e de beneficiamento de resíduos, aterros, máquinas, equipamentos, veículos, serviços terceirizados, venda de produtos transformados ou beneficiados etc. Inclui também as medições e decisões sobre renovação, aditamento, repactuação, aplicação de penalidades e rescisão contratual.

As entradas desse processo são solicitações de vários tipos: de formalização de contrato; de aditamento; de repactuação, de aplicação de penalidades ou rescisão contratual recebida; de pagamento de contrato. As saídas estão sempre relacionadas com o gerenciamento dos contratos: contratos formalizados ou não, repactuados ou não etc.

A responsabilidade do processo envolve o coordenador e gestor de logística reversa, o gestor de compras, o gestor de recursos materiais e patrimoniais e o gestor de contratos ou o agente que cumpre esse papel dentro da organização.

Gerenciamento de bens móveis

Esse processo tem por finalidade garantir a gestão dos bens móveis, tais como prensas enfardadeiras, carrinhos-plataforma, carrinhos manuais para transporte de tambores e de *bags*, balanças, empilhadeiras simples, silos de recepção, mesas de triagem etc., permitindo o registro patrimonial desses bens, o estado físico em que eles se encontram e, ainda, a destinação final correta dos bens após perder as suas funções, por desgaste ou obsolescência. Abrange as atividades gerais de gerenciamento de bens móveis, como recepção, classificação, baixa desses bens, quando se tornam obsoletos ou quando são furtados; cessões, doações e alienação de bens; verificação do estado físico e solicitação de manutenções; elaboração de propostas de investimentos para a troca, modernização de tais bens e, ainda, solicitação de novas aquisições.

As entradas estão relacionadas com o recebimento dos bens móveis; solicitações de classificação, tombamento e baixa de bens; solicitações de cessões, doações e alienação de bens móveis; solicitações de verificações do estado físico; solicitações para destinação final dos bens. As saídas dizem respeito ao registro dos bens recebidos; à distribuição desses bens dentro da organização; aos relatórios de análise da verificação do estado físico; às solicitações de manutenções; às propostas de substituição, modernização e aquisição de bens; as decisões de cessão, doação e alienação de bens.

Cabe ressaltar que, cada vez mais, há a preocupação com a destinação dos bens móveis da organização, após o uso e consumo. Com a Política Nacional de Resíduos Sólidos (PNRS), por exemplo, a preocupação com a destinação de, por exemplo, equipamentos eletroeletrônicos, máquinas que usam óleo lubrificante e baterias tem crescido bastante.

A responsabilidade por esse processo depende do tamanho e da natureza da empresa. Em grandes empresas e em empresas especializadas em logística reversa, quem assume a responsabilidade é o gestor de recursos patrimoniais. Quando uma empresa possui um setor de logística reversa específico, o responsável pode ser o próprio gestor de logística reversa da organização. No geral, essa responsabilidade envolve o coordenador de logística reversa, o gestor de logística reversa, o gestor de compras, o gestor de recursos materiais e patrimoniais.

Gerenciamento de estoques

Esse processo tem por finalidade a gestão de estoques de resíduos (insumos) acondicionados, de resíduos beneficiados e/ou transformados, de material de consumo e de insumos, bem como a gestão dos espaços em que os estoques são operados. Abrange as atividades de recepção, conferência e aceitação ou rejeição de resíduos adquiridos; atendimento às solicitações de outros setores da organização; registro, armazenamento, análise da movimentação desses resíduos e de materiais de consumo; acondicionamentos de acordo com as normas e legislações específicas; e, ainda, os procedimentos de inventário físico dos materiais de consumo estocados.

As entradas desse processo são compostas pelos resíduos, insumos e materiais de consumo recebidos; pelas requisições de materiais e pelas legislações e normas de manuseio, acondicionamento e estocagem. Como saídas, têm-se os resíduos, insumos e materiais estocados, de acordo com as exigências legais e normas de procedimentos internos; requisições atendidas e inventário físico de bens de consumo.

Dependendo do tamanho e da finalidade da empresa, a responsabilidade pelo gerenciamento do estoque pode envolver o coordenador de logística reversa, o gestor de logística reversa, o gestor de compras, o gestor de recursos materiais e patrimoniais, o almoxarife e o técnico de orçamento e finanças.

Gerenciamento de transporte

Esse processo tem por finalidade assegurar a atividade de transporte da logística reversa, desde o ponto de coleta de resíduos até a destinação de resíduos acondicionados, beneficiados e transformados, de modo a proporcionar maior controle, minimização de custos e maior eficiência de uso. Abrange as atividades gerais de gerenciamento de transporte próprios e locados; controle de utilização; manutenção; abastecimento; acompanhamento da documentação de veículos; licenciamento anual; documentação dos motoristas; vistoria sistemática do veículo para verificação de acessórios; infração e multas.

As entradas desse processo envolvem a requisição para utilização de veículo recebida; a manutenção, o abastecimento e o registro de vistoria programada do veículo solicitado; autorizações para dirigir veículos; infrações de trânsito recebidas; programações anuais de licenciamento de veículos. As saídas estão relacionadas com o próprio gerenciamento dos transportes, envolvendo a utilização de veículo, sua manutenção e abastecimento, a autorização para dirigir, a identificação do infrator, o licenciamento anual e a vistoria de veículo.

Cabe ressaltar que o gerenciamento de transporte também engloba os carrinhos de coleta individual, utilizados por catadores de papel, resíduos eletroeletrônicos, materiais de alumínio, plásticos e outros. Tais carrinhos são usados quando a distribuição espacial é muito pulverizada.

A responsabilidade por esse processo envolve o coordenador de logística reversa, o gestor de logística reversa, o gestor de compras, o gestor de recursos materiais e patrimoniais, o gestor de transportes e o motorista e outros agentes que executam papéis funcionais envolvidos com a atividade.

Gerenciamento de bens imóveis da logística reversa

Esse processo tem por finalidade garantir a gestão dos bens imóveis, próprios ou locados para a atividade de logística reversa. Envolve o pagamento dos encargos e taxas incidentes, a elaboração de estudos e projetos de engenharia, a atualização dos registros patrimoniais, a prestação de informações necessárias à elaboração de inventários e a vistoria dos bens imóveis; a solicitação de reparos, reformas e manutenções, quando necessárias; as cessões, alienações, doações e outras formas de desfazimento desses imóveis.

As entradas desse processo envolvem a solicitação de pagamento de encargo ou taxa incidente sobre imóvel recebido; inventário de bens imóveis programado; projeto ou estudo de obra ou serviço de engenharia solicitado. As saídas do processo abrangem os bens imóveis gerenciados; os relatórios de inventário de bens imóveis, os projetos e estudos de obras e serviços de engenharia e os recibos de pagamento de taxas.

A responsabilidade de bens imóveis da logística reversa também depende do tamanho e da finalidade da empresa. No geral, envolve o coordenador de logística reversa, o gestor de logística reversa, o gestor de compras, o gestor de recursos materiais e patrimoniais.

Expedição de materiais e de produtos

Esse processo tem por finalidade a expedição e o acompanhamento da venda ou cessão de resíduos, resíduos acondicionados e/ou beneficiados e, ainda, de produtos transformados pela atividade de logística reversa, de modo a atender às necessidades da organização, com qualidade e em tempo hábil, atendendo aos requisitos legais que são impostos. Abrange atividades de registro, controles de saídas de resíduos/produtos e arquivamento de documentos relacionados a essas saídas.

As entradas desse processo abrangem os pedidos de vendas (no caso da empresa vender seus resíduos, como ocorre em empresas especializadas em logística reversa), os documentos de doação de resíduos ou registros de envio de resíduos para indústria especializada em algum tipo de tratamento de resíduos. Como saídas, há o controle de expedição, por meio de guias de distribuição de resíduos, materiais e produtos; atestados de entrega desses materiais aos destinatários, controle de recebimentos financeiros ou de pagamentos, conforme a negociação estabelecida entre as partes.

A responsabilidade da expedição de materiais envolve o gestor de logística reversa e os responsáveis pela área de expedição de materiais e/ou outros agentes que desempenham papéis funcionais envolvidos.

Gerenciamento de serviços de infraestrutura

Esse processo tem por finalidade gerir os serviços de suporte às atividades-fim da logística reversa e manter o ambiente de trabalho em condições adequadas de uso. Envolve as atividades de manutenção de máquinas e equipamentos usados pela logística reversa ou pela empresa de logística reversa, manutenção das instalações, serviços de limpeza, reprografia, serviços gerais, descarte adequado de resíduos gerados pelas próprias atividades e outros.

As entradas do processo abrangem as demandas por serviços de infraestrutura por parte dos setores da logística reversa. As saídas são representadas pela execução dos serviços de apoio e infraestrutura demandados, de acordo com as normas estabelecidas de segurança, ambiental e instruções internas.

A responsabilidade por esse processo envolve o gestor de compras, o gestor de recursos materiais e patrimoniais e o gestor de infraestrutura de apoio à logística reversa.

OS PAPÉIS FUNCIONAIS ATUANDO NO MACROPROCESSO DE LOGÍSTICA DE INFRAESTRUTURA DA LOGÍSTICA REVERSA

Quando se identificam processos na organização e se atribui a eles as devidas responsabilidades, acaba-se identificando os diversos papéis atuando em cada processo. Nas seções acima, foi possível identificar 11 papéis funcionais: coordenador de logística reversa, o gestor de logística reversa, compradores, gestor de compras, gestor de recursos materiais e patrimoniais, gestor de contratos, almoxarife, técnico em gestão financeira e operacional, gestor do transporte, motorista, gestor da infraestrutura de apoio à logística reversa.

Se relacionarmos os papéis funcionais com cada processo do macroprocesso de infraestrutra da logística reversa, será possível formar um quadro que demonstra a participação dos papéis funcionais nesses processos, conforme é mostrado por meio da Tabela 1.

Tabela 1 – Papéis funcionais atuando nos processos do macroprocesso "Gestão da logística de infraestrutura da logística reversa"

Papel funcional	Programação de aquisições	Aquisições	Acompanhamento de contratos	Gerenciamento de bens móveis (material permanente)	Gerenciamento de estoques (material de consumo)	Gerenciamento de Transportes	Gerenciamento de bens imóveis	Expedição de materiais	Gerenciamento dos serviços de infraestrutura
Coordenador de logística reversa	X	X	X	X	X	X	X		
Gestor de logística reversa	X	X	X	X	X	X	X	X	
Gestor de compras	X	X	X	X	X	X	X		X
Gestor de recursos materiais e patrimoniais	X	X	X	X	X	X	X		X
Gestor de infraestrutura de apoio a LR	X	X							X
Comprador		X							
Almoxarife		X			X				
Técnico de orçamento e finanças	X				X				
Gestor de contratos			X						
Gestor de transportes						X			
Motorista						X			
Expedidor								X	

A COMPLEXIDADE DO MACROPROCESSO – GESTÃO DA INFRAESTRUTURA DA LOGÍSTICA REVERSA

Esse macroprocesso pode ser de alta ou de baixa complexidade. Alguns fatores que interferem nessa complexidade são: a finalidade da organização e sua relação com a logística reversa; a localização geográfica das origens e dos destinos dos produtos/resíduos de pós-consumo (resíduos residenciais, comerciais e industriais); com as escalas de produção, ao longo do fluxo reverso que minimize os custos de transporte e tratamento de resíduos.

A finalidade da organização e sua relação com a logística reversa

Uma empresa pode ser criada com a finalidade de desenvolver atividades de logística reversa, como no caso dos operadores logísticos, das associações de catadores, das empresas especializadas na transformação de resíduos em materiais reciclados para servir de matéria-prima para outro tipo de indústria etc. Nesse caso, toda a gestão da infraestrutura tem como foco a logística reversa. A complexidade, nesse caso, está relacionada com a estrutura de funcionamento da empresa.

Há empresas que, mesmo não tendo o foco na logística reversa, acabam assumindo a responsabilidade de tratar os seus resíduos e de dar uma destinação correta a eles. Nessas empresas, há um setor específico de logística reversa, como é o caso de fabricantes de servidores eletrônicos, voltados para atender às necessidades de informação das organizações. Nesse caso específico, esses fabricantes adotam um modelo que consiste em uma série decrescente de prioridades nas técnicas de logística reversa, em função do potencial de recuperação do valor e do benefício ambiental, relacionado com o custo de recuperação ou de descarte de produto e/ou material. Assim, o primeiro servidor é vendido ou cedido por meio de um contrato de leasing. Após o consumo, o objetivo principal do fabricante é o reaproveitamento das máquinas para revenda. Caso os aparelhos cheguem à empresa em um estado que não valha a pena economicamente recuperá-los, ou então, em estado avançado de obsolescência, estes são encaminhados para o desmonte, onde os componentes são testados. Os que estiverem em boas condições são armazenados para a utilização como peças de reposição, primeiro na hora da remanufatura das máquinas e, em seguida, como peças de manutenção ao cliente. Neste mesmo processo de desmonte dos aparelhos em componentes, as peças podem ser vendidas para os fabricantes de computadores e servidores, assim como para montadores de computadores. As peças e componentes que não puderem ser aproveitadas seguem para a última etapa no processo de agregação de valor, o desmonte dos equipamentos, por completo, visando à reciclagem e ao correto tratamento e à destinação dos materiais e resíduos perigosos.

Percebe-se que, neste caso, a empresa mantém um setor de logística reversa bem estruturado, para acompanhar a venda do produto novo e os seus retornos e transformações, ao longo do ciclo de vida. A complexidade do macroprocesso Gestão da logística de infraestrutura da logística reversa é o mesmo das empresas especializadas, já que o setor de logística reversa pode ser considerado como uma pequena empresa especializada, com todas as etapas desse macroprocesso atuando.

Há também aquelas empresas que não pretendem fazer o tratamento dos resíduos gerados por ela e pelos seus produtos e, por isso, acabam terceirizando essa atividade, como é o caso da indústria moveleira, de confecção, das oficinas mecânicas na troca de óleo lubrificante e embalagens etc. Nesse caso, a gestão da infraestrutura se resume aos acondicionamentos adequados dos resíduos, para serem recolhidos por uma empresa especializada, e aos procedimentos burocráticos e documentais para que a logística reversa ocorra de forma responsável, de modo que não venha a trazer nenhum transtorno, em virtude da responsabilidade compartilhada assumida pela atividade de terceirização.

A localização geográfica das origens e dos destinos dos produtos/resíduos de pós-consumo

A complexidade da gestão da logística reversa aumenta quando as origens dos produtos de pós-consumo estão geograficamente dispersas nos centros urbanos, principalmente quando uma única empresa decide fazer a logística reversa completa, ou seja, envolvendo a coleta do material, o transporte, a transformação em produtos e a distribuição para os clientes finais. Essa dispersão geográfica associada à baixa transportabilidade exige coletas em pequenas quantidades e de diversas naturezas de materiais, como é o caso da logística reversa para o tratamento de tubos de plástico.

Uma das formas de reduzir a complexidade da infraestrutura de logística reversa consiste em criar etapas logísticas intermediárias de consolidação para o acúmulo, seleção e adensamento, geridos por empresas diferentes, permitindo que os transportes atinjam maiores distâncias com o menor custo. Por exemplo, os catadores de uma determinada associação podem se responsabilizar pela fase da coleta de resíduos de plástico, acumulando-os em uma central; essa central pode ser responsável pela triagem; uma empresa transportadora pode se responsabilizar pelo transporte até a indústria transformadora; a indústria transformadora pode processar os materiais e transformá-los em matéria-prima para a indústria produtora de bens finais.

Cada um dos responsáveis pelo processo de logística reversa acaba arcando com as suas infraestruturas, que devem ser coordenadas por um contrato, envolvendo todos os atores.

As escalas de produção que minimize os custos de transporte e de tratamento de resíduos

A complexidade também aumenta ou diminui em função das estratégias para garantir escala e redução nos custos de transporte e de produção na coleta e tratamento de resíduos. Ela também é influenciada pela necessidade de continuidade do fornecimento dos resíduos para cobrir os custos operacionais e amortizar, ao longo dos anos, o investimento feito.

Quando os resíduos estão menos dispersos e são maiores, a complexidade da infraestrutura é menor, estando contida dentro dos seus espaços de atuação, como é o caso de revenda de carros usados.

Quando os resíduos se encontram dispersos no espaço, a escala é conseguida por meio de uma série de contratos envolvendo diversas empresas, como é o caso do chamado "Programa Jogue Limpo", que tem como uma de suas finalidades resolver o problema logístico das embalagens de óleo lubrificante. O trabalho logístico desse programa envolve parcerias entre diversas empresas, atuando com responsabilidades diferenciadas. Os comerciantes ou distribuidores de óleo lubrificante são responsáveis por exigir dos clientes a devolução das embalagens de óleo e, ainda, pela correta acumulação das embalagens de óleos usadas por ela. A empresa transportadora do programa é responsável pela coleta e transporte das embalagens até as centrais de recebimento dos fabricantes. Os fabricantes são responsáveis por enviar as embalagens às recicladoras, para a transformação em matéria-prima que serão usadas pela indústria de materiais plásticos, como tubos de PVC e outros. Percebe-se que, neste caso, cada uma das empresas acaba gerindo a sua infraestrutura de logística reversa e que o contrato e os acordos estabelecidos entre elas acabam orquestrando o trabalho de logística reversa, de modo a atingir escalas e garantir o menor custo.

REFERÊNCIAS

BALLOU, R. H. *Gerenciamento da cadeia de suprimentos/logística empresarial*. 5. ed. Porto Alegre: Bookman, 2006. 616p.

CARTER, C. R.; ELLRAM, L. M. Reverse logistics: a review of the literature and framework for future investigation. *Journal of Business Logistics*, v. 19, issue 1, p. 85-102, 1998.

GIUNTINI, R.; GAUDETTE, K. The next great opportunity for boosting US productivity. *Business Horizons*, v. 46, issue 6, p. 41-48, Nov./Dec. 2003.

LACERDA, Leonardo. *Logística reversa*: uma visão sobre os conceitos básicos e as práticas operacionais. Rio de Janeiro: COPPEAD/UFRJ, 2002.

LEITE, P. R. *Logística reversa*: meio ambiente e competitividade. São Paulo: Prentice Hall, 2003. 250 p.

LIVA, P. B. G. et al. Logística reversa. In: *Gestão e Tecnologia Industrial*, IETEC, 2003.

18

Avaliação de Desempenho

Marília Magarão
Sandrine Cuvillier

A avaliação de desempenho pode ser entendida como uma tentativa de estabelecer a valia ou o mérito de alguma coisa e, por extensão, da própria atividade humana que a gerou (VALLE, 2006). No âmbito das empresas produtivas, a avaliação de desempenho pressupõe a disposição para criar mecanismos gerenciais que permitam inferir até que ponto a organização responde às expectativas dos diversos intervenientes do processo de produção. Isso implica dimensionar quanto valor a organização cria através de sua competência produtiva.

Neste capítulo, o que nos interessa é o valor das atividades de logística reversa, ou seja, desenvolver um arcabouço conceitual que sustente o macroprocesso de avaliação de desempenho das estratégias de logística reversa. Esse interesse está ajustado às atuais condições conjunturais e às premissas da gestão contemporânea orientadas para a transparência e a legitimidade da ação produtiva. Para isso, as organizações procuram transformar os processos de trabalho e utilizar novas tecnologias para alcançar e justificar seu desempenho.

O desafio central do macroprocesso de avaliação é prestar contas à sociedade e implicar agentes de produção no compromisso de melhoria de desempenho. Mais importante do que a formulação lógica do macroprocesso de avaliação de desempenho e de seus critérios de tratamento da informação estratégica é a sua extensão, que abrange a medição e o acompanhamento do desempenho das diversas atividades produtivas e de apoio à produção, mas também a prestação de contas dos compromissos assumidos pela organização perante a sociedade, os governos e o ambiente.

Por um lado, no atual cenário de exigências e mudanças da atividade produtiva, é vital sincronizar a postura empresarial e gerencial com valores da sociedade. Os modelos de avaliação e as medidas tradicionais de desempenho, orientados somente para o resultado econômico, não são mais suficientes para permitir julgamentos sobre a validade das estratégias de produção, em face das expectativas dos ambientes organizacionais. Assim, modelos e medidas tradicionais devem ser adaptados para poder considerar a multiplicidade de variáveis e dimensões que estão implicadas na logística reversa. Mas, por outro lado, um sistema de avaliação não deve conter mecanismos de medição extensos e confusos que inviabilizem ou dificultem a tomada da decisão em ambientes competitivos e dinâmicos. Apesar da complexidade da logística reversa, ele deve ser racionalizado e priorizado, de forma a potencializar a tomada de decisões. A vasta literatura sobre avaliação do desempenho organizacional critica as fragilidades dos processos avaliativos existentes diante desta dupla exigência: muitos possuem indicadores apoiados em uma única dimensão gerencial, outros possuem medidas de desempenho volumosas, redundantes, confusas e nebulosas e, com isso, abalam a confiança dos tomadores de decisão e do público que as interpreta (POLLITT, 2008).

Assim, a formulação do macroprocesso de avaliação de desempenho organizacional tem como questão fundamental explorar as diversas dimensões e maneiras inovadoras de coletar a informação avaliativa, monitorar resultados, controlar a produção e inferir sobre desempenho. O desafio gerencial é grande: apesar da inovação nos modelos gerenciais, das premissas de flexibilidade para melhor responder ao contexto e da horizontalidade criada pela gestão de processos, os processos de avaliação existentes abordam poucas dimensões de análise, além de estarem voltados para atender as necessidades decisórias de poucos agentes produtivos. Para enfrentar essas restrições, alguns autores vêm disseminando modelos que privilegiem os aspectos multidimensionais e interativos da avaliação de desempenho. Vai nesse sentido a proposta *do Balanced Scorecard* (*BSC*) de Kaplan e Norton (1997), que insere o dimensionamento do desempenho no contexto do gerenciamento da estratégia. O BSC segmenta os objetivos estratégicos em quatro perspectivas e integra medidas de desempenho que derivam da estratégia:

- A dimensão dos clientes envolve medidas, por exemplo, de satisfação e participação no mercado.

- A dimensão financeira recomenda medidas de valor agregado e retorno sobre os investimentos.

- A perspectiva dos processos internos considera medidas relativas à qualidade, atribui valor ao tempo de resposta às demandas do mercado e estabelece medidas de custo.

- A dimensão do aprendizado e crescimento sugere medidas de desenvolvimento e satisfação dos funcionários e de capacidades tais como informação e recursos.

Kaplan e Norton (1997) admitem que novas perspectivas e medidas críticas para estratégia podem ser incorporadas ao BSC, apontando inclusive o desempenho ambiental e comunitário como essenciais para as empresas. O fundamental, para esses autores, é relacionar medição de desempenho e estratégia.

Neely, Adams e Crowe (2001) apresentam um arcabouço para a mensuração do desempenho denominado prisma de desempenho, que pretende levar gestores e equipes de trabalho a refletirem sobre as questões importantes para o negócio e, com isso, a melhor entenderem e conduzirem o processo de mensuração do desempenho. O prisma de desempenho considera cinco dimensões inter-relacionadas: a satisfação do *stakeholder*, as estratégias, os processos, as capacidades produtivas e, por fim, a contribuição do *stakeholder*. A primeira dessas dimensões pretende ser bastante ampla para açambarcar os vários tipos de *stakeholders* (grupos de pressão, funcionários, acionistas e toda a gama de intervenientes de uma organização) e explicitar a importância relativa entre eles, para em seguida identificar o que eles desejam e precisam. A segunda perspectiva traduz a estratégia como a competência da organização para transferir valor para os *stakeholders*. Portanto, questiona as estratégias quanto às garantias de satisfação dos *stakeholders*. A dimensão Processos permite tratar medidas necessárias para o gerenciamento de questões específicas relativas à eficiência e à eficácia organizacional. Na quarta dimensão, consideram-se as capacidades organizacionais, ou seja, todo o conjunto de elementos necessários para a execução dos processos de negócio, operado por pessoas, e que asseguram às empresas habilidade para competir. A última dimensão, Contribuições dos *stakeholders*, distingue-se da primeira (satisfação dos *stakeholders*) por levar em conta que as organizações esperam reciprocidade nos seus relacionamentos com os *stakeholders,* o que modifica atitudes e implica desempenho.

Os dois modelos apresentados trazem a preocupação com uma leitura multidimensional e também remetem à necessidade de inserir novos atores no processo de avaliação. Valle (2006) destaca que o processo de avaliação se caracteriza por:

- Envolver vários atores: os decisores, que possuem a legitimidade para decidir; os envolvidos, aqueles que estão submetidos às consequências da avaliação, mesmo sem dela participar; os analistas, ou consultores externos que orientam a avaliação, a pedido dos decisores ou dos envolvidos. Além de se caracterizar pelo envolvimento com vários atores, a avaliação pode ser final ou permanente.

- Possuir delimitação no tempo: pode ser final, se for aplicada após a execução da atividade; ou pode ser permanente, se ocorrer em paralelo com a execução da atividade.

- Possuir sempre algum modelo de referência, que pode ou não estar totalmente explicitado. Em uma avaliação formal, é importante deixar claro, sem ambiguidades, o modelo que reúne e formaliza as informações do desempenho do sistema que se quer avaliar. Todo modelo de avaliação possui pelo menos um critério, que é traduzido na forma de um indicador de desempenho. Indicadores são procedimentos ou regras que associam práticas a escalas. Essas escalas descrevem hierarquias ou ordens de preferência dos decisores. Por essa razão, os indicadores só têm sentido dentro dos modelos de avaliação de que fazem parte. "Toneladas de resíduos plásticos beneficiados", por exemplo, é um indicador para o critério produtividade de uma indústria que beneficia este tipo de resíduo. Assim, como "tempo de atendimento aos pedidos" é um indicador para o critério de qualidade do atendimento (VALLE, 2006, p. 291)

Em suma, a avaliação de desempenho deve preservar o sincronismo com as estratégias organizacionais, deve ser concebida segundo diversas perspectivas, deve considerar diversos atores, deve possuir critérios legítimos e ainda deve conter uma sistemática de indicadores capaz de produzir confiança e facilidade de interpretação por parte dos observadores.

PECULIARIDADES DA LOGÍSTICA REVERSA E PROPOSTAS PARA AVALIAÇÃO DE SEU DESEMPENHO

No âmbito da logística direta, Ballou (2006) trata da avaliação de desempenho por duas vertentes: a primeira refere-se à avaliação da implantação da estratégia de logística; a segunda trata das atividades de controle da cadeia de suprimentos. Na avaliação da estratégia, o autor conserva a ênfase nos aspectos econômicos e sugere três medidas de desempenho: o fluxo de caixa, a economia e o retorno de investimento. No que se refere às atividades de controle da cadeia de suprimentos, ressalta a necessidade de mensuração das condições normais e contingenciais das operações logísticas. As condições normais traduzem os planos logísticos e podem ser avaliadas segundo seus parâmetros básicos de desempenho: prazo, quantidade, custos do suprimento, eficiência da gestão dos materiais e produtos em estoque, satisfação dos clientes e fornecedores, e nível de reclamações. As condições contingenciais são ocorrências extraordinárias, tais como greves, incêndios ou situações climáticas adversas, que podem afetar a execução dos planos de logística. As atividades de controle são destinadas a monitorar tanto essas condições cambiantes como a execução em condições previstas, que pode vir a se desviar dos objetivos planejados.

A logística reversa apresenta peculiaridades que podem dificultar a realização das estratégias e planos. No fluxo reverso, a demanda não pode ser estimada com facilidade, o transporte não segue uma linha direta e única, os preços de serviços e custos de operação podem variar muito e a gestão de estoques e os registros contábeis são mais complexos. É também fundamental considerar os indicadores de sustentabilidade para medir o desempenho do gerenciamento da cadeia reversa. Assim, a logística reversa impõe exigências próprias à medição de desempenho.

A importância da logística reversa aumenta proporcionalmente ao incremento da oferta de produtos e à redução do ciclo de vida dos produtos e serviços. Isso a transforma numa oportunidade de negócio, levando-a a compor o portfólio de estratégias das empresas (SHAIK; ABDUL-KADER, 2012), mas exige a formulação de modelos, técnicas e ferramentas específicos, que permitam entender os processos de estabelecimento de estratégias de logística reversa (FROTA NETO, 2008).

Exemplo:

A UNEP propôs uma ferramenta para mensurar o desempenho da gestão do lixo a nível municipal. Abrange um conjunto de 26 indicadores, dentro dos quais 5 retratam características da geração de resíduos e 21 se atentam a medir o desempenho da coleta e do transporte, da recuperação dos recursos e da disposição final, em termos de alcance dos resultados (eficácia) e de eficiência (UNEP, 2005).

Esse conjunto de indicadores (por exemplo, a cobertura da coleta de lixo, que podemos traduzir por capilaridade, ou, no fim do processo, o custo por disposição) pode ser uma fonte de inspiração para as empresas especializadas em logística reversa.

Shaik e Abdul-Kader (2012) defendem a abordagem multidimensional da avaliação do desempenho em logística reversa. Argumentam que tanto as dimensões do BSC quanto as propostas do prisma de desempenho ainda são limitadas para dar conta do contexto da logística reversa. Portanto, esses autores sugerem um arcabouço de análise do desempenho da logística reversa que seja abrangente, holístico e integrado. Com isso, trabalham com direcionadores de logística reversa e perspectivas de desempenho, relacionados no Quadro 1.

Quadro 1 – Direcionadores e perspectivas de desempenho da logística reversa

Direcionadores de LR	Perspectivas de desempenho
Fatores econômicos	Financeira
Fatores produto e tecnologia	Inovação e crescimento
Legislação	Processos internos e externos
Fator clientela	*Stakeholder*
Fator indústria e mercado	Meio ambiente
Cidadania corporativa	Social

Fonte: Adaptado de Shaik e Abul-Kader (2012, p. 26), tradução própria.

Os direcionadores e as perspectivas estabelecem entre si diversas possibilidades de relacionamento. As perspectivas unem as abordagens do BSC e do prisma de desempenho. Os autores utilizam recursos de consistência e priorização de medidas de desempenho baseados no método AHP[1] para compor um conjunto de indicadores de referência para o desempenho. Como resultado, obtêm um conjunto de medidas que formam um arcabouço abrangente para a avaliação de desempenho da logística reversa, conforme Quadro 2.

---

[1] AHP/ANP – métodos desenvolvidos por Thomas L. Saaty para testar a consistência de julgamentos, baseados numa hierarquia de critérios, pesos e relações de dependência entre fatores.

Quadro 2 – Arcabouço para avaliação de desempenho da logística reversa

Perspectiva de desempenho	Foco	Medida de desempenho	Definição
Financeira	Alcance de sucesso financeiro	Custo total da LR	Custo total da LR incorrido no processo de retorno dos produtos
		Capital total aplicado	Depreciação associada aos investimentos para melhoria da eficiência da LR
		Vendas anuais de produtos retornados	Montante anual de produtos vendidos que são retornados
		Receita recuperada	Valor monetário recuperado a partir das operações de retorno de produtos medido ao longo do tempo
Processos (internos e externos)	Atendimento às demandas dos *stakeholders* e alcance de efetividade e eficiência dos fluxos de trabalho	Tempo do ciclo de LR	Tempo médio do ciclo compreendido entre o retorno do produto a partir do cliente e sua colocação à venda ou o descarte final
		Capacidade da rede	Escolhas de infraestrutura e de recursos alocados para obter custos efetivos e rede eficiente de LR
		Capacidade de transporte	Planejamento e gerenciamento de carga dos veículos para minimizar problemas de retorno de produtos e para maximizar a utilização dos veículos
		Taxa de eficiência de recuperação	Eficiência na recuperação e taxa da capacidade da empresa em simultaneamemete compatibilizar custos, qualidade e impactos ambientais e conservar recursos de maior valor
Stakeholder	Provimento de valor para os *stakeholders*	Satisfação dos clientes	Alcance de demandas de clientes
		Satisfação do governo	Cumprimento dos requerimentos das políticas e regulamentações governamentais
		Satisfação dos empregados	Nível de satisfação dos empregados
		Satisfação dos investidores	Alcance das expectativas dos investidores quanto ao sistema de LR
Inovação e crescimento	Obtenção contínua do aprimoramento via inovação e aprendizado	Gerenciamento das iniciativas e competência dos funcionários	Gerenciamento do provimento de suporte, treinamento e habilidades para aperfeiçoar a eficiência e efetividade da LR
		Informação, tecnologia e capacidades	A tecnologia de informação e comunicação associada às necessidades da LR, tal como o compartilhamento entre parceiros da LR e dados sobre retorno de produtos, dados financeiros e de desempenho da LR

Perspectiva de desempenho	Foco	Medida de desempenho	Definição
		Tecnologia de processos e inovação das capacidades	Automatizar os fluxos físicos, financeiros e de informação resulta em uma cadeia reversa sem descontinuidades. O uso da tecnologia apura processos e procedimento através da cadeia de parceiros da empresa
		Revisão do ciclo de vida dos produtos	Realizar a revisão do ciclo de vida dos produtos, avaliando impactos e procurando resguardar potenciais da LR para a empresa e para a sociedade
Ambiente	Convergência entre a regulamentação e a manutenção da eficiência	Risco ambiental geral	O nível de monitoramento contínuo da regulamentação de riscos e questões relacionadas ao ambiente
		Utilização de materiais	Materiais reutilizados de produtos recuperados, ou percentual de produtos regenerados
		Utilização de energia	Controle do consumo de energia para produtos recuperados
		Ordenamento de capacidades	Capacidades de garantir a segurança e proteção ambiental para partes do produto não reutilizadas ou recuperadas
Social	Convergência de expectativas da comunidade e da sociedade	Imagem corporativa	Reputação no mercado e imagem geral para o público
		Relacionamentos	Manutenção de relações e alianças no longo prazo entre parceiros de LR
		Segurança	Objetivos relativos a operações seguras de empregados, produtos e equipamentos
		Proteção	Metas de incremento de proteção, índices de redução de crimes e também melhoria na forma de detectar e responder aos acidentes

Fonte: Shaik e Abdul-Kader (2012, p. 30), tradução própria.

Em sentido semelhante, Hernández (2010), em seu trabalho de tese, propõe um modelo multidimensional de avaliação de desempenho para a logística reversa também orientado pelas perspectivas e premissas do BSC e por métodos multicritérios de tomada de decisão. A autora sustenta que o desempenho empresarial total pode ser influenciado pelo desempenho da logística reversa. Sua pesquisa gerou um conjunto de indicadores para auxiliar na medição e avaliação do desempenho da logística reversa, mostrado no Quadro 3.

Quadro 3 – Indicadores de desempenho empresarial relacionados com a logística reversa

Programas de LR	Indicadores de LR (resultado de entrevistas)	Indicadores de LR (Propostos)
Programas Econômicos (PE)	• Economias por materiais retomados ao processo produtivo • Reúso de embalagens e venda como matéria-prima para outros processos • Revenda de produtos em mercados secundários • Reciclagem	Recaptura de valor
	• Custos gerados pelas devoluções • Desembolso para ações sociais e meio ambientais • Despesas por treinamento de funcionários • Custos para operar o canal reverso (coleta, seleção, transporte, armazenagem) • Custos para desenvolver novas tecnologias	Custos de operação
Programas de Imagem (PI)	• Propaganda como empresa responsável quanto aos seus produtos e processos • Desenvolvimento de novas tecnologias para aproveitar os materiais reciclados	Inovação tecnológica
	• Destino adequado aos resíduos	Incentivo à reciclagem
Programas de Cidadania (PC)	• Projetos sociais • Projetos educacionais	Ações sociais e ambientais
	• Criação de emprego para operar canal reverso	Criação de empregos
Programas de Serviço ao Cliente (PS)	• Parcerias com *stakeholders* • Políticas de retorno liberais	Relações duradouras
	• Fidelização de clientes • Retornos bem definidos	Serviços diferenciados
Programas Legais (PL)	• Responsabilidade das empresas pelo destino correto de seus produtos no fim de vida útil • Estabelecimento de níveis mínimos de recuperação a serem cumpridos pelas empresas	Cumprimento da legislação

Fonte: Hernández (2010).

Em suma, os modelos apresentados fornecem uma leitura multidimensional do desempenho da logística reversa que considera as várias particularidades e a complexidade da operacionalização de suas estratégias.

USO DA METODOLOGIA GRI COMO REFERÊNCIA PARA A AVALIAÇÃO DE DESEMPENHO DA LOGÍSTICA REVERSA

A literatura citada mostra que modelos tais como o BSC e o Prisma, bem como métodos de decisão multicritério, têm sido utilizados para avaliação do desempenho da logística reversa. Entretanto, neste livro pretendemos destacar, para a especificação do macroprocesso de Avaliação de desempenho, uma dimensão do desempenho organizacional que tem sido pouco enfatizada pelos sistemas de avaliação e que julgamos fundamental para as características da logística reversa. Essa dimensão diz respeito à explicitação dos compromissos assumidos pelas empresas perante os intervenientes da produção e a sociedade, quanto a metas de sustentabilidade. Entendemos que a avaliação de desempenho deve ser pautada em modelos capazes de ir além da reformulação interna de estratégias. Nosso entendimento não privilegia uma autoavaliação das estratégias pela empresa ou pelo público próximo, tampouco vê a avaliação como simples prestação de contas. Mais do que isso, julgamos que a avaliação deve incluir os compromissos submetidos a controle e julgamento externos. Isso implica comprometimento mútuo: da organização e de seus *stakeholders*.

Nesse sentido, é interessante considerar, na avaliação de desempenho da logística reversa, a proposta metodológica da *Global Reporting Initiative* (GRI). Esta é uma organização sem fins lucrativos, cujo objetivo é desenvolver um arcabouço abrangente e completo que permita às organizações medir e relatar seu desempenho nas três dimensões da sustentabilidade: governança (que abrange a dimensão econômica), ambiental e social. Para isso, propõe uma estrutura de relatórios que proporcionam transparência e atribuem responsabilidades organizacionais, de modo a construir a confiança dos *stakeholders*. Assim, o comprometimento com a produção é mútuo; responsabilidade e confiança sustentam os valores de produção.

PROPOSTA METODOLÓGICA DA GRI

A GRI quer promover o alinhamento entre estratégias organizacionais e práticas gerenciais, refletindo os impactos reais das operações diárias da empresa nas dimensões da metodologia de relatos. Portanto, é mais do que um processo de relato, é um modelo de gestão, utilizado mundialmente e perfeitamente aplicável também à logística reversa.

A metodologia inclui a divulgação ampla das informações sobre o desempenho da organização e se constitui, portanto, num instrumento de governança. A avaliação do desempenho é orientada para a realidade produtiva externa e interna, ao mesmo tempo. A empresa se expõe à avaliação ampla: integra-se ao ambiente, apresenta suas propostas de melhoria, justifica e legitima sua ação como um compromisso de desempenho.

A estrutura metodológica da análise do desempenho da GRI contempla as dimensões econômica, social e ambiental. Este *triple bottom line* representa o equilíbrio entre os três pilares da sustentabilidade, ou seja, entre os compromissos empresariais com as pessoas, com o planeta e com o lucro. Ela sugere um conjunto completo e não redundante de *aspectos* econômicos, ambientais e sociais, aos quais são vinculados (na versão G3.1 de suas diretrizes) 82 *indicadores de desempenho*, a serem selecionados voluntariamente pelas empresas. Desse total de indicadores, 9 são relativos à dimensão econômica; 30 à dimensão ambiental e 43 à dimensão social. O Quadro 4 a seguir apresenta os aspectos propostos pela GRI e utilizados pelos tomadores de decisão das empresas que adotam esta metodologia.

Quadro 4 – Lista de aspectos propostos pela GRI, por categoria

Categoria		Aspectos
Econômica		Desempenho econômico
		Presença no mercado
		Impactos econômicos indiretos
Ambiental		Materiais
		Energia
		Água
		Biodiversidade
		Emissões, efluentes e resíduos
		Produtos e serviços
		Conformidade
		Transporte
		Geral
Social	Práticas trabalhistas	Emprego
		Relações entre os trabalhadores e a governança
		Saúde e segurança no trabalho
		Treinamento e educação
		Diversidade e igualdade de oportunidades
		Igualdade de remuneração para mulheres e homens
	Direitos humanos	Práticas de investimento e de processos de compra
		Não discriminação
		Liberdade de associação e acordo de negociação coletiva
		Trabalho infantil
		Trabalho forçado ou análogo ao escravo
		Práticas de segurança
		Direitos indígenas
		Avaliação
		Reparação

		Comunidades locais
	Sociedade	Corrupção
		Políticas públicas
		Concorrência desleal
		Conformidade
	Responsabilidade pelo produto	Saúde e segurança do cliente
		Rotulagem de produtos e serviços
		Comunicações de marketing
		Privacidade do cliente
		Conformidade

Fonte: Adaptado de GRI (2011).

O processo de seleção dos indicadores e de relato favorece uma gestão integrada e consistente pela aplicação de *princípios*. É o caso, por exemplo, do princípio de inclusão dos *stakeholders*, princípio esse que assegura uma participação de agentes de várias naturezas. Também podemos citar o princípio de materialidade, ou relevância, dos indicadores. Esse princípio propõe filtrar as informações a serem monitoradas, permitindo assim focar nos aspectos mais relevantes e estratégicos para a organização. Esses dois princípios mostram como o sistema de avaliação de desempenho proposto recomenda rigor de adequação dos indicadores à natureza das organizações, não se tratando, portanto, de mera obediência a padrões amorfos e previamente determinados.

A metodologia da GRI pressupõe um fluxo de processos de trabalho que caracterizam a avaliação, o relato e a assunção de compromissos. A Figura 1 retrata o fluxo de processo de definição do conteúdo de um relatório. Sua lógica poderá ser aplicada a empresas que trabalham com logística reversa, ou que a adotam como estratégia.

Figura 1 – Etapas de definição do conteúdo de um relatório de sustentabilidade, segundo a metodologia GRI

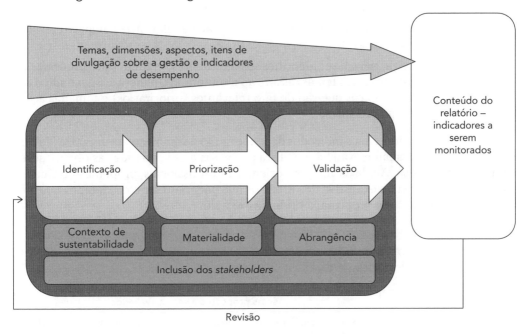

Fonte: Elaboração própria, traduzido e adaptado do *Technical Protocol* da GRI (2011).

APLICAÇÃO DE METODOLOGIA DA GRI PARA A CADEIA DE LOGÍSTICA REVERSA

Para determinar o sistema de avaliação de desempenho interno à organização (conjunto e hierarquia de indicadores), sugere-se aplicar o passo a passo proposto na Figura 2.

Figura 2 – Passo a passo sugerido para a definição de indicadores de avaliação do desempenho das atividades de logística reversa

(1) Neste passo, serão avaliados os impactos causados especificamente pelas operações de LR.

(2) Identifica-se, dentre os aspectos listados pela GRI, aqueles que são considerados como relevantes e importantes de monitorar para minimizar ou evitar os impactos negativos e potencializar os impactos positivos.

(3) Os aspectos serão priorizados segundo seu grau de relevância e impacto (avaliados no primeiro passo).

(4) Para poder agir, devem ser identificados indicadores referentes aos processos de trabalho e relativos aos temas; assim, ao monitorá-los, poderá ser avaliado o desempenho dos tópicos que são de fato relevantes (prioritários) e tomadas ações corretivas, o quanto antes.

A lista de indicadores mais indicados depende muito do ambiente da organização e de seus processos de trabalho. Não há uma lista que possa atender a todas as organizações com logística reversa. Ainda assim, para orientar os profissionais, propomos no Quadro 5 uma lista prévia e não exaustiva dos aspectos que poderiam ser considerados nos processos da cadeia de valor proposta, a título de exemplo.

Quadro 5 – Aspectos que poderiam ser considerados no monitoramento dos processos da logística reversa[2]

	Macroprocesso	Temas propostos a serem avaliados
PROCESSOS DE GESTÃO	Gestão de parcerias e partes interessadas	Aspectos da dimensão social referentes a práticas trabalhistas, sociedade (políticas públicas, por exemplo) e direitos humanos poderão ser considerados, já que os principais *stakeholders* são os trabalhadores, as comunidades do entorno e o governo. Presença no mercado (fornecedores locais) e impactos econômicos indiretos.
	Gestão de informações	Práticas trabalhistas (treinamento e educação); responsabilidade pelo produto (privacidade do cliente; conformidade). Toda a informação compilada e monitorada de alguma maneira depende do processo de gestão da informação, qual talvez possa ser acompanhado medindo a proporção de informações (dados, documentos etc.) armazenados e geridos.
	Gestão de riscos	Aspectos referentes a conformidade (acompanhamento dos casos de não conformidades e de reclamações, tanto sociais quanto ambientais). Desempenho econômico (imprescindível para a viabilidade econômica). Corrupção e conformidade.
	Formulação da estratégia	Aspectos de conformidade (ambiental e social), visando o atendimento às imposições legais. Nesse processo devem ser considerados, de alguma forma, todos os aspectos relevantes (temas estratégicos, incluindo os ambientais[2] e sociais).

---

[2] Por exemplo, no relatório anual 2011 da Solvi, informa-se que, para o ramo de negócio Solvi Resíduos privados, a empresa "adotou o programa de reutilização de água, garantindo o reaproveitamento de cerca de 70% da água usada na limpeza de caminhões", ou seja o aspecto "água" foi considerado como estratégico para esta organização, tendo-se decidido monitorá-lo e implementar um programa de melhoria.

	Macroprocesso	Temas propostos a serem avaliados
PROCESSOS DE NEGÓCIO	Planejamento operacional	Como desdobramento e operacionalização do processo anterior, poderão ser considerados os mesmos aspectos, agora avaliados por indicadores mais operacionais (e não mais pelos estratégicos).
	Preparação e acondicionamento	Materiais; produtos e serviços; emissões, efluentes e resíduos. Saúde e segurança do trabalho.
	Coleta e transporte	Transporte; emissões. Impactos econômicos indiretos. Responsabilidade pelo produto (ou serviço), pensando na saúde e segurança do cliente; saúde e segurança no trabalho.
	Beneficiamento	Energia; água; biodiversidade; emissões, efluentes e resíduos; produtos e serviços (proporção de produtos e embalagens recuperados). Treinamento e educação nas práticas trabalhistas e trabalho decente.
	Destinação final	Energia; biodiversidade; emissões, efluentes e resíduos; produtos e serviços (proporção de produtos e embalagens recuperados).
PROCESSOS DE APOIO	Desenvolvimento de novos produtos e serviços	Os aspectos referentes à responsabilidade pelo produto como: saúde e segurança do cliente; rotulagem de produtos e serviços; comunicações de marketing.
	Gestão contábil-financeira e orçamentária	Desempenho econômico; presença no mercado e impactos econômicos indiretos. Conformidade (multas significativas) e geral (indicador que considera o total de investimento e gastos de proteção ambiental). Conformidade (multas de não conformidade com relação à sociedade e à responsabilidade pelo produto).
	Gestão de pessoas	Principalmente, aspectos relativos a práticas trabalhistas e trabalho decente (emprego; saúde e segurança do trabalho) e a direitos humanos.
	Gestão da infraestrutura	Desempenho econômico. Materiais e Energia. Saúde e segurança do trabalho.
GESTÃO	Avaliação de desempenho	De uma maneira geral, este processo consolida as informações monitoradas nos demais processos. Analisam-se aqui a qualidade e o respeito aos prazos de entrega das mesmas, fazendo ajustes se necessário.

Em suma, este capítulo descreveu o macroprocesso de Avaliação de desempenho como um conjunto de atividades que monitoram, controlam, auditam e avaliam a ação produtiva, com vistas à mensuração do desempenho da logística reversa. Esse processo, diretamente inserido num ciclo de melhoria contínua, fornece o resultado da avaliação da LR como insumo para definição ou adequação da estratégia de negócio. Além disso, visa e permite engajar um amplo conjunto de intervenientes e agentes num compromisso coletivo para a sustentabilidade.

REFERÊNCIAS

BALLOU, Ronald H. *Gerenciamento da cadeia de suprimentos/logística empresarial*. Porto Alegre: Bookman, 2006.

FROTA NETO, Q. J.; BLOEMHOF-RUWAARD, J. M.; VAN NUNEN, J. A. E. E; VAN HECK, E. Designing and evaluating sustainable logistics networks. *International Journal. Production Economics*, v.111, p. 195–208, 2008.

Global Reporting Initiative (GRI). *Diretrizes para relatório de sustentabilidade*, versão 3.1. 2011. Acessível em: <https://www.globalreporting.org/>.

_____. *Technical Protocol*: Applying the Report Content Principles. 2011. Disponível em: <https://www.globalreporting.org/resourcelibrary/GRI-Technical-Protocol.pdf>. Acesso em: 10 dez. 2011.

HERNÁNDEZ, C. T. *Modelo de gerenciamento da Logística Reversa integrado às questões estratégicas das organizações*. 2010. Tese (Doutorado) – Universidade Estadual Paulista, Guaratinguetá.

KAPLAN, Robert S.; NORTON, David P. *A estratégia em ação*: Balanced Scorecard. Rio de Janeiro: Campus, 1997.

NEELY, A.; ADAMS, C.; CROWE, P. The performance prism in practice. *Measuring Business Excellence* 5, 2. 2001.

POLLITT, C. *Performance blight and the tyranny of light?* Accountability in advanced performance measurement regimes. Paper for the kettering seminar, Dayton, Ohio, 22-23 may 2008.

SHAIK, M., ABDUL-KADER, W. Performance measurement of reverse logistics enterprise: a comprehensive and integrated approach. *Measuring Business Excellence*, v. 16, Iss. 2, p. 23-34, 2012.

SOLVÍ. *Relatório Anual 2011*. Exercício 2010. Disponível em: <http://www.solvi.com/>.

UNITED NATIONS ENVIRONMENT PROGRAMME (UNEP). *Integrated Waste Management Scoreboard*: A Tool to Measure Performance in Municipal Solid Waste Management, 2005.

VALLE, R. Avaliação de Desempenho e Indicadores. In: BARBARÁ, Saulo (Org.). *Gestão por processos*: fundamentos, técnicas e métodos de implementação. Rio de Janeiro: Qualitymark, 2006.

CONSIDERAÇÕES FINAIS

Rogerio Valle

Desde o fim do século passado, o mundo da produção está submetido a novas regras comerciais (desregulamentações, privatizações, acordos multilaterais etc.), a novas tecnologias (sobretudo, mas não exclusivamente, a tecnologia de informação) e a novas exigências públicas (responsabilidades quanto ao produto, quanto ao meio ambiente, quanto às condições de trabalho etc.). Tantas mudanças, em tão pouco tempo, acabaram por provocar um enorme aumento das interações tanto dentro de cada organização (logística interna), como entre elas (logística externa, através da cadeia de suprimentos). Em tempos de globalização, caducaram as estruturas rigidamente funcionalistas (departamentos fechados que não conversam entre si, avaliações de desempenho locais que não somam umas com as outras etc.). As funções não deixavam ver direito o sequenciamento espacial e temporal das atividades. A necessidade de maior flexibilidade levou os gerentes a prestar mais atenção nos fluxos. Ganhou força uma visão horizontal da empresa, que mostra os recursos entrando, sendo processados e então entregues aos clientes. "Levantar e mapear os processos" passou a ser a etapa inicial de todas as reestruturações organizacionais.

A desverticalização das grandes empresas e a ênfase na visão de processos acabaram por fortalecer a logística. Há apenas algumas décadas, a logística era vista meramente como aquela função situada entre a produção e o marketing, responsável pelo planejamento e controle de todas as atividades ocorrendo entre, de um lado, o tempo e local da produção e, de outro, o tempo e local do consumo. Isso significava planejar e controlar os transportes, a manutenção de estoques e o processamento de pedidos (atividades consideradas primárias), mas também a armazenagem, o manuseio de materiais, a embalagem, as compras, a programação do produto e a manutenção da informação (atividades de apoio).[1] Mas hoje tudo mudou, por uma razão muito simples: a produção *é feita em*

---

[1] BALLOU, R. *Logística empresarial.* São Paulo: Atlas, 1993. p. 24-36.

inúmeros lugares e em diferentes tempos, e o consumo idem. Frequentemente, administrar esta multiplicidade de lugares e tempos agrega mais valor econômico às empresas do que à própria fabricação dos produtos. As atividades de transportes, de estoque e de processamento de pedidos passaram a receber enorme destaque. A logística virou moda gerencial. Essa importância crescente transparece na alteração do nome da função: nos anos 70, havia setores separados, intitulados Administração de Materiais, Movimentação de Materiais e Distribuição Física; nos anos 80, surgiu a Logística Integrada; nos anos 90, a Gerência da Cadeia de Suprimentos; hoje, aparece a Logística Reversa. Sim, a logística ganhou um fluxo reverso: mesmo após o consumo, os produtos precisam voltar às fábricas, por razões ambientais (reciclagem) ou de relações com o consumidor (devoluções garantidas etc.).

Quer no fluxo direto, quer no fluxo reverso, o nível de estoques é uma definição importantíssima. Em qualquer empresa, há vários tipos de estoques: estoques de matérias-primas, estoques de produtos em processo, estoques de materiais de embalagem, estoques de produtos acabados, estoques de suprimentos... Cada um deles representa significativo capital imobilizado, em tempos de juros altos e de elevada velocidade de circulação de valores! Mas os estoques são inevitáveis, por várias razões: economias de escala nas compras e no transporte; exigências de lotes mínimos e máximos de produção; proteção contra aumento de preços, ou contra outras incertezas na demanda (inclusive o tempo de reposição dos suprimentos), ou contra greves e desastres. Nessas condições, se a empresa decide manter um bom nível de estoques, ela terá disponibilidade para responder a demandas inesperadas, maior qualidade no atendimento aos clientes, economias de escala e proteção contra incertezas, mas também custos muito mais elevados.[2]

No começo do século passado, Henry Ford já dava grande prioridade à redução dos custos com estoques. Uma das razões de ele ter mecanizado o processo de fabricação com suas esteiras rolantes era justamente possibilitar que os postos de trabalho funcionassem com níveis mínimos de recursos em transformação (matérias-primas, produtos em processo, materiais de embalagem, produtos acabados). No entanto, a atual fluidez turbulenta dos mercados, da tecnologia e das exigências públicas inviabilizou o modelo fordista, que só é eficiente quando os ambientes organizacionais são estáveis. A nova resposta ao problema é uma logística mais flexível, capaz de dar conta da grande diversidade de tempos e lugares da produção. Uma logística que promete transformar tudo em uma gestão de *fluxos* e não mais de *estoques*. A visão horizontal dos processos manda gerenciar os fluxos de materiais, de energia, de informações e de pessoas entre as várias operações da empresa ou, na verdade, de toda a cadeia produtiva. É preciso prestar muita atenção, pois tais fluxos variam bastante ao longo do ciclo de vida do produto (por exemplo: identificação de inovações tecnológicas durante a fase de projeto, garantia de disponibilidade dos insumos durante a produção, assistência e manutenção durante a fase de uso dos produtos e reciclagem ao fim de sua vida útil etc.). A nova gestão logística é *o planejamento, a*

---

[2] Os custos associados aos estoques incluem os custos de manutenção do estoque (custo de oportunidade do capital, de armazenagem física, de seguros, com danos e roubos, com prazos de validade ou obsolescência etc.), os custos de transação na reposição do estoque (processamento comercial do pedido, tempo de preparação das máquinas, tempo de fabricação, tarifa dos transportes etc.) e os custos de falta (vendas perdidas e multas por atraso). Os custos de manutenção pedem lotes de reposição menores; os dois últimos, ao contrário, pedem maiores.

implantação e o controle das atividades que movimentam e armazenam materiais, energia, informações e pessoas, desde o ponto da aquisição destes recursos até o ponto de consumo final e daí de volta a uma reinserção no fluxo direto (ou, se for o caso, a um ponto de destinação final), mas sempre dentro de uma dada estratégia quanto à qualidade, aos tempos, aos volumes e aos custos.

A humanidade vai produzir cada vez menos lixo. Os produtos serão cada vez mais pensados de modo a reduzir a quantidade de material enviada para destinação final (cf. Capítulo 15). Crescerá a reciclagem de materiais e de componentes. Portanto, *o futuro da logística reversa está no aperfeiçoamento da junção entre o fluxo reverso e o fluxo direto.* Para saber como isso pode ser feito, o primeiro passo é entender o planejamento do fluxo direto de produção. Este pode ser feito de dois modos: ou por fluxos descontínuos (a), ou por fluxos contínuos (b).

(a) A tradição americana é de planejar fluxos descontínuos de produção. Com base em previsões de vendas, determinadas quantidades de produtos são produzidas e imediatamente estocadas, enquanto os recursos (máquinas, equipamentos, pessoal etc.) recebem novo destino. O nível de estoques vai se reduzindo, à medida que as vendas são realizadas; um pouco antes de ele atingir certo valor, considerado como o mínimo aceitável, um novo ciclo começa, com preparação das máquinas e posterior fabricação de outro lote de produtos. Seguem este princípio o antigo método MRP e os atuais sistemas ERP, adotados por grandes empresas.[3] Quando o tamanho mínimo dos lotes de fabricação é relativamente alto e a frequência dos fornecimentos é relativamente baixa, não há como escapar de fluxos descontínuos de produção (sobretudo no caso de produtos muito complexos).

(b) Bem antes do ERP, as empresas japonesas já haviam optado por produzir de forma ininterrupta (ou estar preparado para isto), mas apenas no ritmo e na quantidade demandada pelos clientes, sem gerar estoques ("fluxos tensos"). Isso só dá certo se os recursos estiverem sempre disponíveis (a mobilização de suprimentos e a preparação de máquinas devem ser feitas de forma excepcionalmente rápida; os tempos de reposição são pequenos e conhecidos: *just in time* – JIT). Em lugar de um planejamento baseado em previsões, há um fluxo reverso (dos clientes para

---

[3] Inicialmente, MRP designava *Material Requirement Planing* e provia informações unicamente para o cálculo das necessidades de suprimentos; mais tarde, passou a designar *Manufacturing Resources Planing,* pois uma ampliação permitiu que fossem providas informações para a programação mestre da produção, o cálculo da capacidade necessária, o controle do chão de fábrica, o controle de compras e o planejamento de vendas e operações. Neste tempo, cada função tinha seu próprio *software* específico. Nos anos 90, a mesma abordagem ganhou nova vida sob o título de ERP (*Enterprise Resource Planning*), que usa gestão por processos e *softwares* nos quais uma base única fornece dados para vários módulos específicos: gestão contábil, logística, planejamento da produção, gestão de RH, manutenção etc. Os sistemas ERP pressupõem a disponibilidade de grande quantidade de dados sobre a produção, como p. ex. listas de materiais (BOM), roteiros de fabricação, descrições dos postos e das estações de trabalho, custos, ferramental. Mas sua implantação é difícil: é preciso selecionar o fornecedor; escolher os módulos a serem instalados; redefinir os processos de negócio da organização, de forma a compatibilizá-los com o sistema adquirido; ajustar as tabelas de configuração dos módulos, de acordo com os processos redefinidos; tratar os casos de incompatibilidade entre o sistema e os requisitos da empresa.

os fornecedores) de pedidos de reposição de produtos (ou de suprimentos para a fabricação dos produtos), funcionando "automaticamente": cada posto tem autonomia para solicitar seu reabastecimento, por meio de etiquetas (*kanbans*) recebidas do postos à frente e repassadas para os postos precedentes. O resultado esperado é que os produtos sejam produzidos apenas nos momentos e nos volumes necessários. Os fluxos contínuos são eficientes, quando os lotes de produção puderem ser pequenos e os fornecimentos puderem ser constantes.[4]

O planejamento do fluxo reverso de produção é bem mais difícil, pois raramente é possível prever, com um pouco mais de precisão, a entrada de materiais. De modo geral, não há como evitar estoques. Isso foi bem discutido neste livro, particularmente no Capítulo 7. As duas melhores ferramentas para mitigar esta dificuldade são uma boa relação com parceiros fornecedores (Capítulo 12) e uma boa gestão de informações (Capítulo 13).

Para conseguir integrar a cadeia de suprimentos de empresas que trabalham com fluxos contínuos (*Just In Time*), um operador de logística reversa precisa garantir-lhes tempos de entrega curtos e garantidos (proximidade física ajuda), qualidade e rápida interatividade para comunicação de mudanças. Por outro lado, pode exigir contratos de longo prazo, de modo a ter um mínimo de garantia para seus investimentos. Em princípio, pode ser mais fácil trabalhar na cadeia de suprimentos de empresas que usam fluxos descontínuos, devido à menor frequência dos fornecimentos; nesses casos, porém, o volume a ser fornecido em geral precisa ser bastante grande, exigindo do operador uma boa capacidade de armazenagem.

Seja como for, o crescimento da pressão pública por sustentabilidade organizacional e por responsabilidade pelos produtos, que tanto assusta a maior parte das empresas, é a garantia de que os serviços de logística reversa só aumentarão nos próximos anos.

---

[4] "Fazer grandes lotes de uma única peça [...] é ainda hoje uma regra de consenso na produção. [...] O Sistema Toyota toma o curso inverso. O nosso *slogan* de produção é produção de pequenos lotes e troca rápida de ferramentas." OHNO, Taiichi. *O Sistema Toyota de produção*: além da produção em larga escala. Porto Alegre: Artes Médicas, 1997. p. 107.

Pré-impressão, impressão e acabamento

grafica@editorasantuario.com.br
www.editorasantuario.com.br
Aparecida-SP